非公有制企业科技创新能力提升研究

周 戎　李灯强　著

长江出版传媒
湖北人民出版社

图书在版编目（CIP）数据

非公有制企业科技创新能力提升研究 / 周戎, 李灯强著. — 武汉：湖北人民出版社, 2021.5

ISBN 978-7-216-10218-6

Ⅰ. ①非… Ⅱ. ①周… ②李… Ⅲ. ①私营企业—技术革新—研究—中国 Ⅳ. ①F279.245

中国版本图书馆CIP数据核字(2021)第088552号

责任编辑：陈　兰
封面设计：董　昀
责任校对：范承勇
责任印制：肖迎军

出版发行：湖北人民出版社	地址：武汉市雄楚大道268号
印刷：武汉科源印刷设计有限公司	邮编：430070
开本：710毫米×1000毫米 1/16	印张：13.75
字数：230千字	插页：2
版次：2021年5月第1版	印次：2021年5月第1次印刷
书号：ISBN 978-7-216-10218-6	定价：65.00元

本社网址：http://www.hbpp.com.cn
本社旗舰店：http://hbrmcbs.tmall.com
读者服务部电话：027-87679656
投诉举报电话：027-87679757

（图书如出现印装质量问题，由本社负责调换）

目　　录

第一章　非公有制企业概述 ……………………………………… 1
　　第一节　非公有制企业的内涵 …………………………………… 1
　　第二节　非公有制企业的形式 …………………………………… 2
　　第三节　我国非公有制经济的性质与发展动力 ………………… 6
　　第四节　我国非公有制企业的发展历程 ………………………… 8
　　第五节　我国非公有制经济的社会贡献 ………………………… 19

第二章　当前非公有制企业提升科技创新能力的必要性 ……… 22
　　第一节　当前非公有制企业发展面临的国内外环境 …………… 22
　　第二节　当前非公有制企业提升科技创新能力的紧迫性 ……… 29

第三章　非公有制企业科技创新能力比较分析 ………………… 34
　　第一节　我国高技术产业发展状况分析 ………………………… 34
　　第二节　国家高新技术产业开发区经营情况 …………………… 39
　　第三节　非公有制企业科技创新能力整体评价 ………………… 44
　　第四节　非公有制企业科技创新能力区域比较分析 …………… 54
　　第五节　中部六省企业科技创新能力比较分析 ………………… 67
　　第六节　湖北省民营企业科技创新能力评价分析 ……………… 84
　　第七节　非公有制企业培育科技创新能力的制约因素 ………… 90

第四章　影响非公有制企业培育科技创新能力的环境研究 ············· 96
第一节　国家创新体系与非公有制企业科技创新能力 ············· 96
第二节　创新型组织与非公有制企业科技创新能力 ··············· 105
第三节　市场竞争与非公有制企业科技创新能力 ················· 112
第四节　企业家精神与非公有制企业科技创新能力 ··············· 117
第五节　产权制度与非公有制企业科技创新能力 ················· 124
第六节　要素分配与非公有制企业科技创新能力 ················· 129

第五章　影响非公有制企业科技创新能力的体制机制 ··············· 136
第一节　非公有制企业科技创新能力的技术跨越机制 ············· 136
第二节　非公有制企业科技创新能力的人才机制 ················· 147
第三节　非公有制企业技术创新风险管理机制 ··················· 158
第四节　非公有制企业科技创新的跨国战略联盟机制 ············· 169

第六章　提升非公有制企业科技创新能力的路径 ··················· 180
第一节　非公有制企业培育科技创新能力的技术变迁路径 ········· 180
第二节　非公有制企业培育科技创新能力的知识产权路径 ········· 186
第三节　非公有制企业培育科技创新能力的融资路径 ············· 192
第四节　非公有制企业培育科技创新能力的人力资源路径 ········· 201
第五节　非公有制企业培育科技创新能力的企业文化路径 ········· 205

参考文献 ··· 209

第一章 非公有制企业概述

第一节 非公有制企业的内涵

非公有制经济这一概念到目前为止还没有得到权威的界定。人们对其内涵还有不同的解释,对其外延也有不同的认知。我国的非公有制经济在改革开放后呈现磅礴发展之势。1991年党中央颁布的《中共中央批转中央统战部〈关于工商联若干问题的请示〉的通知》中,正式提到"非公有制经济"一词。此后,学界、经济界等领域广泛使用"非公有制经济"这一表述。非公有制经济是我国经济迅速腾飞的助推器,是激发市场经济活力的催化剂,为加快发展中国特色社会主义经济贡献了重要的力量。但是,目前社会各界对非公有制经济的内涵还有一些争议。

王克忠、刘迎秋等学者从所有制的角度出发,认为除了公有制经济(国有经济和集体经济)以外的经济成分都属于非公有制经济范畴,主要包括个体经济、私营经济、外资经济等经济的总称。这种观点在学术界占据了主流位置。这种提法的局限在于它的判定标准仅限于所有制,因此当混合所有制经济悄然兴起并逐渐壮大后,对这种划分方法的异议也越来越多。以杨洪为代表的一些学者认为,随着我国市场经济的逐步完善,混合所有制经济已经成为大势所趋,再用传统的所有制界定非公有制经济已经不再合适,应根据市场经济的要求,从清晰的产权视角来界定非公有制经济的概念更加合理。[1] 以黄文夫等为代表的一些学者从经营方式的角度出发,主张用民营经济来代替非公有制经济概念。他们

---

[1] 杨洪、张鹏:《国民经济的新基点——非公有制经济》,载《商业研究》,2006年第2期,第8~9页。

认为在当代中国除公有制经济之外的多种所有制经济的本质属性是民有、民营、民享,是具有中国特色社会主义实践特征的经济形式,因此非公有制经济概念实质上就等同于民营经济。① 以晓亮为代表的一些学者从"公"与"私"的概念对比出发,认为所有的经济形式都是"非公即私",所以他们认为非公有制经济就是私有制经济。②

以上观点分析的角度不同,对非公有制经济的含义有不同的阐释。1999年通过的《中华人民共和国宪法修正案》已明文规定"非公有制经济是社会主义市场经济的重要组成部分"。非公有制经济是一个法律概念,使用规范,应用广泛,语义明确。所有制是生产关系的核心要义,因此我们更倾向于从所有制的角度来阐释非公有制经济内涵。综上所述,我们认为:所谓非公有制经济,是生产资料归私人所有、以营利为目的的一种经济形式。它包括内外资经济中的全部私有制成分,具体而言,它包括个体、私营、外资、混合所有制经济中的非公有成分以及港澳台地区经济。

本研究中,需要引用很多政策性文件、统计资料,除了非公有制经济之外,还会多次使用到个体经济、私营经济、民营经济等概念。由于统计口径的不一致性和数据与资料的可获得性,可能会出现以上相近概念的混合运用和资料数据的模糊处理。因为个体、私营经济是非公有制经济的重要组成部分,在本书中,非公有制经济主要是指个体、私营经济。

第二节 非公有制企业的形式

一、个体经济

(一)个体经济的概念

个体经济是指生产资料归劳动者个人所有,建立在分散化、小规模生产条件上,产品由劳动者个人所有的一种非公有制经济形式。个体经济具有门槛低、规模小、操作简便、经营灵活等特点,是我国非公有制经济中解决就业人数最多的一种经济形式。特别是现在大众创业、万众创新的背景下,个体经济磅礴兴起,

---

① 黄文夫:《走向21世纪的中国民营经济》,载《管理世界》,1999年第6期,第136页。
② 晓亮:《非公有制经济与中国特色社会主义》,载《理论学刊》,2007年第7期,第32页。

为解决就业、增加收入起到了不可忽视的重要作用。马克思认为,个体所有制经济是一种"个人的、以自己劳动为基础的私有制经济"①。在这种个体所有制中,占有生产资料的人和劳动的人合二为一,因此不存在剥削,也没有明显的不平等,只是人们谋生的基本方式。

在数字经济的浪潮下,各种新业态层出不穷,各种新模式奔涌而出,一批批互联网平台快速成长,推动了就业模式的创新,打破了就业服务和保障"雇用"的惯性思维。就业不再局限于传统的"公司+雇员"形式,出现了"平台+个人"等新模式。2020年7月15日,国家发改委、网信办等13部门联合发布《关于支持新业态新模式健康发展激活消费市场带动扩大就业的意见》,第一次提出"鼓励发展新个体经济",并针对新个体经济帮扶措施做出了详细部署。新个体经济的蓬勃发展,为转型中的中国经济开辟了广阔的就业空间、激发了更大的市场活力。中国互联网协会估计,2019年我国社交电商从业人员规模超过4800万人,市场规模超过2万亿元。② 低门槛、多元化的就业形式带动了一批有创意、有才能的"新个体工商户"快速成长、快速崛起。

(二)个体经济的基本特征

改革开放初期,由于大量知青返城的工作问题无法解决,大量剩余劳动力无法得到安置,因此出现了从事修理、手工业、服务等行业的个体从业者。后来随着政策的出台和放宽,个体经济发展迅猛。现在个体经济跟四十年前相比,无论是规模效益还是注册资金,无论是产业分布还是行业领域都发生了翻天覆地的变化。2020年5月28日,十三届全国人大三次会议闭幕后,李克强总理在回答记者提问时,对小店经济、个体经济给予高度评价。四川、浙江、江苏、山东等省份的多个城市已出台指导意见,为摆地摊"松绑"。个体经济创业门槛低、失业风险低、商品价格低,是"稳就业促增收保民生"的有力保障。个体经济的特征体现在如下四个方面。

第一,个体经济具有私有性。由于个体经济对生产资料的占有方式是私有的,是一种比较完备的私有制形式。个体经济既拥有对产品的所有权,也拥有处置权,既拥有经营权,也拥有分配权。个体经济集四种权力为一体。

第二,个体经济的规模决定了其不具有剥削性质。个体经济的经济形式主

---

① 马克思:《资本论(第1卷)》,北京:人民出版社,2004年,第83页。
② 李远方:《新个体经济打开消费就业新空间》,载《中国商报》,2020年7月17日第1版。

· 3 ·

要以个人和家庭劳动为主,雇用人数少、资金规模小。

第三,个体经济充分体现了自劳自得的经营方式。个体经济对生产出来的劳动产品有个人支配权。在去除所交税费后,个体经营者可自由支配其他收益。

第四,个体经济以获利为动机。个体工商户通过经营获得相应的报酬,也是以营利为目的。

改革开放初期,对个体经济放开的步伐还较小,思想上还比较保守,在个体经济和私营经济的划分标准上,将雇用人数"7"当成是分水岭。如果雇用人数在 7 人以下,则是个体经济,超过了 7 人就是私营经济。国家当时缺乏对个体经济的规范章程。所以当时很多超过规定雇用人数的个体经济迫于发展需要,挂靠在国有经济和集体经济的名下,即所谓戴上"红帽子"。随着个体经济发展迅速,1999 年九届人大常委会第十一次会议颁布了《个人独资企业法》,规范了个人独资企业的行为,取消了对雇工人数的限制,保护了个人独资企业经营者的合法权益。随着相关法律的逐步完善,大量的个体经济逐步转化为个人独资企业,一起服务于社会主义现代化建设。

二、私营经济

(一)私营经济的概念

私营经济在我国社会主义市场经济领域中占据了非常重要的位置,发展空间巨大,发展潜力颇深。私营经济是所有制理论在社会主义沃土中最具创新的运用,丰富了社会主义建设理论,促进了中国经济的发展。

私营经济是指生产资料私有,以雇用劳动为基础,以营利为目的,实行按资分配的一种经济形式。很多私营企业是由个体经济由小到大发展而来,在本质上都是一种私有经济。1956 年后有段时间,我国不允许私营经济的发展。1978 年十一届三中全会以后,由于政策的放宽,私营经济得到了一定的发展。直到 1988 年,七届全国人大一次会议通过宪法修正案,私营经济才取得了合法的地位。

(二)私营经济的基本特征

第一,企业生产资料私人所有。企业出资人拥有厂房、机器、土地等生产资料。这些生产资料的占有权、处置权、管理权、收益权等也都归出资人享有。

第二,雇工是生产劳动的主力,雇工按照企业主的要求进行劳动,并获得相应的报酬。

第三,私营企业以追求利润为目的。私营企业的生产目的,追求最大限度的利润,投资者尽量规避风险以快速收回成本。

第四,企业主有收益分配权。私营企业主拥有扣除税费和劳动者工资后所有的剩余收益。

三、外资经济

外资经济,就是指由国外投资者在我国境内开办企业形成的经济形式。外资经济有合资、合作或独资三种类型,依次构成中外合资经营企业、中外合作经营企业和外资企业三种形式,被称为"三资企业"。

随着改革开放步伐的加快,中国越来越成为外商投资的沃土。外资经济在中国经济浪潮中扮演着不可或缺的角色。一方面,外资经济给中国经济发展带来了大量资本和技术,促进了我国产业转型升级;另一方面,外资经济带动了我国对外贸易的发展,提升了我国产业的技术水平,带动了中国的就业,也促进了中国更好地融入世界。任何事物都有两面性。外资经济在为中国经济带来好处的同时,由于其逐利性,不可避免对我国国内企业造成了一定的冲击。外资企业利用其品牌优势,形成了对行业和市场的垄断。由于外资企业低价竞销,同时对人才实行抢夺,对我国内资企业造成威胁,不利于我国自主创新能力的提高。外资企业主要青睐我国沿海地区,一定程度上也加剧了我国东西发展的不平衡。

四、混合所有制经济中的非公有成分

改革开放以来,我国不断完善和调整所有制结构,冲破以性质作为划分标准的牢笼,逐步形成了不同性质投资主体相互融合、一起参股的混合所有制经济。党的十八届三中全会发布了《中共中央关于全面深化改革若干重大问题的决定》,明确指出要积极发展混合所有制经济。发展混合所有制经济,有利于各种所有制取长补短、共同发展,有利于提高竞争水平,是我国经济发展的主流方向。中石化、中石油、国家电网、中电投等企业已陆续实现混合所有制经济改革,充当改革的领头羊。发展混合所有制经济有利于打牢基本经济制度的微观基础,促进基本经济制度更加成熟。发展混合所有制企业有利于实现"国民共进""合作共赢"。

第三节　我国非公有制经济的性质与发展动力

一、我国非公有制经济的性质

要更加深入地对我国非公有制经济发展问题进行研究,离不开对其性质进行科学而规范的解释。只有解释清楚其性质,才能更好地破除所有制偏见。总体而言,非公有制经济在我国发展是曲折而前进的。社会各界人士对非公有制经济有不同的理解。有的学者认为非公有制经济就是资本主义经济,应该对其发展有所限制;有的学者认为"三大改造"已经消灭剥削,我国现在不存在阶级对立,因此非公有制经济性质在社会主义框架下也发生了改变。随着改革开放的深入发展,非公有制经济日益发展壮大,已经成为我国社会主义经济的重要组成部分,地位也日益提高。非公有制经济在促进中国经济发展方面有着重要的作用。习近平高度重视非公有制经济的发展,明确提出"两个毫不动摇""三个没有变",明确提出要发展新型政商关系,保证非公有制经济参与市场竞争的平等主体地位,等等。但是这些并不等于非公有制经济的性质就变成社会主义的了。

生产关系是区别所有制性质的客观依据,而生产资料所有权是区别生产关系属性的客观依据。因此,只要对非公有制经济中的生产资料所有权进行明确,我国非公有制经济的性质就会显而易见。[①] 现阶段,我国非公有制经济的类型主要有个体、私营以及外资经济三种。对于个体经济来说,由于其生产资料的所有者与劳动者都是一致的,劳动者既拥有生产资料,也承担劳动任务,因此不构成剥削。因此,个体经济是一种私有制经济。个体经济广泛存在,居于从属地位,是一种为其他经济形式服务的补充性经济。

我们按照这种逻辑继续分析私营经济的性质。对私营经济来说,出资人拥有全部的生产资料,通过雇工从事经营活动,出资人拥有对全部资产的权利。除去发给工人的工资外,出资人的收益中还包含有我国法律予以承认的"剩余价值"。因此,私营经济的本质还是没有变,仍旧具有资本主义性质。

---

① 赵丽:《我国非公有制经济发展问题研究》,东北师范大学博士学位论文,2017年。

外资经济是我国对社会主义理论的一大突破。发展外资经济引进先进技术,有利于激发我国经济活力。以外商独资经济为例,境外投资者拥有全部生产资料,我国工人受其雇用在工厂工作,国外投资者对产品拥有完全的支配权。境外投资者依靠我国劳动成本低廉的优势,创造出大量"剩余价值"。因此,外资企业也属于资本主义性质。

虽然非公有制经济因为其生产资料所有权归私人所有,具有资本主义性质,但是我国的非公有制经济是在社会主义的土壤中孕育、成长起来的,并在实践中不断深化。无论是从历史逻辑还是实践逻辑来看非公有制经济,其都与资本主义国家的私有制有本质的不同。非公有制经济在社会主义这种"普照之光"的照耀下,在社会主义现行法律制度的约束下,一样可以为社会主义服务,为社会主义经济贡献力量。

二、我国非公有制经济发展的原因与动力

非公有制兴起于 20 世纪 80 年代初期。由于大量知青返城,数量巨大的人口需要安置就业。原来的国有资源有限,无法安置和消化这么多人口的就业问题,只有依靠民众自寻出路解决自己的温饱问题和生存问题。因此个体经济和私营经济逐步放开。只有放开政策、发展市场经济,才能真正地调动民众的积极性,才能积累更多的社会财富。非公有制经济的快速发展带动了市场经济的繁荣,也推动了我国社会主义改革实践的进程。

得益于改革开放的推进,生产力也得到了极大的解放。随着国家对市场的放开,计划指标渐渐失去了它的地位,价格机制日益展露出它的生机。由于市场的放开给人们创造了众多的市场需求,国有企业难以满足人们的要求,社会呈现供不应求的状况。这给非公有制经济创造了发展的大好机会。

非公有制经济具有清晰的产权,这是有别于国有经济的优势。由于非公有制经济实现了真正的自主经营、自负盈亏,因此对经营者产生了非常大的激励作用。他们更愿意降低生产成本、更乐于提高生产效率、更倾向改善管理,从而更好地迎合市场的需求。乡镇企业产权制度的清晰性和企业经营者的积极性,介于国有企业和私营企业之间。相对个体、私营企业来说,乡镇企业的最大优势在于他们更容易获得政府的政策支持,这些资源对推动企业开拓市场有着不可低估的作用。乡镇企业不像国有企业有着沉重的政策性负担,他们的管理自主性更强,因而发展更轻松。

在改革开放的大潮流中,特别是在国家市场化改革的大趋势下,非公有制企业得到了良好的发展机会。非公有制经济通过市场获得他们发展所需的原料、技术、人才等,市场经济的发展为非公有制经济兴起提供了土壤。非公有制经济在缺乏国家投资和支持下,依靠自力更生发展和强大起来,具有强大的生命力、创造力、竞争力。

第四节 我国非公有制企业的发展历程

1978年5月11日,《光明日报》全文转发了一篇文章《实践是检验真理的唯一标准》,为破除经济体制的桎梏奠定了重要的思想基础。改革开放后,中国共产党从思想上拨弄反正、从实践上勇于破冰,摒弃了过去的"一大二公三纯"的所有制,将生产力标准作为社会评价的根本标准,从思想和理论上重新审视非公有制经济的地位和作用,从政策上松绑大力发展非公有制经济。改革开放四十多年来,我国非公有制经济如同嫩芽破土而出,逐渐成长为参天大树,并撑起国民经济"半壁江山"。这是一个认识持续深化、改革渐进推动的过程。我们大致将这一过程划分为以下五个阶段。

一、"必要"和"有益补充"下的起步恢复阶段(1978—1988年)

这一时期,改革开放的序幕刚被徐徐打开,思想界、理论界仍旧争议不断,在复杂多变的现实环境中,个体经济蹒跚起步。为了恢复国民经济的发展,解决劳动力就业,我国开始鼓励和扶持个体经济的发展。十一届三中全会敲响了改革开放的战鼓,为逐步突破传统的公有制理论打开了思想的阀门。全会提出了"改革同生产力迅速发展不相适应的生产关系和上层建筑",为非公有制经济发展奠定了重要的理论基础,也为后续开启的所有制改革确立了应遵循的基本原则。全会还提出"在自力更生的基础上积极发展同世界各国平等互利的经济合作,努力采用世界先进技术和先进设备",这为此后打开中国的大门、引入外资经济打下了基础。[①]

针对当时亟须解决的就业问题,中央意识到扩大生产力以及调整生产关系

[①] 白永秀、王泽润:《非公有制经济思想演进的基本轨迹、历史逻辑和理论逻辑》,载《经济学家》,2018年第11期,第13~20页。

的重要性,欲从经济体制改革寻求突破点。1980年8月2日至7日,中共中央在北京召开全国劳动就业工作会议,确定劳动就业的方针和政策。会议分析了我国当前劳动就业问题十分突出的原因,第一次对传统的公有制理论进行了反思,认识到片面强调"大"和"公"造成就业门路狭窄,并第一次提出要"鼓励和扶持城镇个体经济的发展""允许个体劳动者从事法律许可范围内的、不剥削他人的个体劳动",以解决当时严重积压的就业问题。"鼓励和扶持"意义非同寻常,为后面进行的一系列改革奠定了重要基础,为促进多种所有制共同发展开启了先河。

1981年6月,中国共产党十一届六中全会通过了《关于建国以来党的若干历史问题的决议》,这是中国共产党历史上具有深远意义和重大影响的重要文件。文件中提出"一定范围的劳动者个体经济是公有制经济的必要补充"。这一表述是对社会主义经济理论的创新和发展,为后续进一步推动改革开放具有重大历史意义。

对个体工商户的态度而言,1981年7月和10月国家分别颁布了《国务院关于城镇非农业个体经济若干政策性规定》和《中共中央、国务院关于广开门路,搞活经济,解决城镇就业问题的若干决定》,明确提出恢复和发展个体经济,并指出个体工商户属于劳动者,应与国营、集体企业职工享有同等政治权利和社会地位,先进分子可以吸收入党入团。[①] 这段时期,国家也开始探索对非公有制经济人士的政治安排。

1982年党的十二大报告明确指出,在农村和城市,都要鼓励劳动者个体经济在国家规定的范围内和工商行政管理下适当发展,作为公有制经济的必要的、有益的补充。这一重要论述是根据当时生产力水平低、发展不均衡的现实条件做出的,为发展非公有制经济奠定了重要基础。1982年12月通过的《中华人民共和国宪法》是以邓小平历次重要讲话为思想基础、以十一届三中全会确立了改革开放重大战略方针的时代背景制定的。该宪法第十一条规定:"在法律规定范围内的城乡劳动者个体经济,是社会主义公有制经济的补充。国家保护个体经济的合法的权利和利益。""国家通过行政管理,指导、帮助和监督个体经济"。为推进改革开放,更好地引进国外技术,宪法根据第18条,确立了"三资企业"在中国的宪法地位。这次宪法对私营企业的合法性没有做出明文规定,因此私

---

① 惠建利:《社会主义市场经济条件下私有财产权保护问题研究》,陕西师范大学博士论文,2010年。

营企业的正当权益还得不到维护。但从另一方面来说,个体工商户的蓬勃发展为私营经济的壮大奠定了良好的基础。由于市场供不应求,个体工商户为扩大规模,雇用人数超过了7人,成为私营企业的初步发展状态。由于当时的国家政策还没有放开,当时的社会环境还不够开放,思想观念也较保守,这些私营企业还没有得到相应的地位。私营企业可以说是在夹缝中生存。这一时期的私营企业要发展壮大,还需依附在"集体企业"的牌子下从事生产经营。

1983年六届全国人大,白士明成为首个当选全国人大代表的个体户。人们对个体户的认识有了进一步的提升。1984年10月,党中央召开的十二届三中全会通过了《中共中央关于经济体制改革的决定》(以下简称《决定》),明确提出"商品经济是社会经济发展不可逾越的阶段",这是社会主义经济理论的新突破,为后面提出建立社会主义市场经济奠定了重要的理论基础。《决定》还提出"建立以承包为主的多种形式的经济责任制",同时进一步明确了个体经济的地位。文件第一次比较系统地评价了个体经济、集体经济、全民所有制经济的地位和作用,第一次明确提出小型全民所有制企业可以"租给"或"包给"劳动者个人,这是思想上的又一次破冰,也是对多种所有制经济认识的进一步深化。在利用外资和发展对外贸易方面,对外资、外贸的地位进行充分肯定,提出"利用外资,吸引外商来我国举办合资经营企业、合作经营企业和独资企业,也是对我国社会主义经济必要的有益的补充"。文件还提出要"积极扩大对外经济技术交流和合作的规模,努力办好经济特区,进一步开放沿海港口城市"。这些文件内容为进一步扩大对外开放奠定了重要基础。

1987年党的十三大报告对非公有制经济进行了很大笔墨的论述,是非公有制经济发展的重要转折点。在十三大召开前,对非公有制经济的表述一般是用"多种经济形式和多种经营方式",而这次报告中采用的是"多种经济成分"和"多种所有制经济",这种新表述方式是对非公有制经济理论上的新突破。十三大报告还第一次规定"在不同的经济领域,不同的地区,各种所有制经济所占的比重应当允许有所不同",为后续发展混合所有制经济打下了理论基础,也进一步拓展了非公有制经济发展的空间。

根据党的十三大的建议,1988年4月在宪法修正案中,宪法第十一条增加规定:"私营经济是社会主义公有制经济的补充。国家保护私营经济的合法的权利和利益,对私营经济实行引导、监督和管理。"非公有制经济获得了合法的地位,如同插上了腾飞的翅膀,得到了很大的发展。国家对私营经济的政策虽然还只是"引导、监督和管理",但毕竟从身份上确定了其合法地位,改变了原来发展不够充分的局面。国家开始对私营企业登记管理。当时依靠戴着"红帽子"才能生存的企业纷纷从集体企业中剥离出来。1988年宪法虽然对私营经济的合法地位做了规定,但当时国家还是实行的计划经济,社会上关于姓"社"姓"资"的争论甚嚣尘上。

在这一阶段,非公有制经济人士的政治地位有了进一步的提高。1988年的七届全国人大2900多名代表中,民营企业家有了8人,七届全国政协第一次安排一位非公有制经济人士担任全国政协委员。① 1988年6月,国务院发布了《中华人民共和国私营企业暂行条例》,进一步保护了私营企业的合法权益。私营经济作为非公有制经济的重要组成部分在理论上取得了突破,在政策上得到了保护,在实践上得到了发展。

二、"规范管理"下的曲折发展时期(1988—1992年)

良好的社会环境和政治环境是非公有制经济发展的重要前提。从计划经济体制向商品经济体制转轨过程中,由于市场机制和政府的经济调节手段都在摸索尝试,发挥作用还有限,出现了诸如转手倒卖、权力寻租等违法违规行为。此外,在改革之风吹遍大地的时候,有的地方过于追求速度,没有恰当地处理好改革、发展和稳定的关系,出现了"冒进"的态势。这些原因造成了社会总需求严重超过社会总供给,出现了严重的通货膨胀。1988年8月15日至8月17日,中央制定了《关于价格、工资改革的初步方案》,决定改革不合理的价格体系。8月下旬,各阶层群众听闻价格改革的消息,以为新一轮大幅度涨价即将开始,各大中城市立即出现抢购风潮和挤提储蓄存款的乱象。为尽快控制混乱局面,原计划1988年下半年出台的价格和工资改革方案只能中途夭折。② 9月26日至30日,中共十三届三中全会批准中央政治局提出的治理经济环境、整顿经济秩序、全面深化改革的指导方针和政策。③ 个体私营经济作为国民经济的一部分自然而然受到了冲击。一是国家收紧银根,削减了对个体私营经济的扶持政策。二

---

① 刘玉江、能建国:《改革开放三十五年来非公有制经济发展的回顾与启示》,载《中央社会主义学院学报》,2013年第2期。

② 董大伟:《改革开放以来党的非公有制经济政策演进研究(1978—2016)》,中共中央党校博士学位论文,2017年。

③ 惠建利:《社会主义市场经济条件下私有财产权保护问题研究》,陕西师范大学博士学位论文,2010年。

是清理和规范包括私营公司在内的各类企业,特别是削减了很多金融类和流通类公司。三是加大了对个体私营经济的规范化管理力度,当时划定了41种重要生产资料和36种紧俏耐用消费品不能由个体私营经济经营。

1988年12月7日,中共中央统战部发布《关于进一步解放思想,开拓经济领域统战工作的新局面的意见》,该文件创新之处是第一次开始关注新出现的经济社团,第一次详细安排了对个体户和私营企业主的统战工作。

1989年,中央更加重视社会公平的重要性,加大了对违法个体私营经济业主的惩罚力度,特别是针对偷税漏税的情况进行了全面的检查整顿。看到中央对非公有制经济严加监管的态度,一些地方党政部门也加大了对非公有制经济的惩罚力度,经常出现一些侵犯个体户和私营企业主利益的事件。个体户负担越来越重,不仅要缴纳基本税金,还要缴纳十余种名目繁多的管理费。这一时期,个体私营经济政策的政治化趋向更加明显。1990年,很多关于非公有制经济的质疑声此起彼伏。非公有制经济的政治地位受到了严重冲击,一些私营企业主从"座上宾"沦为"阶下囚"的事件屡见不鲜。1989年8月28日,中共中央发布了《关于加强党的建设的通知》,一方面明确表示"私营企业主的正当经营和合法权益,应当受到保护",另一方面对私营业主的政治身份又回到了改革开放前的看法,明确指出"不能吸收私营企业主入党"[①]。

在经济政策收紧和政治舆论压力的双重打击下,非公有制经济严重受挫。一是个体发展严重倒退。1989年,全国个体工商户数量为1247万户,比上一年下降了14.2%,从业人员数为1941万人,比上一年下降了15.8%。注册资本金比上年下降了21个百分点,产值更是比上年下降了60.13个百分点。[②] 二是私营企业发展严重受挫。私营企业第一次纳入官方统计数据是在1989年。此间,私营企业的生存与发展也遭遇了重大挫折。1989年,全国私营企业户数为9.1万户,比1988年下降了59.6%,从业人员为164万人,比1988年下降了54.4%。下滑比例非常高。[③]

1990年12月30日,中共十三届七中全会通过《中共中央关于制定国民经

---

① 中共中央文献研究室编:《十三大以来重要文献选编(中)》,北京:中央文献出版社,2011年,第50页。

② 张厚义、明立志:《中国私营经济发展报告(1978—1998)》,北京:社会科学文献出版社,1999年,第93页。

③ 张厚义、明立志:《中国私营经济发展报告(1978—1998)》,北京:社会科学文献出版社,1999年,第60页。

济和社会发展十年规划和"八五"计划的建议》,再次强调"坚持以社会主义公有制为主体的多种经济成分并存的所有制结构,发挥个体经济、私营经济和其他经济成分对公有制经济的有益的补充作用,并对它们加强正确的管理和引导"①。这说明党和国家关于非公有制经济的政策并没有发生根本性改变。

1991年7月1日,江泽民在庆祝建党七十周年大会上强调:"在我国现阶段,适应生产力的现实水平和进一步发展的要求,首先要巩固和壮大社会主义公有制经济,同时需要个体经济、私营经济以及中外合资、合作企业和外商独资企业的适当发展,作为社会主义公有制经济必要的有益的补充。"②党中央一方面鼓励发展非公有制经济,以适应当时的社会需要和生产力状态,另一方面又强调对非公有制加强依法管理和合理引导,以规范其行为,并力求达到一种相对平衡的状态。只是各地在实施政策的过程中易层层加码,有的在管理过程中方式不够灵活,态度比较粗暴,偏离了政策的初衷。通过及时调整政策,1991年形势逐渐向好,个体户和私营企业主数量稳步回升。1991年,全国个体工商户数为1417万户,比1989年增加了13.6%,从业人员为2258万人,比1989年增长了16.3%。1991年,全国私营企业户数为10.8万户,比1989年增加了18.7%;从业人员为184万人,比1989年增加了12.2%。

从发展较快的1988年到出现负增长的1989年再到逐渐恢复的1992年,非公有制经济犹如坐过山车,经历了曲折的过程。由此可见,政策对非公有制企业发展有着至关重要的作用。政策支持、社会环境宽松则非公有制企业如遇东风,发展迅速;政策收紧、社会环境恶化,非公有制企业发展则会出现停滞甚至是倒退。

三、"基本经济制度"下的飞速发展时期(1992—2002年)

1992年初,邓小平发表了南方谈话,对当时改革中出现的一些重大问题进行了回应,提出了著名的社会主义本质论、"三个有利于"标准,论述了计划与市场的关系,强调发展才是硬道理,这些论述回应了困扰人民思想的重大认识问题,解开了人民内心的一系列困惑,为经济改革指明了前进的方向。南方谈话发

---

① 中共中央文献研究室编:《十三大以来重要文献选编(中)》,北京:人民出版社,1991年,第621~622页。
② 中共中央文献编辑委员会:《江泽民文选(第1卷)》,北京:人民出版社,2006年,第153页。

表后,新一轮创业兴业的热流不断奔涌,发展非公有制经济的热潮不断兴起。很多知名大型民营企业在这一时期应运而生。

1992年10月,党的十四大报告顺应时代发展潮流和世界发展大势,第一次提到了"经济体制改革的目标,是在坚持公有制和按劳分配为主体、其他经济成分和分配方式为补充的基础上,建立和完善社会主义市场经济体制"①。在所有制结构上,虽然还是继续强调"个体经济、私营经济、外资经济为补充",但也有一些新的突破,第一次强调"多种经济成分长期共同发展",第一次强调"国有企业、集体企业和其他企业都进入市场,通过平等竞争发挥国有企业的主导作用"。从"必要的有益的补充"到"共同发展",说明我们党对非公有制经济的认识进一步深化,为将非公有制经济从"制度外"推入"制度内"进行了重要的理论创新。

1993年3月我国在宪法修改中,将宪法第15条修改为"国家实行社会主义市场经济",取代了1982年宪法中的"国家在社会主义公有制基础上实行计划经济"的提法。宪法赋予了市场经济的法律地位,也是对非公有制经济发展的重大宪法转向。从此中国经济破除了计划经济的老路,非公有制经济的法律地位也相应得到了提高。

1993年11月,党的十四届三中全会通过了《中共中央关于建立社会主义市场经济体制若干问题的决定》,明确要"鼓励个体、私营、外资经济发展"②。从"补充论"到"鼓励论",反映了我国对非公有制经济认识的进一步深化,对非公有制经济的态度有了进一步的提升,迎合了社会主义市场经济体制改革的大潮,为后续强调市场在资源配置中的基础性作用打下了重要所有制基础。在党的十四大和十四届三中全会的指导下,我国基本上形成了社会主义市场经济体制改革的基本框架,思想的缰绳得到了解放,姓"社"姓"资"之争得到了解决,为促进非公有制经济快速发展提供了重要基础。

1997年9月,党的十五大对非公有制经济理论有了更深一步的认识。一是第一次明确提出了"坚持和完善社会主义公有制为主体、多种所有制经济共同发展的基本经济制度",将"非公有制经济"纳入基本经济制度,是我国社会主义建

---

① 中共中央文献研究室编:《十四大以来重要文献选编(上)》,北京:人民出版社,1996年,第11页。

② 白永秀、王泽润:《非公有制经济思想演进的基本轨迹、历史逻辑和理论逻辑》,载《经济学家》,2018年第11期。

设进程中理论和实践上的重大创新,开启了非公有制经济发展新的篇章,具有划时代的意义。二是第一次在党的文件中使用"非公有制经济"这一概念,并明确提出"非公有制经济是我国社会主义市场经济的重要组成部分",摒弃了过去的"补充论",提升了非公有制经济的地位,是非公有制经济理论的重大突破,是十一届三中全会以来非公有制经济发展过程中最关键的转折点。三是对非公有制经济的作用和实现形式有了进一步的认识,拓宽了非公有制经济发展的市场空间。

1999年宪法修正案,在国家根本任务中增加了"发展社会主义市场经济"。这对后续深化经济体制改革提供了宪法支持和理论指引,使非公有制经济经营者增强了发展的信心,去除了过去对政策迷茫不定的担忧。在宪法第6条基础上增写了"国家在社会主义初级阶段,坚持公有制为主体、多种所有制经济共同发展的基本经济制度,坚持按劳分配为主体,多种分配方式并存的分配制度"。我国的基本经济制度进一步发展和完善。分配制度的修订从法律上承认了多种收入形式,破除了只限于按劳分配的规定,既符合当时的客观经济需要,也有利于进一步解放生产力。宪法提高非公有制经济的法律地位符合市场经济发展的趋势,也体现了党中央实事求是的精神。

2001年底,中国成功加入世界贸易组织,为非公有制经济实现更大范围的发展提供了新路径,为更加公平地打开国际市场提供了新契机。

四、"两个毫不动摇"下的腾飞发展(2002—2012年)

2002年6月29日,我国颁布了《中华人民共和国中小企业促进法》,从财税支持、融资促进、创业扶持、创新支持、市场开拓等方面制定了一系列措施,为中小企业营造更加宽松的政策环境和良好的发展环境。

2002年11月召开的党的十六大对基本经济制度进行了更深层次的阐释,并第一次在党的文献中提出必须坚持"两个毫不动摇"。这一论述一方面是因为加入了WTO,需要创造更好的市场环境;另一方面,也说明了党在改革开放后对非公有制经济政策的理论探索、政策制定是正确的,非公有制经济有了更大的发展舞台、更广的发展空间。针对当时市场进入中的壁垒和非公有制经济人士的担忧,十六大报告还提出要"放宽国内民间资本的市场准入领域""完善保护私人财产的法律制度",使非公有制经济人士可以更加放心大胆地去经营企业。报告中还有一大亮点,即肯定非公有制经济人士是社会主义事业的建设者，这就对非公有制人士的政治属性进行了科学定位，彻底破除了对非公有制经济人士的歧视，为他们日后更加放心投资、舒心创业、安心发展打下了重要的基础。

2003年10月召开的十六届三中全会通过了《中共中央关于完善社会主义市场经济体制若干问题的决定》（以下简称《决定》），创新了所有制理论，第一次提出要发展混合所有制经济，从而促进不同所有制企业相互融合，实现优势互补，拓宽了非公有制经济的发展形式。在改善非公有制经济的发展环境方面做出了进一步的细化措施，提出了"同等待遇论"，再一次提高了非公有制经济的地位。《决定》还阐明了建立现代产权制度的重要意义，强调要建立健全现代产权制度，保障所有市场主体的平等法律地位和发展权利，可以提高民间投资的信心，为非公有制企业专心发展吃下定心丸。此外，还提出要进一步深化涉外经济体制改革，在引进外资方面，提出了一系列更加细化的措施，强调"吸引跨国公司把更高技术水平、更大增值含量的加工制造环节和研发机构转移到我国，引导加工贸易转型升级"。这一系列政策表明非公有制经济再次得到了政府的肯定，非公有制经济获得的政策机遇将为其发展注入新的发展动力。

2004年宪法修正案中，宪法第11条第2款修改为："国家保护个体经济、私营经济等非公有制经济的合法的权利和利益。国家鼓励、支持和引导非公有制经济的发展，并对非公有制经济依法实行监督和管理。"这表明非公有制经济地位得到了更大的提高，发展的环境也更加宽松，也标志着我国民主法制建设的巨大进步。宪法还增加了"公民合法的私有财产不受侵犯"这一条，体现了国家对私有财产的尊重和保护，从而鼓励非公有制经济经营者放心大胆去闯。

2005年2月公布的"非公有制经济36条"大大拓宽了非公有资本的进入领域，鼓励非公有制经济参与国家战略建设。此外，还从财税金融、社会服务等方面细化了对非公有制经济的支持措施，降低了制度性交易成本，维护了市场竞争秩序的公平性。"非公有制经济36条"的公布，代表着非公有制经济主体可以跟公有制经济主体一样站在同一起跑线上，甚至可以成为行业的"引领者"，为非公有制经济的发展提供了有力的制度保障和强大的政策支持，具有深入的现实意义、深远的历史意义和深刻的法律意义，掀开了非公有制经济发展的新篇章。

2007年3月公布的《物权法》明确并保护私人所有权、业主的建筑物区分所有权、土地承包经营权、建设用地使用权、宅基地使用权、地役权、担保物权等,这对于维护国家基本经济制度、保护合法私有财产、激发人们创造财富的动力具有重要的意义。

2007年10月,党的十七大报告中,党中央基于对社会客观现实的深刻洞察,再次强调要坚持"两个毫不动摇"的原则,并从引入竞争机制、推进公平准入等方面细化政策措施,为建立统一开放、竞争有序的市场经济体系提供了政策支撑,更大地拓宽了非公有制经济的市场空间。

为了更好地推动各种所有制经济平等竞争、共同发展,2010年5月国务院颁布了"新36条"。这是一份鼓励和引导民间投资健康发展的宣言书,进一步拓宽了民间投资的领域和范围,有利于提高国民经济整体效率,更有效地激发经济发展的内生动力。"新36条"从国家发展大势出发,谋求公有和非公资本的统筹和协调,进一步深化了对非公有制经济的理论认识、丰富了对非公有制经济发展的实践举措,反映了党把握时势、坚持实事求是的原则。

2011年,国家聚焦、扶持中小企业的发展,出台了一系列文件,例如《中小企业划型标准规定》《"十二五"中小企业成长规划》《关于鼓励和引导民营企业发展战略性新兴产业的实施意见》,以及国务院9项支持小型微型企业发展的政策措施(以下简称"国9条"),等等。其中"国9条"中第一次提到要"适当提高对小型微型企业贷款不良率的容忍度",这种具有创新价值的核心表述体现出我国鼓励、支持和引导中小企业和转型成长的决心。

五、"三个鼓励""两个健康""三个没有变"下的转型发展(2012年至今)

2012年11月,党的十八大报告在发展目标上重申"要加快完善社会主义市场经济体制,完善公有制为主体、多种所有制经济共同发展的基本经济制度",并且更加强调非公有制经济与公有制经济享有同等地位,更加完善了我国社会主义基本经济制度的具体内容。十八大报告中还提到要深化金融体制改革,第一次提到要"加快发展民营金融机构",这是允许民间资本进入金融领域的大胆探索和有益尝试,可以为民营经济提供更加丰富的资金支持和更加完善的金融服务,更好地促进民营经济发展。

2013年11月的十八届三中全会拉开了全面深化改革的序幕,一系列理论取得了重大突破,一系列实践取得了重大进展。一是重申了基本经济制度的作用,指出"公有制为主体、多种所有制经济共同发展的基本经济制度,是中国特色

· 17 ·

社会主义制度的重要支柱,也是社会主义市场经济体制的根基"。"重要支柱"和"根基"凸显了基本经济制度的重要作用。二是进一步完善产权保护制度,提出两个"不可侵犯",更好地保护非公有制经济的各项权利。三是提出支持非公有制经济健康发展的翔实部署,废除原来一些不合理的规定,为非公有制经济营造良好的发展环境。四是提出"三个鼓励",在发展混合所有制经济中对非公有制经济有了更大的支持力度,巨大地释放非公有制经济的发展潜力,为我国高质量发展创造了巨大的推力。

2015年5月18日至20日,习近平在中央统战工作会议上发表讲话,提出要促进"两个健康"发展,为壮大非公有制经济提出了战略上的谋划,也提出了方法论上的根本路径。

2016年3月4日,习近平总书记在"两会"期间提出了发展非公有制经济"三个没有变",并第一次用"亲""清"两字定调新型政商关系。总书记的讲话有利于稳定非公有制经济人士的情绪,为促进非公有制经济健康发展注入了"强心剂",为厘清当下的政商关系提供了新思路。

2017年10月,党的十九大召开,对非公有制经济基础性作用做出了进一步的强化,并提出一些新的论述。一是第一次提出要"全面实施市场准入负面清单制度",这标志着我国市场准入管理实现由过去以正面清单为主向负面清单为主转型,更加体现管理理念的先进性和管理方式的科学性。二是提出"深化商事制度改革",这是改进营商环境的重要举措,也是激活市场主体活力的有力保障。这些措施瞄准了非公有制经济发展的痛点、难点和阻点,为非公有制经济发展注入了持续动力,扩展了我国经济发展空间。

2018年11月,习近平总书记在民营企业座谈会上积极回应社会关切,再一次深刻阐释了关于民营经济发展的重大理论和实践问题,从六个方面提出具体的细化措施为民营企业纾困解难,深刻体现了党中央对民营经济发展的关心和支持,有力地提振了民营企业家的信心,使广大民营企业家可以心无旁骛聚焦主业,在新时代发展大潮中实现更大发展。

党的十九届四中全会通过的《中共中央关于坚持和完善中国特色社会主义制度 推进国家治理体系和治理能力现代化若干重大问题的决定》(以下简称《决定》),对中国特色社会主义基本经济制度的内涵做出新的阐释,提出:"公有制为主体、多种所有制经济共同发展,按劳分配为主体、多种分配方式并存,社会主义市场经济体制等社会主义基本经济制度,既体现了社会主义制度优越性,又同我国社会主义初级阶段社会生产力发展水平相适应,是党和人民的伟大创造。"[1]这一新的概括,是对改革开放40多年来中国特色社会主义市场经济实践创新的高度概括和凝练,开拓了马克思主义政治经济学新境界。[2]《决定》中将非公有制经济的政策具体化、制度化,为促进非公有制经济高质量发展提供方向指引,有利于进一步发展和壮大中国经济,为实现中华民族伟大复兴打下了坚实的经济基础。

非公有制经济政策的演进轨迹,彰显了党对非公有制经济政治地位、发展方向、发展政策、发展理论上的不断创新和突破,为我国迈入改革深水区增加了有效制度供给,为完善我国社会主义市场经济注入了不竭动力。

第五节　我国非公有制经济的社会贡献

改革开放四十多年以来,伴随着我国营商环境越来越优化、政策越来越宽松,非公有制经济也实现了从无到有、由弱到强的发展。非公有制经济是市场经济的微观基础,是积极参与全球竞争的重要主体,是推动我国经济高质量发展不可或缺的重要力量。随着社会主义市场经济的发展,我国对非公有制经济的认识不断深化,非公有制经济受到的重视程度不断提高。从"补充论"到"同等地位论",从"国家通过行政管理,指导、帮助和监督个体经济"到"毫不动摇鼓励、支持、引导非公有制经济发展",非公有制经济地位的演进,彰显了党在非公有制发展理论上的不断突破,制度性壁垒的不断消除。这一系列理论创新成果,引领社会主义市场经济体制改革不断向"深水区"迈进,促进非公有制经济实现从弱到强、从"0"到"5678",不断发展壮大。非公有制经济贡献了50%以上的税收,60%以上的GDP,70%以上的技术创新,80%以上的城镇劳动就业,是保障政府税收和国家财力的定盘星,是中国科技创新的主力军,是城镇就业的强力"吸纳器"。从党的十八大以来,习近平总书记围绕着促进非公有制经济发展问题发表了一系列重要讲话,深刻地阐述了非公有制经济发展的核心要义、经济地位、政

---

[1] 《中共中央关于坚持和完善中国特色社会主义制度　推进国家治理体系和治理能力现代化若干重大问题的决定》,北京:人民出版社,2019年。
[2] 周戎、雷江梅:《从抗击疫情看中国"集中力量办大事"的制度优势》,载《湖北社会科学》,2020年第10期。

治属性、基本路径,厚植了非公有制经济发展的土壤。非公有制经济的发展要求政府不断满足其潜在的制度需求、增加制度供给和制度创新,进一步推动了社会主义市场经济体制的建设与完善。①

2019年,我国个体户户数达到了8261万户,私营企业个数达到3516.4万户,分别比2012年增加了103.5%、123.9%。我国私营企业和个体工商户从业人数达4.05亿人,比2012年增加了103%。其中制造业和批发零售业占据了就业人数的"半壁江山",达到了52.6%;其他行业就业比例分别为:租赁和商业服务业占8.4%,住宿和餐饮业占8.1%,居民服务、修理和其他服务业占6.3%,建筑业占5.0%,交通运输及仓储、邮政业占2.6%。无论是市场主体的数量还是从业人数,非公有制经济已占据我国经济的半壁江山,成为吸纳就业的主力军,成为推动经济发展的助力器。

非公有制经济有着独特的竞争优势。伴随着中国市场化进程,历经四十余年的艰辛探索和曲折前行,非公有制经济不断开拓发展的市场空间,也带动了当地经济的发展进步。首先,非公有制经济生长于本土,熟悉当地的文化背景、消费情况、客户人群、资源禀赋等。他们最了解国情,也能快速适应国情。他们能根据实际情况对自己的经营方向、经营理念做出最有成效的反应。这是我国非公有制经济能取得成功的良好条件。其次,非公有制经济经营者具有不畏困难、自强不息、积极进取、勇于创新的企业家精神,使我国非公有制经济能够保持强大的竞争力。非公有制企业自进入市场便面临着激烈的竞争。即使企业家没有先进的技术优势、没有雄厚的经济实力、没有享受优惠政策,但他们依靠驰而不息的企业家精神,在竞争中脱颖而出,赢得今天的地位。再次,非公有制经济拥有良好的经营机制,市场反应的敏捷性强,他们能够调动各方面的积极性,降低产品的经营成本,用良好的服务态度赢得市场,提高竞争力。

十八大以来,政府制定了很多措施改善非公有制经济的发展环境。2012年11月,党的十八大强调新时期要为非公有制经济提供支持与保护,赋予非公有制经济与公有制经济平等的发展权利。2013年,党的十八届三中全会通过的《中共中央关于全面深化改革若干重大问题的决定》提出公有制经济财产权不可侵犯,非公有制经济财产权同样不可侵犯,还提出了坚持"权利平等、机会平等、规则平等,消除各类隐性壁垒"。这就明确了保证非公有制经济具有同样依

---

① 周戎、雷江梅:《从抗击疫情看中国"集中力量办大事"的制度优势》,载《湖北社会科学》,2020年第10期。

法平等使用生产要素、公平参与市场竞争的权利。"三个平等"原则增加了非公有制经济人士的信心,为非公有制经济的快速发展和转型升级迎来新的契机。在党的十九大以来,习近平总书记对非公有制经济又做出了很多新的论述。例如强调把发展经济的着力点放在实体经济上,强调要加强对中小企业的创新支持,强调要构建"亲""清"政商关系,为非公有制企业营造良好的营商环境。这一系列论述增强了非公有制经济发展的认同感、使命感、安全感,为非公有制经济健康发展壮大提供了良好的外部条件。

我国非公有制经济是企业"走出去"的主力军。2019年,民营企业进出口达13.48万亿元,增长11.4%,占中国外贸总值的42.7%,比2018年提升3.1个百分点。其中,出口8.9万亿元,增长13%;进口4.58万亿元,增长8.4%。外商投资企业进出口12.57万亿元,占中国外贸总值的39.9%。国有企业进出口5.32万亿元,占16.9%。民营企业首次超过外商投资企业,成为中国第一大外贸主体。

我国非公有制经济是国家税收的重要来源。近年来,我国财政收入大大增加,综合国力显著增强。国家制定了很多财政政策提高人民生活质量,各项事业取得长足进步。快速增长的非公有制经济拓展了国家税收的重要来源。据全国工商联发布2020年中国民营企业500强榜单及分析报告显示,2019年,民营企业500强纳税总额为13738.41亿元,同比增长4.88%,纳税总额占全国税收总额的比例为8.70%,同比增长3.82%。从纳税额结构分布看,2019年,纳税1亿元以上的民营企业500强数量为482家,较上年增加3家,占比96.40%;纳税额过20亿元的企业152家,较上年减少5家,占民营企业500强的30.40%。2019年减税降费取得明显成效,民营企业合计减税1.26万亿元,占全部减税额的65.5%,扣减出口退税后,全国组织税收收入14万亿元,同比增长1.5%。在我国市场经济发达的地方,非公有制经济税收占地方财政收入70%以上,甚至更高。

第二章 当前非公有制企业提升科技创新能力的必要性

第一节 当前非公有制企业发展面临的国内外环境

一、当前非公有制企业发展面临的国内环境

(一)新发展理念引领非公有制经济高质量发展

改革开放以来,我国取得了举世瞩目的成就,建立了全世界最完整的现代工业体系,发展成为世界第二大经济体、制造业第一大国。我国经济发展走进新时代,进入了新常态,经济发展已经由原来的高速发展阶段转入高质量发展阶段。高质量发展既是新时代现代企业的使命担当,也是不断壮大、开拓市场的必由之路。新发展理念是引领我国非公有制经济高质量发展的指挥棒。我国非公有制企业必须更新发展观念,依靠创新驱动走高质量发展路子,满足人民对高质量产品的需求。党的十八大以来,以习近平同志为核心的党中央立足全局、把握时势,用新发展理念指引我国经济社会取得了巨大成就。坚持创新发展、协调发展、绿色发展、开放发展、共享发展的新发展理念,是厚植我国发展优势的重大举措,是事关我国发展全局的重大变革。我国非公有制经济要贯彻新发展理念,着力提升企业发展质量和发展效益,推动质量变革、效率变革、动力变革,才能实现高质量发展。

在创新发展方面,我国在科技上取得了重大突破,实施了"大众创业、万众创新"战略、"互联网+"、"人工智能"发展战略。在信息技术、人工智能领域,中国取得了一系列重大科技成果,已迈进世界第一方阵。近年来,我国企业技术创新主体地位不断增强,一批具有国际竞争力的创新型企业蓬勃发展。科创板上市科技企业超过200家,总市值超3.2万亿元。2020年虽然受到影响,但高新技术企业强势复苏,生物医药、数字经济等产业实现逆势增长。广大非公有制企业应依托我国的科技优势、资源特色、市场特点,以产业链引导创新链,推进企业提档升级,培育非公有制经济新的增长点,打造一批具有国际竞争优势的优秀企业。

在协调发展方面,国家深入实施西部大开发、东北等老工业基地振兴、中部崛起、东部率先发展等战略,还推动粤港澳大湾区、长江经济带、京津冀、成渝经济区发展。我国非公有制企业应充分抓住发展机遇和发展"红利",积极融入国家发展战略。在处理公有制与非公有制经济的关系方面,我国坚持协调发展,摒弃过去对非公有制经济的歧视,保证非公有制经济平等使用生产要素、同等得到法律保护。

在绿色发展方面,我国坚守"绿色"底线,推动非公有制经济又快又好发展。地球上的资源是有限的。工业化的进程加剧了资源的消耗,也增加了环境污染。面对经济新常态以及全面建成小康社会的新形势,非公有制经济应积极承担环境保护的责任,积极开发绿色技术、资源回收利用技术、生态工厂的循环式技术等,提高资源利用效率和有效节约资源,实现可持续发展、和谐发展。

在开放方面,我国加快自贸区建设,目前已设立自贸试验区达21个。在金融、制造业等领域放宽市场准入,给非公有制经济带来发展机遇。积极推动非公有制企业对接"一带一路"战略,拓宽了非公有制企业发展的市场空间。我国非公有制企业应积极响应国家政策,开展国际化投资与经营,推动优势产业及企业大规模"走出去"。

在共享方面,"十三五"期间,我国实施精准扶贫战略,通过产业扶贫、转移就业、易地搬迁乃至社保兜底等方式,圆满完成脱贫攻坚任务。我国有1亿左右贫困人口实现脱贫,提前10年实现《联合国2030年可持续发展议程》的减贫目标。人们对美好生活的向往给非公有制企业发展带来新的机遇,消费群体的扩大为非公有制企业开拓了新的市场。

在新发展理念的指引下,我国经济社会发展势头持续向好。2019年,我国第三产业占GDP比重达53.9%,经济结构持续优化。2020年,国内生产总值首次突破100万亿元,是全球唯一实现经济正增长的主要经济体。我国非公有制企业应把握新发展理念的内在要求,加强科技创新、商业模式创新、管理创新,加快培植发展新动能。

（二）新发展格局重塑非公有制经济的优势

2020年5月14日，中共中央政治局召开会议，首次提出"构建国内国际双循环相互促进的新发展格局"。这是中央审时度势部署的重大战略，为我国"十四五"时期的发展指明了新的方向。不断提升自主创新水平，不断突破关键核心技术，是摆脱西方国家"卡脖子"的关键举措，是提高国际竞争主动权的必由之路，是促进国内国际双循环的必然选择。构建"双循环"新发展格局的关键是实现科技自立自强，一方面政府应做好顶层设计，明确重点产业攻关领域，在税收、研发、企业上市、产品出口等方面出台对应的扶持措施，动员全社会的力量支持重点产业的发展，形成强大合力；另一方面，要夯实基础研究，利用好非公有制企业面向市场"主战场"的优势，加速科技成果向现实生产力转化。我国非公有制经济应充分认识新格局的深刻内涵，抓住新格局的战略重点，在新发展阶段找准定位、提质增效。

非公有制企业是商品、技术、劳务和资本输出的生力军，在构建"双循环"新发展格局中发挥着重要的作用。党的十八大以来，以习近平同志为核心的党中央出台了一系列政策，提出了一系列思想来鼓励、支持、引导非公有制经济发展，更好地破除制约非公有制企业创新的制度障碍，全面降低企业创新成本和风险。党的十八届三中全会提出："公有制经济和非公有制经济都是社会主义市场经济的重要组成部分，都是我国经济社会发展的重要基础。"这一论述大大提高了非公有制经济的地位，是我们党对社会主义市场经济认识论的进一步深化。党的十八届三中全会还提到非公有制企业权利平等、机会平等、规则平等，消除了非公有制经济发展的隐形壁垒，进一步优化了营商环境，体现了党和国家建立公平有序透明市场规则的魄力，为促进民间投资提供了制度保障，为提振企业家信心注入了力量。2016年3月4日，习总书记在全国"两会"期间重申："非公有制经济在我国经济社会发展中的地位和作用没有变，我们毫不动摇鼓励、支持、引导非公有制经济发展的方针政策没有变，我们致力于为非公有制经济发展营造良好环境和提供更多机会的方针政策没有变。"习总书记还提到："我国非公有制经济快速发展，在稳定增长、促进创新、增加就业、改善民生等方面发挥了重要作用。非公有制经济是稳定经济的重要基础，是国家税收的重要来源，是技术创新的重要主体，是金融发展的重要依托，是经济持续健康发展的重要力量。"[①]提出

---

① 习近平：《毫不动摇坚持我国基本经济制度　推动各种所有制经济健康发展》，载《人民日报》，2016年3月9日第2版。

贯彻落实促进非公有制经济健康发展的五项政策措施,分别从融资、市场准入、公共服务体系建设、引导民营企业培育大企业集团、减轻企业负担五个方面,推动企业不断取得更新更好发展。

"两个都是""三个平等""三个没有变""六个重要",习总书记的这些论述彰显了非公有制经济在我国经济和社会中的重要性,为推进非公有制经济在新常态下更好更快发展提供了有力的支撑,使非公有制企业增强了在我国社会主义发展过程中的认同感,有利于营造良好的创新氛围和创新生态,对于助力非公有制企业更好地融入双循环新发展格局具有重要意义。

(三)消费结构优化升级拓展了非公有制企业的市场空间

进入新时代,人们的消费需求层次不再满足于吃饱穿暖,而是追求吃好穿时尚。目前我国人均国内生产总值已迈入1万美元台阶,数量持续扩大;城镇化率逐年上升,超过60%;中等收入群体超过4亿人,拥有全球规模最大、最具成长性的中等收入群体。根据联合国恩格尔系数划分标准,恩格尔系数在20%~30%之间即达到富足标准。2019年,全国居民恩格尔系数为28.2%,连续八年下降。2019年,全国居民人均消费支出21559元,比上年增长8.6%。其中,人均服务性消费支出9886元,比上年增长12.6%,占居民人均消费支出的比重为45.9%。人民的消费活跃,呈现品质化、个性化、多样化的多重特征。2014—2019年,消费一直是拉动我国经济增长的第一动力源。2018年,我国消费占世界消费的比重达12%,比1980年增加了10个百分点。2010—2017年,我国的家庭消费增长额占据了全球31%的份额,其中服装、汽车、电子产品、海鲜分别占据了40%、28%、38%、45%。我国已经形成全球最大最有潜力的市场。但是,我国最终消费占国民生产总值的比例还没有60%,而美国和日本分别达到了82.38%、75.16%,因此,我国消费的增长空间巨大。

消费结构升级、内需潜力巨大给非公有制企业发展带来新的机遇、打开新的市场。人们对美好生活的向往给非公有制企业发展带来新的机遇,消费群体的扩大为非公有制企业开拓了新的市场。在新发展阶段,非公有制企业必须更新发展观念,依靠创新驱动走高质量发展路子,满足人民对高质量产品的需求。非公有制企业要不断提高供给体系质量,开发适应新需求的产品,消除这些结构性"供需梗阻",满足人民群众的物质文化需求,解决城乡之间、区域之间发展的差距问题,不断满足人民群众在民主、法治、公平、正义、安全、环境等方面的需要。

(四)营商环境的改善激发了非公有制企业发展的活力

营商环境是衡量一个地方软实力的重要指标。习近平总书记强调,要改善投资和市场环境,加快对外开放步伐,降低市场运行成本,营造稳定公平透明、可预期的营商环境,加快建设开放型经济新体制,推动我国经济持续健康发展。为促进经济的快速发展,提高经济发展质量,我国制定了一系列措施打造国际化、便利化、法治化的营商环境。十八大以来,党中央做出了一系列重大战略部署,出台了360余个重点改革文件,1500多项重点改革措施,迈出了全面深化改革的步伐。按照全面深化改革的路线图,党中央加大了"放管服"改革的力度,推进简政放权,实行了大规模结构性减税,降低企业负担,努力营造亲商富商的营商环境。我国社会主义市场经济的发展水平依赖于商事主体的微观构成。十八大以来,我国大力推进商事制度改革,进一步厘定政府与市场关系,规范市场经济秩序。不断优化放管服改革,市场准入负面清单事项数量由151项减至131项,不断放宽市场准入的门槛;聚焦规则公开透明,破除部门之间"信息孤岛"难题,全国信用信息共享平台联通46个部门、所有省区市,归集各类信用信息超过500亿条;破除审批关卡,打破证明围城,深入推进政务服务"一网、一门、一次"改革,全面推行审批服务"马上办、网上办、就近办、一次办"。对市场管制的松绑释放了市场主体的活力,日均新设企业量大增,2019年全国新设市场主体2179万户,日均新设企业达到2万户,再创新高,活跃度为70%左右,市场活力不断增强。2019年,在18个自贸试验区开展了"证照分离"改革全覆盖试点,基本实现企业开办不超过5个工作日,133.9万户企业通过简易注销退出市场,工业产品生产许可种类由24类压减至10类。朝气蓬勃的创业企业奔涌而来,为我国经济的发展注入了蓬勃的活力。世界银行发布的《全球营商环境报告2020》显示,中国营商环境世界排名第31位,比上一年提升了15个名次,是营商环境改善幅度最大的经济体之一。过去,推动我国经济增长的重要因素之一是依托我国廉价的劳动力和资源。随着我国"人口红利""资源红利"的逐渐弱化,未来经济发展更要依靠"软环境红利""人才红利"。良好的营商环境,能够激发国内外创业者的创业激情和活力,能够降低企业交易性成本,促进要素的更合理优化流动。

(五)有效的产权保护增强了非公有制企业发展的信心恒心

党的十八大以来,以习近平同志为核心的党中央高度重视产权保护工作。十八届三中全会提出,公有制经济财产权不可侵犯,非公有制经济财产权同样不可侵犯。"两个不可侵犯"给予了非公有制经济同公有制经济同样的地位,保护了非公有制经济的产权以及民营企业家的人身财产安全。2016年11月,中共中央、国务院颁发了《关于完善产权保护制度依法保护产权的意见》,指出"必须加快完善产权保护制度,依法有效保护各种所有制经济组织和公民财产权"。2019年7月24日,习近平总书记主持召开中央全面深化改革委员会第九次会议,审议通过了《关于强化知识产权保护的意见》,明确要综合运用法律、行政、经济、技术、社会治理手段,不断改革完善知识产权保护体系。民法典颁布实施,商标法、专利法、著作权法新一轮修订都强调了要加大知识产权保护力度,建立健全了侵权惩罚性赔偿制度。党的十九届五中全会通过的《中共中央关于制定国民经济和社会发展第十四个五年规划和二〇三五年远景目标的建议》明确提出,"加强知识产权保护,大幅提高科技成果转移转化成效"。在党中央的科学部署下,经过各方面协同发力,我国走出了一条具有中国特色的知识产权发展之路,知识产权保护成效显著。知识产权保护社会满意度不断上升,2020年达到了80.05分以上,比2012年提升了16.36分。世界知识产权组织发布的《2020年全球创新指数报告》显示,中国排名第14位,比2012年提升了20个位次,居中等收入经济体的第一位,是世界上进步最快的国家之一,专利、商标、工业品外观设计申请量等指标位列全球第一。世界领先的5000个品牌中,中国有408个,占比达到了8.2%,总价值达到1.6万亿美元,其中9个品牌排名世界前25位。国家统计局和国家知识产权局发布的《2019年全国专利密集型产业增加值数据公告》显示,2019年全国专利密集型产业增加值达到114631亿元,比上年增长7.0%,占国内生产总值(GDP)的11.6%。①

产权保护文件的出台,及时响应了社会的关切,为广大非公有制经济经营者安心经营、放心发展提供了有力的保障。产权制度是激发社会创新活力的重要基石。通过制度保护激发企业家的投资积极性,是维持我国经济增长的重要手段。完善的产权保护能够有效激发企业家干事创业的动力,能促进市场交易有序发展、能增强企业家投资信心、能提高资源利用效率。改革开放四十多年以来,我国不断完善产权制度,不断扩大产权保护范畴,不断增大产权保护力度,产权保护总体取得了一定的成效。但另一方面我们也要看到,我国相关法律制度还不够完善,涉及产权保护过程中的立法、执法等方面还有不够规范的问题,因此我国应进一步完善产权保护相关制度。我国经济社会各领域的产权关系错综复杂。由于传统观念还存在歧视、制度设计上还不完善,当前非公有制经济的主

---

① 申长雨:《全面加强知识产权保护 推动构建新发展格局》,载《学习时报》,2021年1月15日。

体权益还没有实现平等保护,非公有制经济参与市场竞争依然存在隐性壁垒。在司法案例中,非公有制企业还不能得到与国有企业一样完全的对等,影响了民间投资的积极性。社会主义制度是为了解放生产力、发展生产力,只有平等保护非公有制经济的合法权利,让非公有制经济平等参与市场竞争,才能更好地激发非公有制经济的活力,才能更加促进市场经济的发展。

近年来,从中央到地方陆续出台了很多支持非公有制经济发展的政策,但是因为种种原因,这些政策并没有很好地得到落实。市场准入门槛依然较高,政府部门为非公有制企业办事的效率仍然还不够高。俗话说,千条万条,不落地就是"白条"。推动政策落实,纠正非公有制经济在发展过程中的政策偏差。由于国际环境的变化,非公有制经济发展面临很大的困难。党中央出台了一系列政策帮助企业渡过难关。有的地方政府没有充分考虑政策产生的叠加效应,或者是制定配套政策时没有做到真正从实际情况出发,导致政策没有发挥出很好的作用。因此,政府应把政策更加细化、量化,以便政策更好地落地。在执法过程中,要从实际情况充分考虑,避免"一刀切"。

二、当前非公有制企业发展面临的国际环境

(一)世界百年未有之大变局加速演变

习近平总书记多次强调,当今世界正经历百年未有之大变局。一方面,国际秩序动荡不定、大国竞争持续深化,经济全球化遭遇了逆风逆水的势头,不稳定因素激增,不确定因素频现。世界进入动荡变革期,单边主义、保护主义抬头,世界经济陷入低迷状态。受政治因素的影响,全球产业链供应链面临严重冲击。另一方面,人类命运共同体理念影响全球、深入人心,和平与发展仍是时代主题。新一轮科技革命和产业变革蓄势待发,重构了全球的创新版图,深刻调整了全球经济结构。信息技术、光电芯片、人工智能技术发展热潮澎湃,互联网、大数据与生物、材料等多学科相互融合渗透,为破解全球性发展难题提供了新思路、新路径。纵使外部环境复杂多变,我们仍应抓住机遇,在危机中育新机。非公有制经济是市场经济的微观基础,大多是在激烈多变的市场竞争中"摸爬滚打"成长起来的。非公有制经济成长的坚韧性和机制的灵活性使其能迅速捕捉市场竞争的变化。非公有制经济应抓紧机遇推动融入"双循环"新发展格局,在主动识变中找准新定位,聚焦新技术新业态,提高企业的核心竞争力。

(二)国际市场的不确定性

随着世界贸易体制的逐步完善和网络技术的逐步发展,各个国家的联系更加紧密,国际合作日趋频繁,世界正形成一个繁荣统一的大市场。各种贸易组织的建立降低了贸易成本,但另一方面,贸易环境受各国政策的影响呈现不确定性。改革开放以来,我国不断融入世界经济,对外开放的步伐越来越快,促进了经济的大力发展。经济全球化为非公有制经济走出国门、走向世界创造了有利的外部条件。

我国实行鼓励非公有制经济走出去的政策,并积极为他们走出去创造有益的条件。在对外投资方面,非公有制经济有着很大的竞争优势。2019年,有进出口实绩的民营企业达到40.6万家,进出口增长11.4%,拉动外贸增长4.5个百分点,在巩固传统市场的同时不断开拓新兴市场,其中对非洲、拉美、东盟出口分别增长了15.6%、11.4%、25.6%。由于非公有制经济具有灵活的运营机制,可以更便捷地在国外设置灵活小巧的组织结构,能够根据市场需求变化及时调整发展战略。但随着贸易规模的增大,各个国家之间获益呈现不均衡性特征,全球范围竞争日益激烈,贸易摩擦日益加剧。有的国家保护主义盛行,单边主义抬头,加大了全球经济复苏进程中的风险,使我国发展的外部环境更加严峻,非公有制经济经营者发展预期和信心受到影响。经济区域化给非成员国设置了高高的贸易壁垒;近乎苛刻的技术标准、复杂严格的质量认证、名目众多的卫生、环保等要求都给企业出口设置了障碍;各个地区的贸易规则重叠,统一性和协调性不够,导致全球贸易规则出现碎片化倾向。我国近年来进出口持续快速增长,但并非一帆风顺,也遭遇了很多的问题,其中非公有制经济受害尤为明显。

全球化逆流倾向使一些非公有制出口企业受到很大影响,也严重拖累了产业链上的其他非公有制企业。逆全球化和贸易保护主义的存在更加恶化了贸易环境,不利于贸易的增长,不利于我国非公有制企业走向国外。目前,我国实行"一带一路"战略,能够扩大贸易范围,一定程度上缓解贸易保护主义对我国经济的危害,推动全球化进程向着更加开放、包容发展。我国非公有制企业应积极融入"一带一路"国家战略,积极开拓多元市场,加快对新产品的研发、加强对服务的创新,积极创造需求、迎合需求、引领需求,积极开拓国际市场中实现新的发展。

第二节 当前非公有制企业提升科技创新能力的紧迫性

在国内经济高质量发展的背景下,当前非公有制企业提升科技能力,是促进非公有制企业发展内在的要求,是促进企业持续协调健康发展的重要手段,又是企业顺应外部环境变化的必然选择。2020年,习近平总书记在科学家座谈会上强调,充分认识加快科技创新的重大战略意义,指出"我国'十四五'时期以及更长时期的发展对加快科技创新提出了更为迫切的要求"。十九届五中全会再次强调,要坚持创新在我国现代化建设全局中的核心地位,把科技自立自强作为国家发展的战略支撑。

一、加快科技创新是非公有制企业适应国内外环境的现实需要

自2008年9月发生国际金融危机以来,我国非公有制企业的经营环境更为严峻、竞争更为激烈。金融危机改变了世界经济发展格局。全球经济从高速增长进入了中低速增长阶段。全球范围竞争日益激烈,贸易保护主义日益盛行,人民币升值压力加大,对我国对外贸易有直接的影响。近年来,为刺激本国经济增长,一些发达国家加快经济转型,用科技创新手段来促进绿色发展、智能发展和可持续发展。美国近年来使出各种手段对中国实行技术封锁,对我国企业的制裁措施不断加码。美国这一举动对中国企业的正常运转造成了一定的影响,对全球产业链和供应链造成了损害。中兴事件使我们深刻认识到目前我国企业在核心技术上与美国有很大差距,例如工信部对全国30多家大型企业130多种关键基础材料调研结果显示,32%的关键材料在我国仍为空白,52%依靠进口,绝大多数计算机和服务器通用处理器95%的高端专用芯片、70%以上智能终端处理器以及绝大多数存储芯片依赖进口。[①] 因此,恶劣的外部环境倒逼我国非公有制企业要更加重视科技创新,提高企业核心竞争力,避免在贸易战中陷入不利地位。此外,经济增速放缓甚至下滑,外需低迷,经济发展方式粗放等都束缚了非公有制企业的发展。在知识经济时代,以大数据和人工智能、云计算、物联网为代表的新技术与实体经济融合日益紧密,各种新业态和新模式不断涌现。非公有制经济在复杂多变的国际大形势下更显得处境严峻。对于非公有制企业来说,不创新就会陷入内外交困、举步维艰的窘境。提升科技创新能力是非公有制企业应对国内外复杂形势的有效举措,是推动非公有制经济发展的内生动力。国际市场的压力要求非公有制企业加快提升科技能力,提高产品竞争力,以获取更大的国际市场。

---

① 李文:《中美贸易摩擦尖锐化的深层客观原因》,载《人民论坛·学术前沿》,2018年8月下。

从国内环境来看,当前我国社会的主要矛盾是人民日益增长的美好生活需要与不平衡不充分的发展之间的矛盾,这也是影响内循环的重要原因。低端产品严重过剩,中端产品无法满足个性需求,高端产品严重依赖国外,使国内循环的需求市场一直没有得到充分激发。过去,我国经济还处于追赶阶段,收入水平不高、商品也比较紧缺。人们的消费呈现出攀比模仿、你有我也要有的排浪式消费特征。随着经济的发展,商品也愈加丰富,人们的消费理念和市场供求关系都发生了很大的变化。人们更加重注生活品质的提高,更加追求个性化、多样化、品质化。消费者的心理需求、文化因素、消费习惯差异巨大,很多商品是为特定的顾客和特定的环境下使用而生产,过去标准化商品不再受到普遍欢迎。一方面,消费结构的升级能为非公有制企业创造更为广泛的市场需求;另一方面,生产成本增加、产品更新迭代加快、通货膨胀厉害等因素也把企业推入了高成本时代,从而在一定程度上加大了非公有制企业的生产经营压力。因此,我国非公有制企业迫切需要通过科技创新带动供需链深度调整;通过科技创新提高生产效率和产品服务的质量;通过科技创新有效降低生产成本,满足国内消费升级。

二、加快科技创新是非公有制企业转变发展方式的内在动力

我国非公有制企业大部分起步于技术水平低、投资小的产品,以劳动密集型产业为主,附加值低、科技含量小。在现代制造业中,大部分非公有制企业还缺乏核心技术,还处于配套阶段,缺少有自主知识产权的国际知名制造品牌。在电子信息、新材料、新能源等新兴产业中,非公有制企业缺乏核心技术人才,仍以初级加工和组装为主。在服务业中,非公有制企业仍以批发和零售业、房地产业、租赁等传统服务业为主,金融、物流、贸易等现代服务业规模偏小、数量偏少。经营者缺乏品牌战略思维,不追求核心技术,经济发展主要以粗放型为主,严重制约了非公有制企业发展壮大。因为缺乏核心竞争力,很多非公有制企业面临融资难、盈利难的困境,遭遇成本高、税费高的难题,难以获得长远发展。因此,提升科技含量、提高产品附加值是非公有制企业实现可持续发展的关键。

党的十八大以来,党中央高度重视创新,并将创新置于"五大发展理念"第一位。提高企业自主创新能力是建设创新型国家的战略重点。非公有制企业是自主创新的重要生力军。提高非公有制企业的自主创新能力,增强非公有制企业的活力与市场竞争力,是转变经济发展方式、促进高质量发展的重要手段。长期以来,我国大部分非公有制企业的发展以高投入高能耗作为代价。在资源和环境约束背景下,这种粗放型发展模式已不适应时代发展。20世纪70年代以来,发达国家逐渐步入后工业化社会,他们采取了"去工业化"发展战略,从工业型经济转向服务型经济。在西方产业转移驱动下,我国粗放型发展方式有一定发展空间。但自2008年金融危机爆发后,欧美等发达国家为刺激经济发展实行"再工业化"战略转型,采取各种贸易保护措施保护本国工业。受此影响,我国出口加工型非公有制企业受到了很大的打击。

新一轮科技革命带来了数字经济的飞速发展。技术革新大大提升了资源配置效率,也孕育了很多新的经济形态。面对新形势新问题,我国非公有制企业要摒弃过去的粗放型发展模式,加强科技投入,实现创新驱动战略,增强企业核心竞争力。新形势下,我国非公有制企业要紧扣时代发展主题,抓住发展机遇,大力提升自主创新能力,将信息技术融入传统产业,实现"老树发新芽"。要积极优化产业结构,运用先进的科学技术积极解决现实问题,提升全要素生产率,加大对新兴产业的开发力度,以高质量的方式、高效率的方法提高经济总产出,增加产业竞争力。基于环境保护和资源约束原因,绿色技术越来越成为新时代非公有制企业的重要特征。绿色技术能提高产品生命周期整个过程中的资源利用效率,降低资源消耗、减少环境污染、改善生态环境,降低对环境的不利影响。绿色技术包括生态破坏防治技术、节能环保、清洁生产、绿色设计、清洁能源、污染防治技术等。企业是绿色技术研发和成果转化的主体。我国应大力发展绿色技术创新企业,营造绿色技术创新环境,进而推动生态经济的和谐发展。

三、加快科技创新是非公有制企业实现产业集聚转型的必由之路

我国非公有制企业大多属于劳动密集型企业,科技含量不高,产品附加值低,主要依靠工资成本低、资源成本低来获取竞争市场。目前,我国产业集群主要是通过低成本的区位优势、优惠的地方政策等聚集,而不是靠创新性龙头企业带动产业链分布。因此企业生产的产品关联度不高,技术外溢效应不明显。在这种较为低端的产业集群中,企业之间的生产技术相差不大,产品品质也较为雷同,产品容易被模仿,企业竞争也很激烈。缺乏有效的知识产权保护,企业的创新积极性也不高。所以,我国非公有制企业要在日趋激烈的竞争环境中占领市场份额,就要走出跟踪模仿多、低水平重复的低成本集聚模式,着力实现向创新型聚集转变,积极提高自主创新能力,把创新的重点放在技术、管理、组织结构、

工艺的变革上,培育自主品牌,提高核心竞争力。产业集聚区的企业应协同发力,以实现产业链供应链安全可控为重要目标,加快关键核心技术攻关,夯实产业优势领域,大力提升产业链现代化水平。产业集聚区也是一个技术联合体,支持对产业前沿技术有研发基础的领军企业组建创新联合体,聚焦产业发展的关键环节,推动产学研用共同参与、共同投入、共享成果,联手攻克重大科技任务,为实现产业创新型聚集提供新的路径。

四、加快科技创新是非公有制企业实现生产管理方式变革的必然选择

高新技术和信息化智能化的发展背景下,有关非公有制经济生产管理方式的新概念也不断涌现。例如:虚拟生产、集成生产、精益生产、网络化生产、敏捷生产等。有的企业实施模块化生产方式,实现了大规模定制化生产,从而快速满足消费者高质量、高性能产品的要求。生产方式的创新,以客户为中心,适应市场需求的新变化,实现高效率、高品质、低消耗的生产,从而达到经济效益、社会效益、生态效益共同提高。新的生产方式具有以下四个方面的特点:一是以"人本主义"为中心,适应人的需求而发展。随着市场经济越来越繁荣,消费者对产品的需求更加个性化、多样化,因此企业必须适应消费者需求而多样化发展,企业由单一的发展战略转变成综合性服务战略。二是网络结构更加呈现扁平化的特点。美国的福特发明了流水线,对生产组织方式进行了创新,大大提高了生产效率。客户需求的多样化使得企业生产模式更加柔性化,生产转向多品类、小批量,生产周期的缩短使得网络结构更加呈扁平化演变。三是工作方式向并行式转变。为了能够快速响应消费者的需求,组织方式也要快速响应,改变过去按照传统顺序的工作方式,这样并行的工作方式能够利用互联网快速进行异地设计和制造,能够实现产品生产的敏捷性。四是功能划分部门呈现动态化、自主化的管理模式。由于信息化的高速发展,企业可以利用内部网实现企业内部工作小组之间的交流和工作,改变了过去固定的组织形式,功能划分部门呈现动态化、自主化的管理模式,及时建立最优动态联盟。推动生产管理方式变革需要以科技作为支撑,要充分运用大数据、云计算优化生产环节、创新生产流程,把科技创新作为企业生产方式和社会生活方式变革进步的强大引领。

第三章 非公有制企业科技创新能力比较分析

第一节 我国高技术产业发展状况分析

科技创新与经济发展相辅相成,技术的创新是经济发展的核心驱动力。而企业的自主创新是企业发展壮大的根本,是企业竞争的核心要素。作为我国技术开发的重要主体,高技术产业和国家高新区的建设发展是我国企业科技水平的主导风向标。

一、规模以上高技术产业工业企业经营情况

由表3-1可以看出,自2015年以来,我国高新技术企业数量保持稳步增长的趋势,并于2016年规模以上高技术产业企业数量突破3万家。近三年来,规模以上高技术产业工业企业主营业务收入均在15亿元以上,但高技术产业主营业务收入增长率继续保持波动态势。

表3-1 2015—2018年我国规模以上高技术产业工业企业经营情况

	2015年	2016年	2017年	2018年
企业数(个)	29631	30798	32027	33573
主营业务收入(亿元)	139968.6	153796.3	159375.8	157001
利润总额(亿元)	8986.3	10301.8	11295.9	10293

数据来源:2015—2018年中国科技统计年鉴。

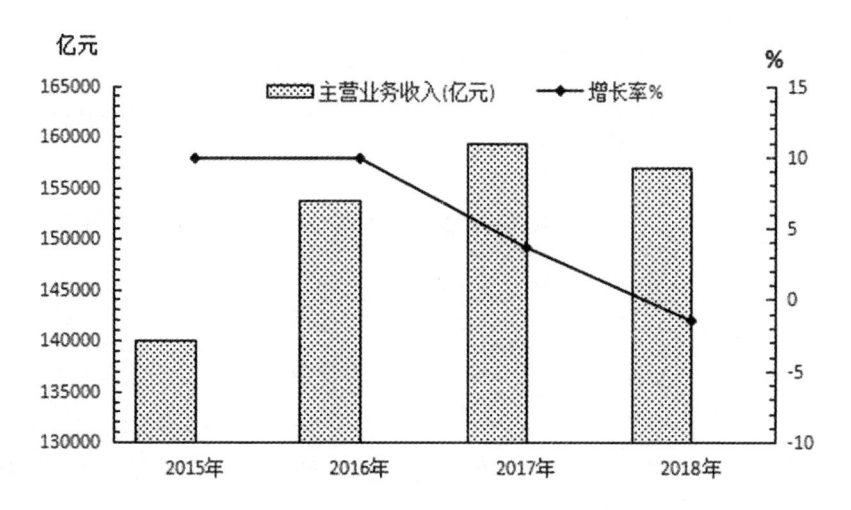

图 3-1 高技术产业主营业务收入及增长速度（2015—2018 年）

从图 3-1 中可以看出，2017 年高技术主营业务增长率趋于降低。2018 年主营业务收入和利润总额一改过去平稳增长的趋势，出现负增长，主营业务收入较上年减少了 1.49%，利润总额较上年减少了 8.88%。

二、规模以上高技术产业工业企业科技活动情况

表 3-2　2015—2018 年我国规模以上高技术产业工业企业科技活动情况

	2015 年	2016 年	2017 年	2018 年
研发机构数（个）	11265	13741	15696	16052
R&D 人员折合全时当量（人年）	726983	730681	747310	852467
R&D 项目数（项）	67648	80029	96944	100074
新产品开发项目数（项）	77167	93141	113889	131634

数据来源：2015—2018 年中国科技统计年鉴。

近几年，我国规模以上高技术产业工业企业科技活动活跃，产业研发经费持续增长，科技成果丰硕。2016—2018 年规模以上工业企业拥有研发机构数、R&D 人员全时当量以及研发和新产品项目数持续增加。从表 3-2 中可以看出，自 2016 年以来，我国规模以上高技术产业工业企业拥有研发机构数持续增加，到 2018 年研发机构数量达到 16052 个，但是每年增长速度呈减缓趋势，2018 年

拥有机构数增长率仅为 2.3%,而 2017 年为 14.2%。2018 年高技术产业 R&D 人员全时当量为 852467 人年,较上年增长了 14%,增长率是 2017 年的 6 倍多。除 2018 年的 R&D 项目数增长率为 3.2%外,其他年份 R&D 项目数和新产品开发项目数均以 15%~20%的速率增加。

表 3-3　2015—2018 年我国规模以上高技术产业工业企业研发经费情况

单位:万元

	2015 年	2016 年	2017 年	2018 年
R&D 经费内部支出	26266585	29157462	31825668	35591155
R&D 项目经费	24011832	26854650	31778033	34162499
新产品开发经费支出	30305841	35589261	40973433	46389298
技术获取及技术改造经费支出	5581011	6453074	6235282	9474901

数据来源:2015—2018 年中国科技统计年鉴。

高技术产业研发经费持续增长,科技成果产出同比增加。从表 3-3 可以得出,2018 年高技术产业 R&D 经费内部支出、R&D 项目经费、新产品开发经费支出、技术获取及技术改造经费支出分别为 3559.1155 亿元、3416.2499 亿元、4638.9298 亿元和 947.4901 亿元,分别同比增长 11.83%、7.5%、13.21%和 52%。从表 3-4 可以得出,2018 年新产品销售收入、专利申请数和有效发明专利数分别为 56894.1517 亿元、26.4736 万项和 42.5137 万项,同比增长 6.25%、18.22%和 12%。2015—2018 年新产品出口占新产品销售额之比为 40.46%、37.9%、36.44%和 34%,所占比重持续减少。

表 3-4　2015—2018 年我国规模以上高技术产业工业企业 R&D 成果情况

	2015 年	2016 年	2017 年	2018 年
新产品销售收入(万元)	414134905	479242433	535471108	568941517
#出口(万元)	167575462	181663586	195150291	193320485
专利申请数(项)	158463	185913	223932	264736
#发明专利(项)	88294	101835	118099	137633
有效发明专利数(项)	241404	316694	379615	425137

数据来源:2015—2018 年中国科技统计年鉴。

三、我国高技术产品贸易状况统计分析

据科技部统计数据显示,我国高技术产品贸易总量继续增长,2018年我国高技术产品贸易进出口总额达14085.7亿美元,同比增长12.0%。其中,高技术产品出口额为7430.4亿美元,较上年增长10.8%;高技术产品进口额为6655.2亿美元,较上年增长13.4%。高技术产品进出口贸易占商品贸易比重与上年基本持平,为30.5%。由下图可以看出近四年高技术产品进出口总额及其占商品进出口总额的比重稳定在30.5%左右,高技术产品贸易增长乏力。

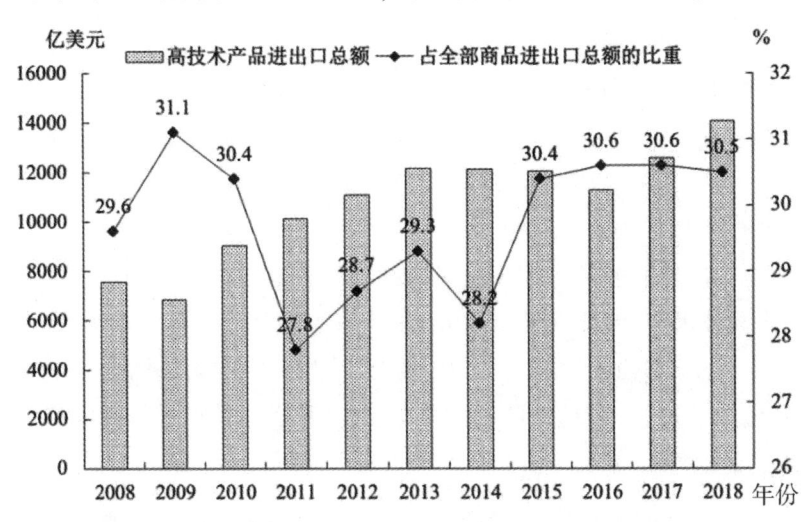

图3-2 高技术产品进出口总额及其占商品进出口总额的比重

表3-5 技术产品进出口额按技术领域分布(2018年)

技术领域	出口额(百万美元)	占总额(%)	比上年增长(%)	进口额(百万美元)	占总额(%)	比上年增长(%)
合计	743044	100	10.8	665521	100	13.4
计算机与通信技术	505028	68	9.6	124385	18.7	9.1
生命科学技术	32598	4.4	16.3	36389	5.5	10
电子技术	141525	19	17.9	357424	53.7	15.5
计算机集成制造技术	16389	2.2	12.6	58279	8.8	27.3
航空航天技术	9146	1.2	26	40453	6.1	15.1

续表

技术领域	出口			进口		
	出口额（百万美元）	占总额（%）	比上年增长（%）	进口额（百万美元）	占总额（%）	比上年增长（%）
光电技术	28981	3.9	-7.9	40323	6.1	-4.6
生物技术	928	0.1	31.3	2460	0.4	39.1
材料技术	7460	1	2.2	4817	0.7	13.9
其他技术	989	0.1	27.1	989	0.1	-8.9

数据来源：科技部统计数据。

以计算机与通信技术和电子技术为主导的格局保持稳定。从技术领域格局看，2018年仍然保持以往计算机与通信技术、电子技术为主的格局。生物技术增长最快，在出口和进口方面的增幅明显高于其他技术领域。计算机与通信技术2018年的出口额达到5050.3亿美元，较上年增长了9.6%，占高技术产品出口总额的68.0%；电子技术领域出口额达到了1415.3亿美元，较上年增长17.9%，占高技术产品出口总额的19.0%。在高技术产品进口的技术领域分布中，电子技术是进口份额最多的，2018年的进口额达3574.2亿美元，较上年增长了15.5%，占高技术产品进口总额的53.7%；其次是计算机与通信技术，进口额为1243.9亿美元，较上年增长9.1%，占进口总额的18.7%。

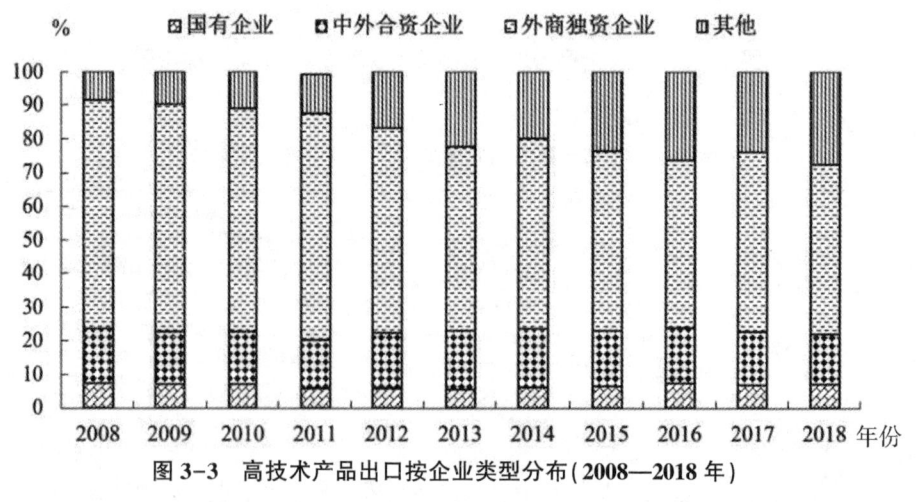

图 3-3 高技术产品出口按企业类型分布（2008—2018年）

由图3-3，从企业类型看，2018年外商独资企业和中外合资企业占据高技术产品贸易出口的比重为65.3%，较上年下降3.9个百分点。其中外商独资企业所占比重从上年的53.2%下降到50.4%。以私营企业为主的其他类型企业占高技术产品出口额的27.6%，比上年提高3.6个百分点。国有企业占高技术产品贸易出口的比重也从上年的6.8%小幅上升到7.1%。

第二节 国家高新技术产业开发区经营情况

高新技术产业开发区，是中国经济和科技体制改革的重要成果，是科技实力的集中体现，也是民营科技企业的重要聚集区。我国始终重视对高新区的建设工作，积极引进优势资源，加强平台载体建设，实现软硬件设施的局部优化，营造良好的创新环境。

一、高新区企业数量高速增长

高新区企业数量每年保持高速增长趋势，企业不断成长壮大。由表3-6可以看出，国家高新开发区个数从2015年的146个增加到了2019年的169个，注册企业数从2015年的96.5万家增加到2018年的231.8万家。2018年注册企业数是2015年的2.4倍，比上年增加了46.9万家，增长15.1%。纳入统计的规上企业[①]数量增加速度也呈递增趋势，2018年纳入统计的企业数为1.2万家，较上一年增加了15.9%。2019年，纳入统计的企业数达到了14万多家，比2015年增长了70.6%，增长势头猛烈。

表3-6 2015—2019年国家高新区企业规模情况

	2015年	2016年	2017年	2018年	2019年
高新开发区数(个)	146	146	156	169	169
注册企业数(万家)	96.5	—	184.9	231.8	—
统计企业数(个)	82712	91093	103631	120057	141147

数据来源：科技局和统计局2015—2019年中国科技统计年鉴。

二、从业人员队伍不断扩大优化

国家高新区企业从业人员队伍不断扩大优化。期末从业人员从2015年的

---

① "规上企业"是"规模以上企业"的简称。"规上"即"规模以上"。本书中"规上"均为"规模以上"的简称。

1719万人增加到了2018年的2091.6万人,增长趋势保持总体递增。2018年,国家高新区企业从事科技活动人员428.1万人,占全部从业人员总数的20.5%,比2015年增长了37%;R&D人员258.4万人,比2015年增长了47%;全时当量177.2万人年,比2015年增长了47.9%;每万名从业人员中R&D人员为847.2人,比2015年增长了28.8%。国家高新区从业人员中具有本科以上学历的从业人员为764.8万人,占从业人员总数的36.6%,较2015年增长38.9%。近五年,国家高新区的劳动生产率始终高于全国劳动生产率,是全国的3倍以上。

表3-7 2015—2018年国家高新区企业从业人员情况

	2015年	2016年	2017年	2018年
期末从业人员(人)	17190396	18059323	19407420	20915695
从事科技活动人员(万人)	311.7	338.6	378.4	428.1
R&D人员(万人)	175.5	205.6	242.7	258.4
#全时当量(万人年)	119.8	139.4	167.2	177.2
每万名从业人员中R&D人员(人)	657.6	710.6	819.3	847.2
本科以上学历从业人员(万人)	550.7	607.5	680.5	764.8
劳动生产率(万元/人)	30.2	31.7	33.2	—

数据来源:科技局的科技统计分析、统计局的2015—2018年中国科技统计年鉴。

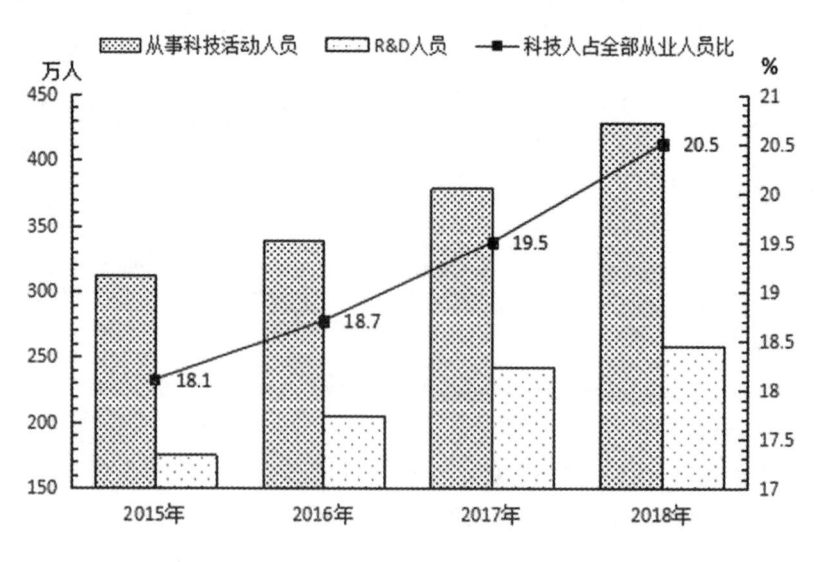

图3-4 高新区企业从事科技活动人员及占比和R&D人员数量

三、研发经费投入强度保持较高水平

国家高新区企业的研发投入强度保持较高水平。据科技部数据统计,2018年,国家高新区财政科技支出总额达1057.1亿元,占高新区财政支出比例达到14.8%。由表3-8看出,2018年高新区企业R&D经费内部支出7455.7亿元,同比增长16.7%,科技部数据给出,2018年高新区企业R&D经费支出占全国的48.9%。高新区企业研发经费投入强度持续加大,2015年的企业研发经费支出与园区生产总值比例为5.6%,到2018年为6.7%,增长了1.1个百分点,是全国研发经费投入强度的3.1倍。企业技术中心在企业科技创新中起着核心引领作用。随着企业科技创新意识的提高,国家高新区内的企业技术中心增长势头迅猛。截至2018年底,169家国家高新区共有企业技术中心1.3万家,其中经国家认定的企业技术中心(包含分中心)724家,占全国企业技术中心(包含分中心)的46.3%。

表3-8　2015—2018年国家高新区企业经费投入情况

	2015年	2016年	2017年	2018年
R&D经费内部支出(亿元)	4521.6	5379.9	6163.9	7455.7
#占全国企业R&D经费支出(%)	41.6	44.3	45.1	48.9
企业研发经费投入强度(%)	5.6	6.1	6.5	6.7

数据来源:科技局的科技统计分析、统计局的2015—2018年中国科技统计年鉴。

四、高新区企业产值平稳上涨

在高新区企业经营状况方面,从表3-9中可以看出,近五年来,高新区企业营业收入、总产值和其他产出保持平稳上涨趋势。截至2018年,169家国家高新区园区生产总值达到11.1万亿元,占国内生产总值比重达12.0%。据科技局统计,有48家国家高新区的园区生产总值占所在城市GDP比重超过20%。2018年,国家高新区共实现营业收入34.6万亿元、工业总产值22.3万亿元、净利润2.4万亿元、上缴税额1.9万亿元、出口总额3.7万亿元,同比分别增长9.4%、5.3%、8.2%、4.9%、8.1%。

据科技部统计数据显示,2018年有6个高新区营业收入超过万亿元,74个高新区营业收入超过千亿元,较上年分别增加2家和7家。2018年国家高新区企业的平均净利润率为 6.9%,人均净利润为 11.4 万元/人,较上年提高了 0.3 个百分点。有 61 家高新区企业的人均净利润超过 10 万元/人。2018 年国家高新区企业技术性收入为 3.9 万亿元,较上年增长 17.3%;技术性收入占营业收入的比重为 11.3%,较上年提高 0.6 个百分点;技术服务出口占出口总额的比重为 5.9%,较上年提高 0.3 个百分点。

表 3-9 2015—2019 年国家高新区企业经营情况

	2015 年	2016 年	2017 年	2018 年	2019 年
营业总收入(万亿元)	25.37	27.66	30.71	34.62	38.55
总产值(万亿元)	18.60	19.68	20.30	22.25	—
净利润(万亿元)	1.61	1.85	2.14	2.39	
实缴税费(万亿元)	1.42	1.56	1.73	1.87	
出口额(万亿美元)	0.47	2.91	3.23	3.73	4.14
生产总值(万亿元)	8.07	8.77	9.52	11.10	—
#占国内生产总值比重(%)	11.9	11.8	11.5	12	—

数据来源:科技局的科技统计分析、统计局的 2015—2019 年中国科技统计年鉴。

五、创新产出和经济效益持续上升

在创新产出方面,国家高新区正逐步成为全国专利产出的高地。在表 3-10 中,2018 年专利申请数量和专利授权数量几乎是 2015 年的 2 倍。据科技局统计分析,2018 年,国家高新区企业专利申请数量为 67.4 万项,其中发明专利申请数 36.2 万项,申请国内发明专利 30.1 万项,占国内发明专利申请总量的 21.6%;专利授权数达到 40.4 万项,其中发明专利授权 14.3 万项,国内发明专利授权 11.1 万项,占国内发明专利授权量的 32.1%。截至 2018 年,国家高新区内企业共拥有有效专利 192.2 万项,较 2015 年增加 99.6 万项。其中拥有发明专利 73.1 万项,拥有境内发明专利 64.7 万项,占国内发明专利拥有量的 38.9%。

此外,根据科技部统计分析指出,2018 年,国家高新区企业新增注册商标数为 10.4 万项,每万人拥有注册商标为 303.1 项,较 2017 年提高 62.4 项/万人;获得软件著作权 17.4 万项,获得集成电路布图 2119 项,获得植物新品种 546 项;高新区每万人拥有软件著作权、集成电路布图、植物新品种分别为 343.1 项、5.3 项和 1.0 项,较上年分别提高了 83.8 项/万人、0.4 项/万人和 0.2 项/万人

表 3-10 2015—2018 年国家高新区企业专利情况

单位：万项

	2015 年	2016 年	2017 年	2018 年
专利申请数量	35.3	43.1	54.9	67.4
专利授权数	21.5	25.4	30.6	40.4
拥有有效专利数	92.6	115.3	145.3	192.2

数据来源：2015—2018 年中国科技统计年鉴。

由表 3-11 可以看出,国家高新区在推动科技成果转化方面成效显著。2015—2018 年,新产品产值和销售收入、企业合同成交金额始终保持高速增长的趋势,增长率均在 10% 以上。2018 年,国家高新区企业实现技术性收入 3.9 万亿元,较 2015 年增加 1.6 万亿元。研发的新产品产值达到 8.1 万亿元,新产品实现销售收入 8.1 万亿元,分别比上年增长 7.6% 和 7.4%,新产品销售收入占产品销售收入的 32.7%,较上年下降 0.4 个百分点。国家高新区企业技术合同交易数量庞大,交易频繁,企业技术合同成交金额逐年上升,占比稳定在 26% 左右,并于 2017 年陡增至 31.1%。2018 年国家高新区企业认定登记的技术合同成交金额达到 4769.4 亿元,占全国技术合同成交额的 26.9%,比 2015 年增长了 81%。

表 3-11 2015—2018 年国家高新区企业创收情况

	2015 年	2016 年	2017 年	2018 年
企业技术性收入(万亿元)	2.36	2.69	—	3.90
企业研发新产品产值(万亿元)	5.89	6.51	7.32	8.10
新产品实现销售收入(万亿元)	5.89	6.46	7.36	8.10
新产品销售收入占产品总销售收入(%)	0.80	31.50	33.30	32.70
企业技术合同成交金额(亿元)	2635.60	3051.70	4172.20	4769.40
#占全国技术合同成交额比(%)	26.80	26.80	31.10	26.90

数据来源：2015—2018 年中国科技统计年鉴。

基于日渐完善的基础设施和组织机构的建设,高新区产业结构不断优化,持续推动高端产业集聚。高新区的主体构成以高技术制造业以及高技术服务业为主,制造业和服务业的技术水平的指数是高新区发展的重要目标和指标。据科技部统计数据分析得出,2018 年 169 家国家高新区中属于高技术制造业、高技术服务业的企业达 59956 家,占高新区企业总数的 49.9%,比上年提高 1.5 个百分点,从业人员达 858.8 万人,占高新区从业人员总数的 41.1%。

第三节 非公有制企业科技创新能力整体评价

非公有制企业是我国国民经济体系不可或缺的重要组成部分。通过改革开放四十多年的发展,我国非公有制企业从无到有、从小到大、由弱变强,我国 70%以上的技术创新成果由非公有制企业创造。非公有制企业已经成为技术创新的重要力量。

一、民营企业数量及就业人数不断增加

从表 3-12 中我们可以计算出 2015—2018 年间民营企业中有研发机构和有 R&D 活动的企业数量每年以超过 13%的速度递增,而规模以上民营企业总数并没有随着时间的推移而增加,反而是呈现出减少的趋势,这说明在企业改革的过程中,较多的传统企业被改造为科技型企业。自 2015 年以来,在规模以上拥有研发机构和开展科技活动的企业中,民营企业一直占据超过一半的份额,远超国有企业、集体企业、联营企业等公有制企业。尤其是在 2018 年,规模以上民营企业数量为 220628 家,占规模以上企业数的 58.30%,其中拥有研发机构的有 41241 家,占规模以上总拥有的 56.8%,有 R&D 活动的有 60914 家,占规模以上开展总数的 58.11%。

表 3-12　2015—2018 年全国规模以上民营工业企业研发活动情况

	项目	企业数	有研发机构的企业数	有 R&D 活动的企业数
2015 年	总计(家)	383153	52833	73570
	民营企业(家)	216505	27058	37113
	占比(%)	56.51	51.21	50.45
2016 年	总计(家)	378579	61765	86891
	民营企业(家)	214309	31594	44485
	占比(%)	56.61	51.15	51.20

续表

	项目	企业数	有研发机构的企业数	有R&D活动的企业数
2017年	总计(家)	372729	70636	102218
	民营企业(家)	215138	36034	53668
	占比(%)	57.72	51.01	52.50
2018年	总计(家)	378440	72607	104820
	民营企业(家)	220628	41241	60914
	占比(%)	58.30	56.80	58.11

数据来源：2015—2018年中国科技统计年鉴。

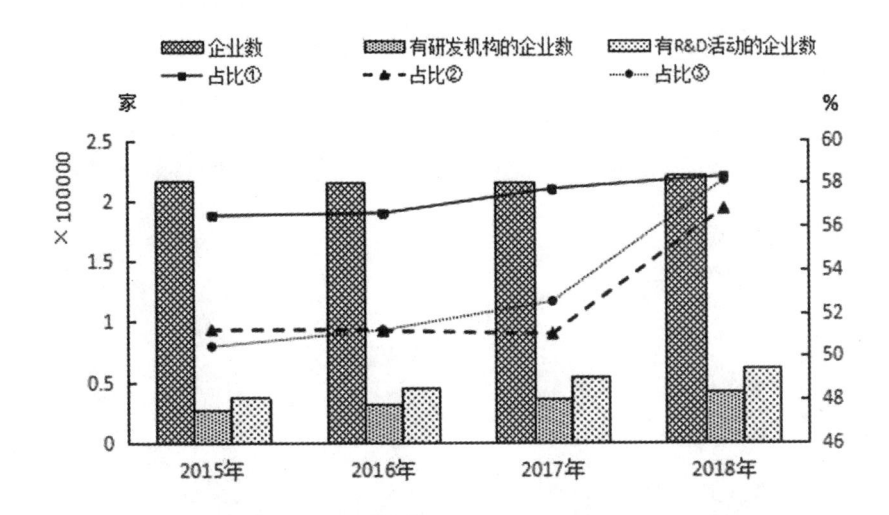

图 3-5 规模以上民营工业企业研发活动情况

从表3-13中我们可以看出规模以上民营企业R&D人员是在不断增加的，并通过计算可以得出，2015—2018年民营企业R&D人员占规上民营企业总R&D人员的比例分别为25.78%、27.7%、29.37%和33.32%，民营企业R&D人员在规模以上工业企业R&D人员中的占比持续上升。截至2018年，规上民营企业R&D人员数量超14万人，这不仅说明民营科技企业研发队伍的扩大，更说明了民营科技企业对缓解我国的就业压力具有相当大的潜力和贡献力。从图3-6可以看出民营科技企业研究人员的全时当量和R&D人员全时当量均呈现出持续增长的趋势，其中总的R&D人员全时当量增长趋势较为明显，尤其是2018年的R&D人员全时当量较上年增长25.6%，增长率比2017年高出17个百分

· 45 ·

点。研究人员的全时当量增长则较为平缓,占 R&D 人员全时当量之比从 2015 年的 29.31%下降到 2018 年的 25.83%。

表 3-13 2015—2018 年全国规模以上民营工业企业从业人员情况

		2015 年	2016 年	2017 年	2018 年
规上企业	R&D 人员总计(人)	3645948	3867344	4045058	4261170
	R&D 人员折合全时当量(人年)	2638290	2702489	2736244	2981234
	#研究人员全时当量(人年)	878932	908031	884729	934631
民营企业	R&D 人员总计(人)	939896	1071149	1188072	1419748
	R&D 人员折合全时当量(人年)	662024	732398	790796	993467
	#研究人员全时当量(人年)	194064	210865	218101	256661

数据来源:2015—2018 年中国科技统计年鉴。

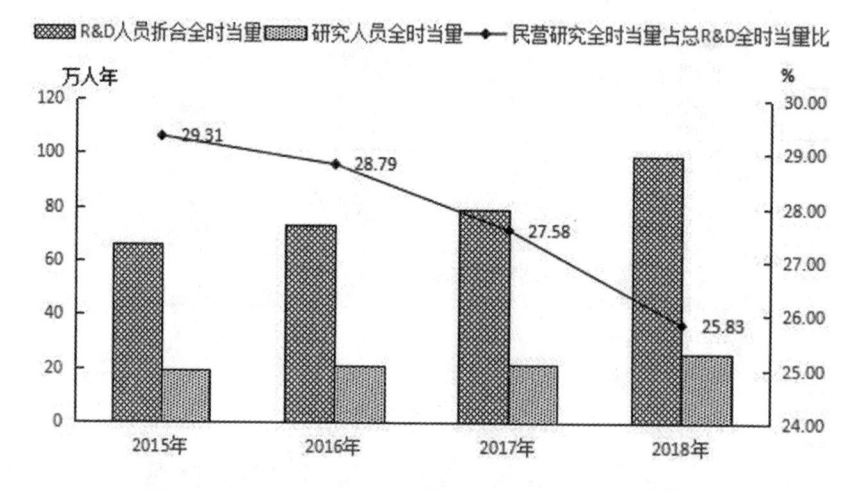

图 3-6 规模以上民营工业企业 R&D 人员全时当量情况

二、民营科技企业 R&D 资金投入不断加大

我国民营企业科技创新投入有较大幅度提升,表现在 R&D 经费、新产品开发经费支出和 R&D 项目、新产品开发项目数上。由表 3-14 可以看出,民营企业 R&D 经费内部支出和外部支出呈现逐年上升趋势,分别由 2015 年的 2363.58 亿元和 75.64 亿元上升到 2018 年的 3851.61 亿元和 198.44 亿元。2015—2018 年民营企业 R&D 经费内部支出占规上企业总的比分别为

23.6%、25.6%、26.5%和29.7%，R&D经费外部支出占比分别为14.5%、18.9%、21.2%和22.8%，R&D经费支出在规上企业中的占比稳步提升。从表3-15可以看出规上企业和规上民营企业R&D项目数和项目经费均呈上升趋势，至2018年，规上企业总的科技项目数为47.2万项，其中民营企业20.9万项。2015—2018年民营企业的R&D项目数占规上总的比重分别为33.7%、36.1%、38.7%和44.2%，所占比重逐年增加。近年来，规上民营企业科技项目有增加趋势，但民营企业每年科技项目增长率均比规上企业总的科技项目增长率高出8个百分点以上。以上足以说明，作为一个企业长久不衰的根基，技术的重要性在经济发展的过程中已经不证自喻了。企业要在竞争激烈的市场经济中占据鳌头，就要更加重视科技创新的作用，加大对技术基础的建设和远期的投入。在未来的发展中，民营企业要切实提高科技研发水平，增强发展内生动力，提高市场竞争力。

表3-14　2015—2018年全国规模以上民营工业企业科技R&D经费情况

单位：亿元

		2015年	2016年	2017年	2018年
R&D经费内部支出	规上总计	10013.93	10944.66	12012.96	12954.83
	民营企业	2363.58	2800.54	3188.06	3851.61
R&D经费外部支出	规上总计	520.46	604.93	698.43	869.98
	民营企业	75.64	114.39	147.98	198.44

数据来源：2015—2018年中国科技统计年鉴。

表3-15　2015—2018年全国规模以上民营工业企业科技项目经费情况

		2015年	2016年	2017年	2018年
规上总计	项目数（项）	309895	360997	445029	472299
	项目人员全时当量（人年）	2366856	2467758	2551958	2773281
	项目经费支出（万元）	91467143	100643333	119902323	123335468
民营企业	项目数（项）	104396	130402	172422	208855
	项目人员全时当量（人年）	609844	685869	750837	922302
	项目经费支出（万元）	21689874	25887069	31823739	37243743

数据来源：2015—2018年中国科技统计年鉴。

由表 3-16 可以看出,近几年来,全国规模以上民营工业企业新产品开发项目数和新产品开发经费支出均呈增加趋势。通过计算可得两类指标从 2015 年起每年均以 10%~33%的速率增长。民营企业新产品开发项目和新产品开发经费投入占规上企业总的比重分别由 2015 年的 34.8%和 23.8%上升到 2018 年的 50.3%和 31.7%,新产品开发项目中民营企业所占比重在 2018 年首次超过规上民营企业的一半,达到 33.8 万项。此外,2015—2018 年民营企业新产品项目和经费投入增长速度远超总的规上民营企业 4 到 17 个百分点,分别为 28.1%、30%、34.4%、33.3%和 21.1%、19%、27.3%、19.7%。新产品的研发投资以及新产品的研发成果关系到企业在市场中能否占据足够的份额,并实现长足发展。2019 年,民营企业新产品开发项目数达到了 33.8 万项,是 2015 年的 2.98 倍,民营企业新产品开发经费支出达到 5389.7 亿元,是 2015 年的 2.2 倍。

表 3-16 2015—2019 年全国规模以上民营工业企业新产品项目经费情况

单位:亿元

		2015 年	2016 年	2017 年	2018 年	2019 年
总计	新产品开发项目数/项	326286	391872	477861	558305	671799
	新产品开发经费支出	10270.8	11766.3	13497.8	14987.2	16985.7
民营企业	新产品开发项目数/项	113439	145329	188834	253782	338247
	新产品开发经费支出	2442.7	2972.7	3537.5	4501.7	5389.7

数据来源:2015—2019 年中国统计年鉴、中国科技统计年鉴。

三、民营企业的科研实力不断增强

民营企业创新能力增强,具体表现在:研发机构个数、研发机构人员构成的博士硕士数、仪器设备支出。2018 年我国规模以上的 22 万家民营企业中,有 4 万家都设有专门的研发机构,占比达到 18.7%,比上年度增加了 1.94 个百分点,其中也包括了拥有多个研发机构的企业。民营企业为了加大科技创新力度,不断地扩大研发机构布局网点的规模和密度。如表 3-17 所示,2018 年,规模以上民营工业企业中,有研发机构 45012 家,比 2015 年增长了 47.6%;机构人员数量达到了 1018721 人,比 2015 年增长了 47.3%;硕士和博士有 80107 人,比 2015 年增长了 34%;机构经费支出达 2660.97 亿元,比 2015 年增长了 84.5%;仪器和设备原价为 2084.49 亿元,比 2015 年增长了 65.4%。

表 3-17　2015—2018 年全国规模以上民营工业企业研发能力指标情况

	2015 年	2016 年	2017 年	2018 年
机构数(个)	30497	35494	39998	45012
机构人员(人)	691664	785629	905175	1018721
#博士和硕士(人)	59754	71855	77143	80107
机构经费支出(万元)	14421948	17278735	20616584	26609742
仪器和设备原价(万元)	12603039	14847464	18775681	20844850

数据来源:2015—2018 年中国科技统计年鉴。

四、民营科技企业科技成果产出及转化状况稳步上升

在创新产出方面,2019 年民营企业申请专利数 447064 项,其中发明专利 127651 项,共拥有有效发明专利 392406 项。自 2015 年起,民营企业专利申请数量年增长率虽有所波动,但稳步上升趋势不变,尤其是在 2018 年,专利申请数、发明专利申请数和有效发明专利数陡增,增长速度达到了 40%,较 2017 年分别增加了 27.2、37.2、10.7 个百分点。2015—2019 年民营企业发明专利申请数占总的专利申请数的比重均保持在 30% 以上,发明专利申请数占比较高,但是相比规模以上工业企业少了 6~7 个百分点,其占比仍有差距。此外,2015—2019 年民营企业拥有有效发明专利数在规上企业中的占比不断提高,分别为 22.4%、23.4%、24.8%、29.5% 和 32.3%。

表 3-18　2015—2019 年全国规模以上民营工业企业专利情况

单位:项

	2015 年	2016 年	2017 年	2018 年	2019 年
专利申请数	215465	237820	270129	380281	447064
#发明专利	67125	78551	84468	122242	127651
有效发明专利数	128688	180490	231855	322578	392406

数据来源:2015—2019 年中国统计年鉴、中国科技统计年鉴。

创新科技成果转换主要体现在新产品的销售收入方面。从表 3-19 数据可以看出,2015—2019 年规模以上民营企业新产品销售收入稳步提升,截至 2019 年,民营企业新产品销售收入达到了 63979.2 亿元,其中出口额达到 9336.9 亿

元。五年来，出口额占销售收入总额变化波动不大，分别为 10.78%、12.07%、12.95%、12.44% 和 14.6%。在图 3-7 中可以看到民营企业新产品销售收入占规上民营企业比和民企新产品开发经费占规上民营企业比呈现稳步上升的趋势，并且具有同步性特征，说明民营企业的新产品开发经费支出，其产出的创新成果很好地转换成了经济效益。

表 3-19 2015—2019 年全国规模以上民营工业企业新产品销售情况

单位：亿元

		2015 年	2016 年	2017 年	2018 年	2019 年
规上总计	新产品销售收入	150856.5	174604.2	191568.7	197094.1	212060.3
	#出口	29132.7	32713.1	34944.8	36160.8	39269.3
民营企业	新产品销售收入	32670.5	38967.6	42847.1	54779.6	63979.2
	#出口	3520.4	4702.0	5548.4	6815.3	9336.9

数据来源：2015—2019 年中国统计年鉴、中国科技统计年鉴。

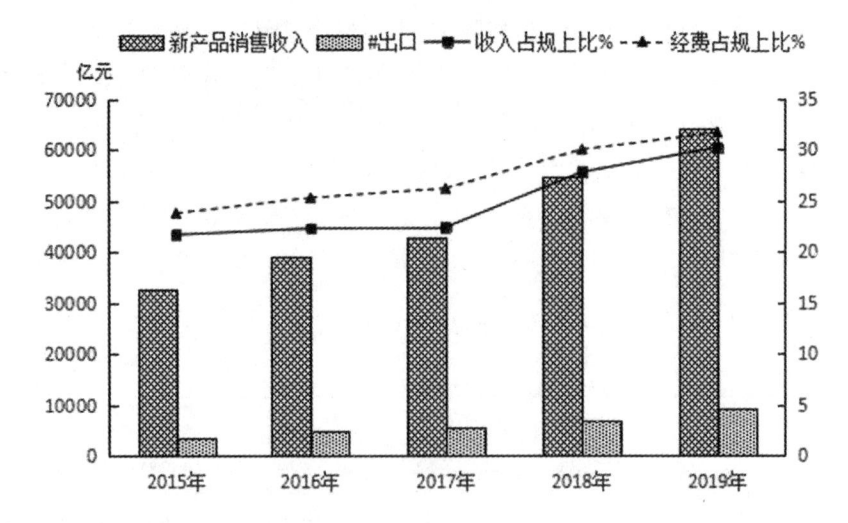

图 3-7 规模以上民营企业销售收入及占比、新产品开发经费占比

五、新产品对民营企业发展具有很强的推动力

从表 3-20 中可以得出 2019 年规模以上民营企业数量为 243640 家，较上年增长 10.43%，企业资产计 282829.6 亿元，资产总计呈波动上升趋势，较上年

增长18.2%,企业发展势头较猛。企业营业收入达到361133.2亿元,2017—2018年营业收入出现负增长,但在2019年有所回升。2019年新产品销售收入为63979.2亿元,新产品销售收入并没有跟随营业收入的减少而减少,反而保持稳定增长的趋势,并且自2015年以来,新产品销售收入占营业收入比重持续上升,从2015年的8.5%上升到2019年的17.7%,说明企业新产品的研发和销售保持良好的发展势头,对民营企业的发展有很大的推动力。

表3-20 规上工业企业主要指标(私营)

	2015年	2016年	2017年	2018年	2019年
企业单位数(个)	216506	214309	215138	220628	243640
资产总计(亿元)	229006.48	239542.71	242636.74	239288.8	282829.6
营业收入(亿元)	386394.6	410188.06	381034.44	311970	361133.2
#新产品销售收入(亿元)	32670.5	38967.6	42847.1	54779.6	63979.2
利润总额(亿元)	24249.73	25494.9	23043	17137	20650.8

数据来源:2015—2019年中国统计年鉴、中国科技统计年鉴、科技部数据统计。

六、规上科技企业多集中于高新技术密集型产业

据科技部统计数据,在经费投入和投入强度方面,2018年有24个行业的企业R&D经费超过了100亿元,与上年相比,排名基本保持稳定。由表3-21可以看出,R&D经费最高的行业是计算机、通信和其他电子设备制造业,为2280亿元,占全部企业R&D经费的17.6%。R&D经费超过千亿元的行业还有电气机械和器材制造业、汽车制造业,分别为1320.1亿元、1312.1亿元。R&D经费在500亿元以上的行业还有化学原料和化学制品制造业、通用设备制造业、专用设备制造业、黑色金属冶炼和压延加工业以及医药制造业,这8个行业R&D经费总和的占比为66.1%。

2018年,企业R&D经费投入强度最高的是铁路、船舶、航空航天和其他运输设备制造业(3.38%),其次是专用设备制造业(2.43%)。超过R&D经费投入强度平均水平的行业还包括医药制造业,黑色金属冶炼和压延加工业,计算机、通信和其他电子设备制造业,电气机械和器材制造业,通用设备制造业,汽车制造业,化学原料和化学制品制造业。

表 3-21　企业 R&D 经费最多的 10 个行业及其投入强度(2018 年)

	R&D 经费(亿元)	投入强度(%)
全部企业	12954.8	1.23
计算机、通信和其他电子设备制造业	2280	2.12
电气机械和器材制造业	1320.1	2.04
汽车制造业	1312.1	1.57
化学原料和化学制品制造业	899.9	1.25
通用设备制造业	735.6	1.92
专用设备制造业	725.8	2.43
黑色金属冶炼和压延加工业	706.9	2.36
医药制造业	580.9	2.39
有色金属冶炼和压延加工业	442.5	0.85
非金属矿物制品业	415.9	0.85

数据来源:科技部统计数据。

在拥有研发机构和开展科技活动的企业数量方面。由表 3-22 可得,2018 年在规上工业企业的 38 个行业中,计算机、通信和其他电子设备制造业,化学原料和化学制品制造业,医药制造业,仪器仪表制造业,铁路、船舶、航空航天和其他运输设备制造业这五个行业中拥有研发机构和开展技术活动的企业个数排行靠前。2018 年这五个行业拥有研发机构的企业数合计为 17820 家,有开展 R&D 活动的企业数合计为 24599 家,分别占有研发机构和开展 R&D 活动总的企业数之比为 24.54% 和 23.7%,说明企业的科技活动主要集中于高技术产业。

表 3-22　2018 年规模以上高技术产业行业拥有研发机构和开展 R&D 活动的企业数量

行业	有研发机构的企业数(家)	有 R&D 活动的企业数(家)	拥有机构的企业数在行业中的排名(位)	拥有科技活动企业数在行业中的排名(位)
计算机、通信和其他电子设备制造业	7224	8429	2	3
化学原料和化学制品制造业	5267	7985	5	5

续表

行业	有研发机构的企业数（家）	有R&D活动的企业数（家）	拥有机构的企业数在行业中的排名（位）	拥有科技活动企业数在行业中的排名（位）
医药制造业	2427	3880	11	10
仪器仪表制造业	1751	2475	13	13
铁路、船舶、航空航天和其他运输设备制造业	1151	1830	18	18
合计	17820	24599		
占比(%)	24.54	23.7		

数据来源：科技部统计数据。

七、民营企业500强产业结构不断优化

据全国工商联2020年数据分析，民营企业500强企业整体更加重视研发创新，研发人员占员工总数超过3%的企业321家，其中，超过10%的企业186家。研发经费投入强度超过3%的企业59家，其中，超过10%的企业5家。民营企业500强中，有402家企业的关键技术主要来源于自主开发与研制，408家企业通过自筹资金完成科技成果转化。民营企业500强有效专利数量增长8.46%，国际专利数量增长明显。

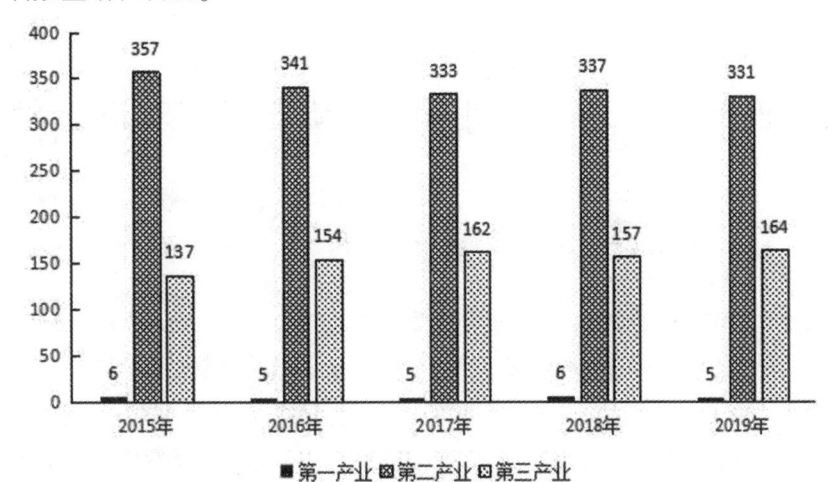

图3-8 2015—2019年全国500强民营企业产业分布状况

由图 3-8 可得,虽然民营企业 500 强产业结构分布仍以第二产业为主,但第二产业资产规模占比继续降低,第三产业入围企业数量持续增加,产业结构不断优化。2019 年,第一产业入围企业数量为 5 家,较上年减少 1 家;第二产业入围企业数量 331 家,较上年减少 6 家;第三产业入围企业数量 164 家,较上年增加 7 家。

在表 3-23 中,2019 年第二产业 500 强企业资产总额为 145820.44 亿元,占民营企业 500 强的 39.45%,较上年减少 0.71 个百分点,资产总额占比逐年递减。第三产业 500 强企业资产总额占比与上年基本持平,但受国内外多重因素影响,营业收入总额有所下滑,占民营企业 500 强营业收入总额比例较上年下降 2.69 个百分点。总体来看,产业结构得到持续优化,第三产业在拉动经济增长方面继续发挥着重要作用。

表 3-23 2019 年民营企业 500 强三次产业经营情况

	入围企业		营业收入		资产	
	数量(家)	占 500 强比(%)	总额(亿元)	占 500 强比(%)	总额(亿元)	占 500 强比(%)
第一产业	5	1	3843.25	1.27	4472.92	1.21
第二产业	331	66.2	188230	62.39	145820.44	39.45
第三产业	164	32.8	109635.01	36.34	219314.64	59.34
合计	500	100	301708.26	100	369608	100

第四节 非公有制企业科技创新能力区域比较分析

一、四大区域 R&D 内部经费投入比较分析

2015—2018 年全国共投入研发经费从 1.417 万亿元增长到 1.968 万亿元,增长了 38.9%。由图 3-9 可以得出,从地区分布来看,研发经费内部支出分布中,东部十省仍占据主要份额,均在 67% 以上,其次是中部六省,占比在 15%~17% 之间。从地区占比增长趋势来看,东部地区 R&D 内部经费投入增长率呈现波动降低趋势,从 2015 年的 67.95% 降低到 2018 年的 67.03%。而中部地区相

对于东部地区来说波动小,但是其研发经费投入的增长趋势保持着稳定增长的趋势,从 2015 年的 15.15% 上升到 2018 年的 16.71%,研发内部经费投入达到 3287.27 亿元,说明中部地区科技创新具备一定的研发经费支持优势。

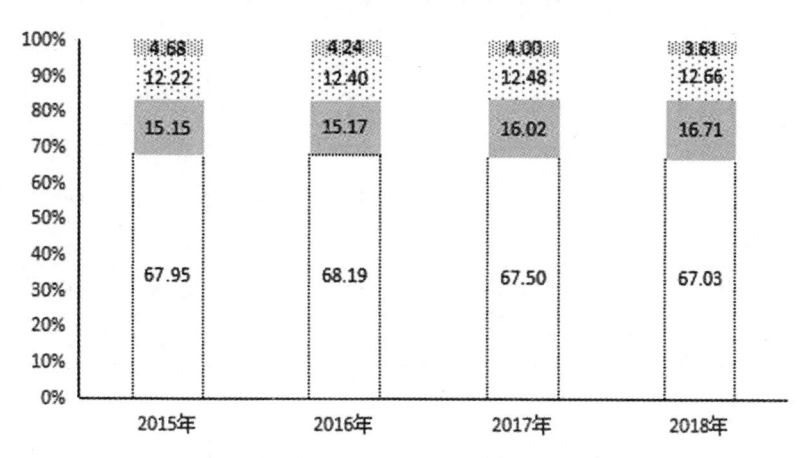

图 3-9 四个区域 R&D 内部经费投入占全国比重情况

二、四大区域规上工业企业科技创新能力比较分析

(一)拥有研发机构和有开展 R&D 活动企业数量

全国规模以上的工业企业中,拥有研发机构的企业数量逐步上升,由表 3-24(左)可以看出,至 2018 年拥有研发机构的企业数达到 72607 家。各地区除了东部和中部地区,拥有研发机构的企业数量于近年来均呈波动下降趋势,2018 年,西部地区为 3959 家,东北三省为 719 家,分别较上年减少 263 家和 3 家。在增长速度方面,全国、东部、中部、西部和东北 2018 年较 2015 年分别增长 37.43%、39.55%、39.75%、16.68%、-7.23%。其中中部地区增长最快,其次是东部地区。最慢的是西部地区和东北三省,尤其是东北出现负增长。

全国规模以上企业中,有开展 R&D 活动的工业企业数呈上升趋势,由表 3-24(右)可以看出,至 2018 年有开展 R&D 活动的工业企业数达到 104820 家。各地区除东北三省外,均呈现平稳上升趋势。2018 年,东北地区为 2142 家,较上年减少 74 家。在增长速度方面,全国、东部、中部、西部和东北 2018 年较 2015 年分别增长 42.48%、33.76%、73.67%、55.97% 和 39.36%。其中中部地区增长最快,至 2018 年达到 21606 家,其次是西部地区。东部地区增长最慢,但其企业数量最多,为 71522 家。

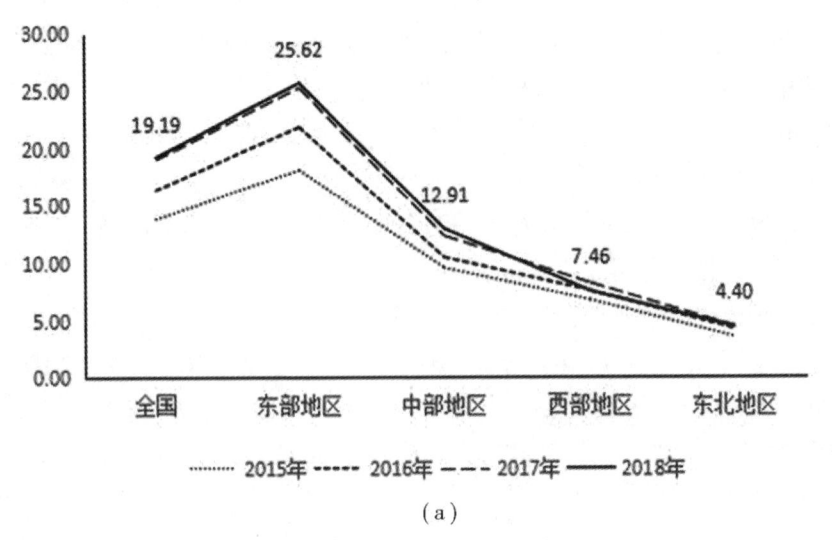

表 3-24 全国四大区域规模以上拥有研发机构工业企业数(左)
规模以上有开展 R&D 活动的工业企业数(右)

单位:家

地区	2015 年	2016 年	2017 年	2018 年	地区	2015 年	2016 年	2017 年	2018 年
全国	52833	61765	70636	72607	全国	73570	86891	102218	104820
东部地区	40472	47833	55135	56479	东部地区	53469	62145	71636	71522
中部地区	8193	9244	10558	11450	中部地区	12441	15190	18820	21606
西部地区	3393	3936	4222	3959	西部地区	6123	7736	9546	9550
东北地区	775	752	721	719	东北地区	1537	1820	2216	2142

注:数据来源于 2016—2019 年中国科技统计年鉴。

图 3-10 给出了全国四个地区规上工业企业中拥有研发机构和有开展 R&D 活动的工业企业占比情况。由两个图形可知,东部地区工业企业开展研发的积极性最高,其次是中部地区,西部地区,最后是东北地区。由图中 2015—2018 年的各地区趋势图可知,近年来,东部、西部和东北部地区开展研发的企业增长速度减缓,仅中部地区开展研发的企业占比每年仍存在上升趋势,其中 2018 年拥有研发机构和有开展 R&D 活动的企业占比分别为 12.91%、24.37%,较上年分别上升 0.63、2.47 个百分点。

(a)

```
    35.00         32.45
    30.00  27.70
    25.00                    24.37
    20.00                           18.01
    15.00                                  13.12
    10.00
     5.00
     0.00
          全国   东部地区  中部地区  西部地区  东北地区
          ······ 2015年 ---- 2016年 --- 2017年 —— 2018年
```

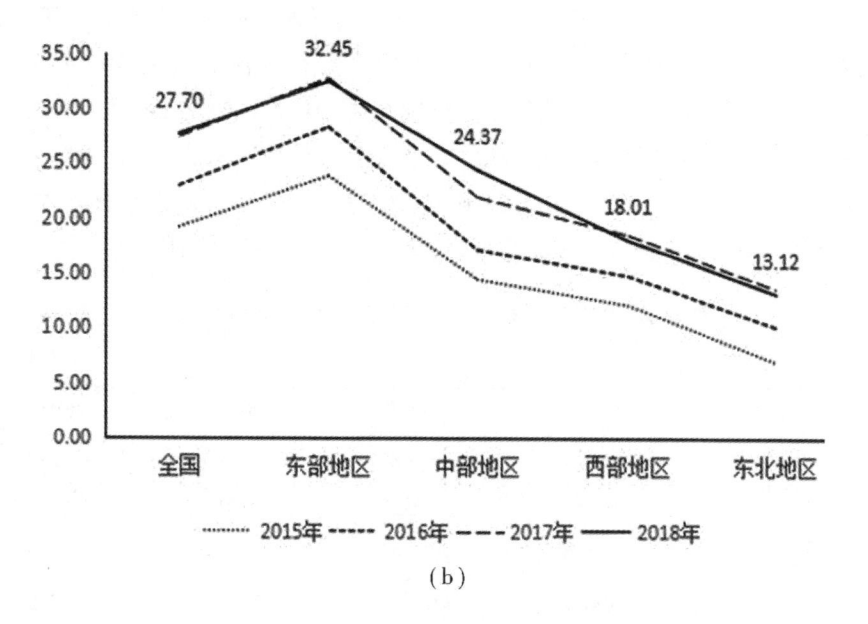

(b)

图 3-10　全国四大区域规模以上拥有研发机构的工业企业占比(a)；规模以上有开展 R&D 活动的工业企业占比(b)

经过对全国四大区域规模以上工业企业开展研发活动的企业数量的分析可以得出，在其他区域拥有研发机构和开展 R&D 活动的企业数量增长乏力的现状下，中部地区企业研发规模不断扩大，具有很大的发展潜力。

（二）企业研发机构硕博人数和经费投入分析

表 3-25　四大区域规上工业企业研发机构人员中博士硕士数量情况

单位：人

地区	2015 年	2016 年	2017 年	2018 年
全国	359859	411715	443966	423580
东部地区	253837	292614	315096	299640
中部地区	56152	64250	71239	69790
西部地区	36178	39009	41653	41484
东北地区	13692	15842	15978	12666

注：数据来源于 2016—2019 年中国科技统计年鉴。

由表 3-25 可以看出,2015—2017 年全国以及四大区域的规模以上工业企业研发机构从业人员中,硕博人数逐年增加,但增长率逐年降低,至 2017 年全国、东部、中部、西部、东北地区分别达到 443966 人、315096 人、71239 人、41653 人和 15978 人。在 2018 年四大区域呈现负增长趋势,全国以及东部、中部、西部、东北地区较上年分别减少 4.59、4.91、2.03、0.41、20.73 个百分点。基于原有人数基数和饱和程度,中部和西部地区减少的百分比较低,最高的为东部地区。

表 3-26　四大区域规上工业企业办研发机构经费支出情况

单位:万元

地区	2015 年	2016 年	2017 年	2018 年
全国	67938662	76644847	89554910	103212643
东部地区	52210874	59793207	70101892	79241063
中部地区	8958576	9827553	11737370	14043688
西部地区	4989657	5180337	5768649	7777564
东北地区	1779555	1843751	1947000	2150329

注:数据来源于 2016—2019 年中国科技统计年鉴。

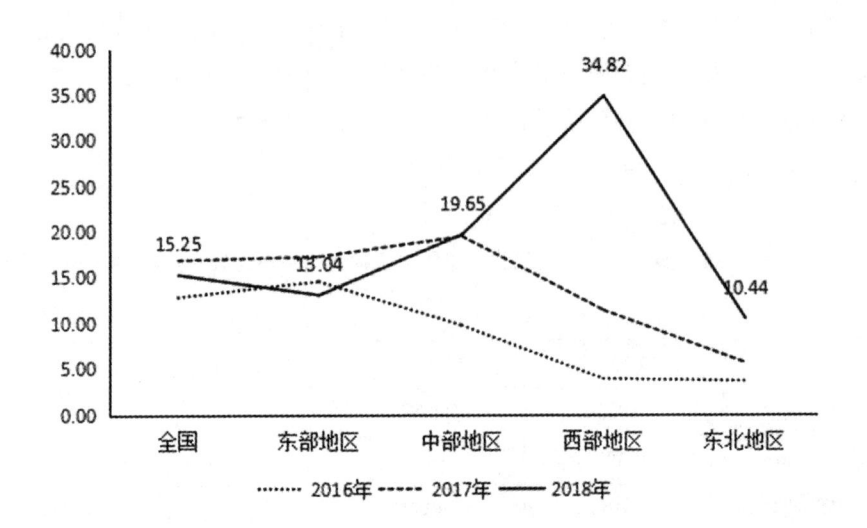

图 3-11　全国四大区域 2016—2018 年规模以上工业企业办研发机构经费投入增长率

由表 3-26 可以得出,四大区域工业企业办研发机构经费支出逐年上升,至 2018 年全国、东部、中部、西部、东北地区经费投入分别达 103212643 万元、

79241063万元、14043688万元、7777564万元、2150329万元。但由图3-11可以看出,各大区域每年的增长率呈波动状态。2018年全国和东部地区增长率呈负增长,较上年分别减少1.6、4.2个百分点。东部地区增长率减少幅度最大,对应于研发机构硕博人数负增长趋势,中部和西部地区的机构经费支持增长率每年稳定增加,对应于研发机构硕博人数的最小减少幅度,说明经费支出的稳定增加对于人才引进具有一定程度的吸引作用。

然而总体来看,虽然经费支出对人才有一定的影响,但是2018年规上企业研发机构硕博人才的减少已然成为一个肉眼可见的事实,企业对研发机构经费支出的增加对人才的引进作用仍有很大的提升空间。研发经费的投入应多向人才等软设施支出倾斜,以提升企业研发活力和科技竞争力。

(三)企业新产品开发销售和企业专利情况

结合表3-27和图3-12我们可以看出,在全国新产品销售收入稳定增长的同时,2018年西部地区和东北地区新产品销售收入出现负增长,新产品销售收入为156957023万元和64656296万元,分别较上年减少6个百分点和9.61个百分点。2018年中部地区新产品销售收入为401528906万元,较上年增长7.22%,增长率为四大区域第一。

由图3-12可以看出四大区域新产品销售收入增长率与新产品开发投入增长率变化具有同步性,说明新产品开发投入高的地区,新产品产出和收入也相对高些。但是投入与收入增长率的差额很大,也说明了新产品开发成果不是很显著,其成果转化成经济效益的转率有待提升。其中中部地区和西部地区投入与产出差额最大。

表3-27 四大区域规上工业企业新产品销售收入情况

单位:万元

地区	2015年	2016年	2017年	2018年
全国	1508565473	1746041534	1915686889	1970940694
东部地区	1045409739	1213308787	1302706240	1347798469
中部地区	275903085	324699482	374488235	401528906
西部地区	130541179	142858527	166958609	156957023
东北地区	56711469	65174739	71533806	64656296

注:数据来源于2016—2019年中国科技统计年鉴。

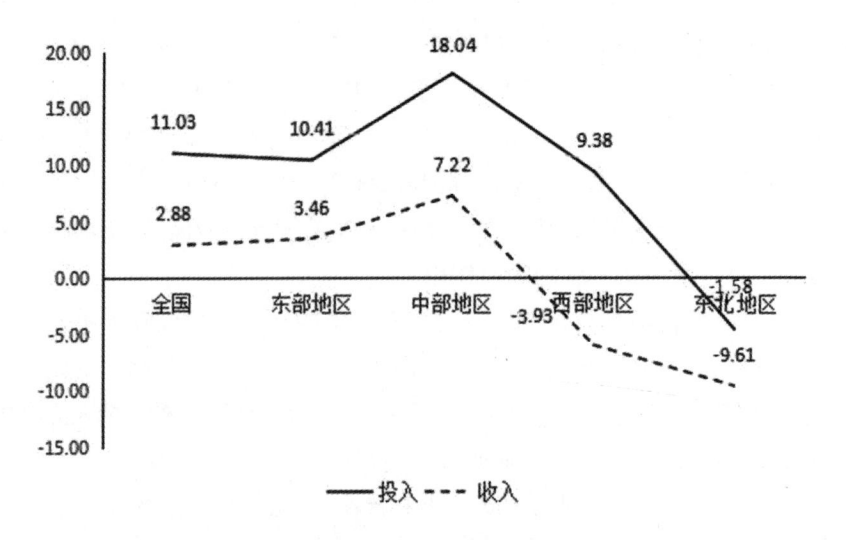

图 3-12　2018年全国四大区域新产品销售收入增长率和新产品开发投入增长率

在专利申请数方面,表3-28给出了四大区域专利申请数的数据,专利产出是研发经费投入成果产出的重要指标。2018年全国规上工业企业专利申请数达957298项,相对于2015年计算可得2018年全国以及各区域分别增长49.93%、53.9%、55.16%、22.58%、23.35%。2018年专利申请总数中,全国发明专利申请数量达371569项,相对于2015年计算可得2018年全国以及东部、中部、西部、东北地区发明专利申请数分别增长51.24%、56.07%、52.97%、25.92%、19.51%。东部地区和中部地区专利申请数和发明专利申请数增长速度最快。至2018年中部地区专利总数和发明专利申请数分别达到了170267项和67093项。

表3-28　四大区域规上工业企业专利申请数情况

单位:项

		全国	东部地区	中部地区	西部地区	东北地区
2015年	申请数	638513	442989	109736	70724	15064
	#发明专利	245688	168392	43860	26766	6670
2016年	申请数	715397	504750	121451	72705	16491
	#发明专利	286987	200073	51467	27955	7492

续表

		全国	东部地区	中部地区	西部地区	东北地区
2017年	申请数	817037	574528	142627	81996	17886
	#发明专利	320626	224494	56935	31324	7873
2018年	申请数	957298	681754	170267	86695	18582
	#发明专利	371569	262802	67093	33703	7971

注：数据来源于2016—2019年中国科技统计年鉴。

在发明专利申请数占总申请数之比方面，由图3-13可以看出，东北地区、中部地区、全国、东部地区近三年来发明专利申请数占比呈明显下降趋势，西部地区则表现为细微的上升，总体为平稳状态。从发明专利占比水平来看，东北地区发明专利占比历年来均处于最高水平，其次是中部地区。2018年以前，西部地区和东部地区均低于全国平均水平，西部地区最低。2018年西部地区发明专利申请数占比为38.88%，略微领先于东部地区的38.55%和全国平均水平的38.81%。

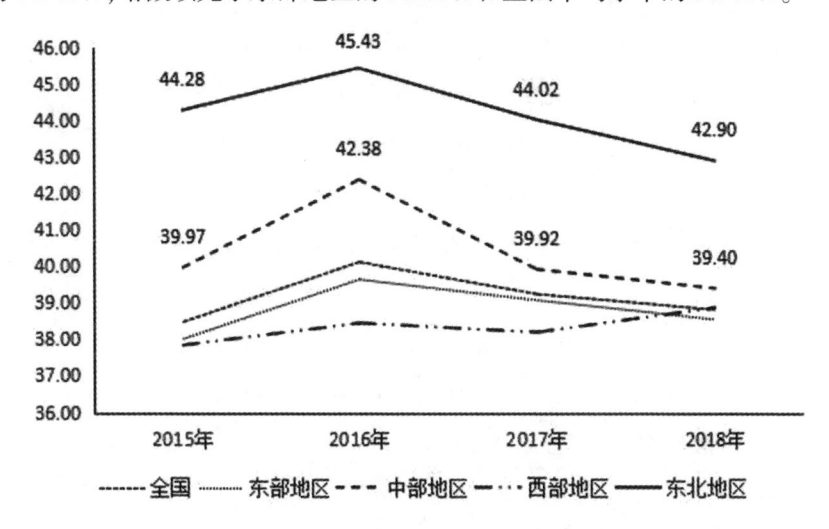

图3-13 四大区域规上工业企业发明专利申请数占申请总数的比

通过对全国四大区域规上工业企业新产品销售收入和专利申请数的分析得出，中部地区新产品销售收入增长速度最快，但其投入与产出之间的转换率提升空间也很大。在专利产出方面，中部地区专利申请数增长速度在四大区域中位列第一，其发明专利增长速度仅次于东部地区，位列第二。在发明专利申请数占专利申请总数上，中部地区次于东北地区位于第二位，于2018年占比为39.4%。

总之,相对于其他地区,中部地区企业具有很强的创新活力,其投入的产出转化率很高。

三、四大区域高技术产业科技创新能力比较分析

(一)高技术产业生产经营情况

表 3-29 给出了全国四大区域该技术产业生产经营状况,至 2018 年,全国高技术产业企业共 33573 个,其中东、中、西、东北四地分别为 22147 个、6449 个、4019 个、958 个,自 2015 年起的三年内,全国及各地分别增长了 13.3、11.22、18.85、29.48、-19.43 个百分点。其中西部地区增长率最高为 29.48%,其次是中部地区为 18.85%。东北地区出现负增长。

在高技术产业企业的营业收入增长和企业利润总额增长方面,西部地区同样占领发展的高昂势头,较 2015 年分别增长 31.12% 和 63.6%。其次也还是中部地区,分别较上年增长 15.06% 和 19.68%,东北地区营业收入和利润总额均出现负增长。中部地区的高技术企业数、企业营业收入和企业利润总额增长率很高,发展势头迅猛,经过了三年的增长,中部地区 2018 年的企业平均营业收入为 3.72 亿元,仅高于东北地区 3.02 亿元的水平;企业平均利润为 0.24 亿元,低于其他地区 0.3 亿元以上的水平,为全国最低。这说明中部地区高技术产业企业发展势头虽猛,但是其发展空间还很大。

表 3-29 四大区域高技术产业生产经营情况

		全国	东部地区	中部地区	西部地区	东北地区
2015 年	企业数(个)	29631	19912	5426	3104	1189
	营业收入(亿元)	139969	99930	20836	14919	4284
	利润总额(亿元)	8986	6489	1291	795	412
2016 年	企业数(个)	30798	20241	5946	3535	1076
	营业收入(亿元)	153796	108168	23773	17841	4015
	利润总额(亿元)	10302	7190	1479	1232	400
2018 年	企业数(个)	33573	22147	6449	4019	958
	营业收入(亿元)	157001	110569	23975	19562	2896
	利润总额(亿元)	10293	7016	1545	1300	432

注:数据来源于 2016、2017、2019 年中国科技统计年鉴。

（二）高技术产业研发机构个数及 R&D 经费内部支出情况

表 3-30　全国四大区域高技术产业研发机构个数及 R&D 经费内部支出情况

	地区	全国	东部地区	中部地区	西部地区	东北地区
2015年	研发机构数（个）	11265	8581	1632	824	228
	R&D 经费内部支出（万元）	26266585	20311193	2888117	2380332	686943
2016年	研发机构数（个）	13741	10731	1867	923	220
	R&D 经费内部支出（万元）	29157462	22345137	3264036	2826319	721970
2017年	研发机构数（个）	15696	12314	2158	1013	211
	R&D 经费内部支出（万元）	31825668	24114465	4012259	3082954	615989
2018年	研发机构数（个）	16052	12577	2326	941	208
	R&D 经费内部支出（万元）	35591155	26707746	4859829	3454236	569345

注：数据来源于 2016—2019 年中国科技统计年鉴。

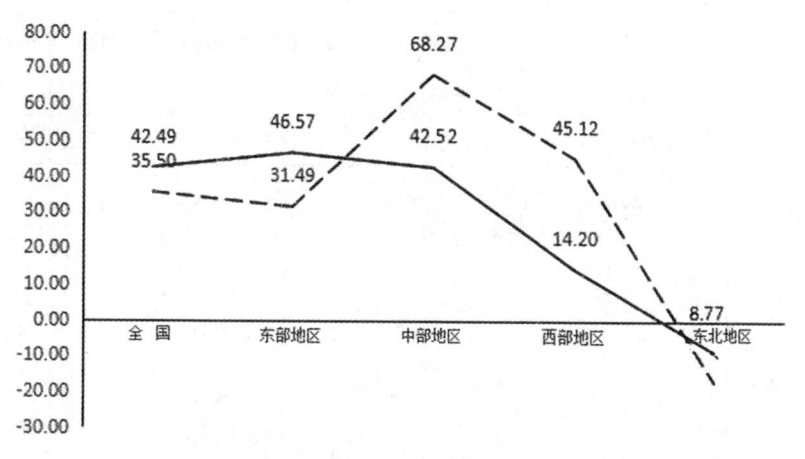

图 3-14　2018 年全国四大区域高技术产业企业研发机构和 R&D 经费内部支出增长率

由表 3-30 可以得出，2018 年全国高技术产业研发机构个数为 16052 个，其中东、中、西和东北地区分别为 12577 个、2326 个、941 个和 208 个。全国高技术产业 R&D 经费内部支出为 35591155 万元，其中东、中、西和东北地区分别为 26707746 万元、4859829 万元、3454236 万元、569345 万元。由图 3-14 可以看出各区域较 2015 年的增长幅度。研发机构数量增长幅度最大的是中部地区为 68.27%，其次是西部地区为 45.12%；R&D 经费内部支出增长幅度最大的是东部地区为 46.57%，其次中部地区为 42.52%。这说明 2018 年的前四年，东部地区高技术产业投入较高。

（三）高技术产业新产品销售收入情况

表 3-31　全国四大区域高技术产业新产品销售收入

单位：万元

地区		全国	东部地区	中部地区	西部地区	东北地区
2015 年	新产品开发经费支出	30305841	23944676	3098399	2508700	754067
	新产品销售收入	414134905	315543985	62238334	30596042	5756544
2016 年	新产品开发经费支出	35589261	28030964	3643281	3131814	783202
	新产品销售收入	479242433	372730880	67247835	32003759	7259958
2017 年	新产品开发经费支出	40973433	32316683	4405092	3467922	783736
	新产品销售收入	535471108	405474693	78938798	44371446	6686171
2018 年	新产品开发经费支出	46389298	36058636	5511832	4105889	712840
	新产品销售收入	568941517	431280674	92901294	37386774	7372774

注：数据来源于 2016—2019 年中国科技统计年鉴。

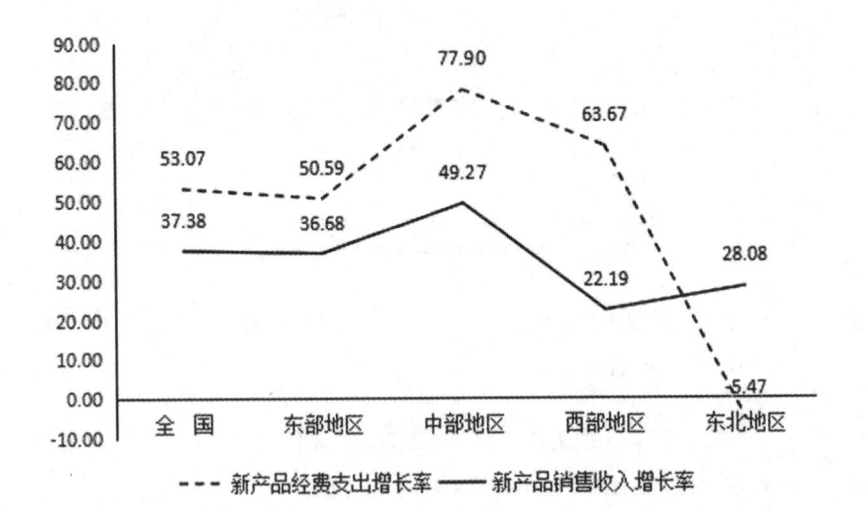

图 3-15　四大区域高技术产业新产品经费支出增长率和新产品销售收入增长率

全国四大区域2015—2018年高技术产业企业新产品销售收入数据如表3-31所示。至2018年全国新产品销售收入为568941517万元,其中东、中、西、东北地区分别为431280674万元、92901294万元、37386774万元、7372774万元。结合图3-15可得,中部地区新产品销售收入自2015年起增长幅度最大为49.27%,其次是东部地区为36.68%。总体上看,新产品销售收入增长率变动趋势与新产品开发经费支出增长的变动趋势同步。东北地区新产品开发经费支出负增长,而新产品销售收入则呈现正增长。

(四)高技术产业专利申请数情况

表3-32给出了全国四大区域高技术产业专利申请数的数据,2018年,全国高技术产业共申请专利264736项,其中东、中、西、东北地区分别申请205997项、33738项、21428项、3573项。结合图3-16可以得出,各区域专利申请数中发明专利占比趋势情况。东北地区历年来的发明专利占比始终最高,至2018年达到60.31%,其次是东部地区为51.99%,中部地区最低为45.66%。

表3-32　全国四大区域高技术产业专利申请数量情况

单位:项

	地区	全国	东部地区	中部地区	西部地区	东北地区
2015年	专利申请数	158463	122557	18393	13722	3791
	#发明专利	88294	70140	9535	6436	2183
2016年	专利申请数	185913	144211	22476	15601	3625
	#发明专利	101835	81058	11047	7486	2244
2017年	专利申请数	223932	173574	27722	18939	3697
	#发明专利	118099	93779	12773	9301	2246
2018年	专利申请数	264736	205997	33738	21428	3573
	#发明专利	137633	109442	15404	10632	2155

注:数据来源于2016—2019年中国科技统计年鉴。

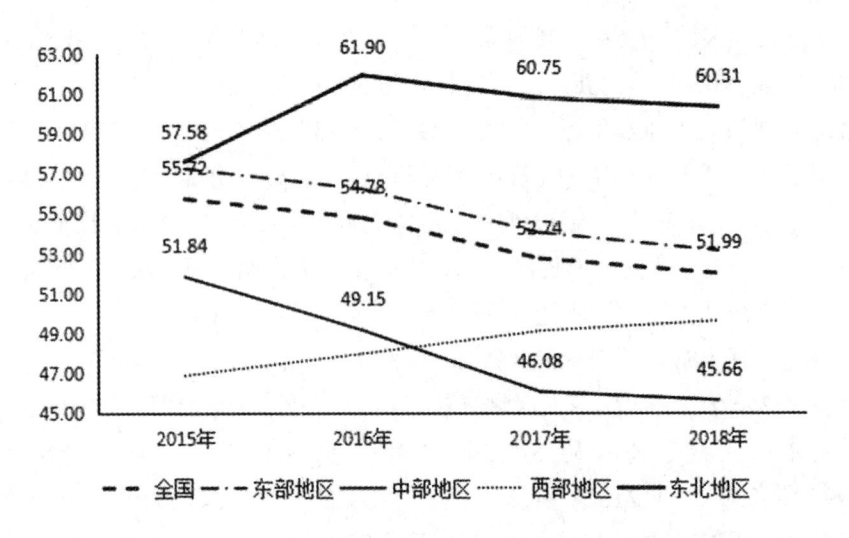

图 3-16　全国四大区域高技术产业发明专利申请数占总申请数之比

四、四大区域技术市场交易比较分析

(一)技术市场成交合同

由表 3-33 可以看出 2018 年全国技术市场成交合同总数为 411985 项,较 2015 年增长 34.14%,其中东、中、西、东北地区的技术市场成交额分别为 245586 项、66153 项、72696 项、25015 项。较 2015 年分别增长 25.24%、50.21%、49.13%、54.84%。中部地区技术成交合同增长幅度在四大区域中位列第二。

表 3-33　全国四大区域技术市场成交合同

单位:项

	2015 年	2016 年	2017 年	2018 年
全国	307132	320437	367586	411985
东部地区	196087	201660	219178	245586
中部地区	44041	47969	57533	66153
西部地区	48748	48607	63739	72696
东北地区	16155	20415	24972	25015

注:数据来源于 2016—2019 年中国科技统计年鉴。

(二)技术市场成交金额

由表 3-34 可以得出 2018 年全国技术市场成交金额达到了 176974213 万

元,较 2018 年增长了 79.93%。其中东、中、西、东北地区分别为 92428802 万元、22434422 万元、35370222 万元、8658207 万元,较 2015 年分别增长 93.11%、95.29%、107.56%、120.05%。2018 年中部地区技术市场成交金额增长幅度为四大区域第三,比位于第二的西部地区小 12.27 个百分点。

表 3-34 全国四大区域技术市场成交金额

单位:万元

	2015 年	2016 年	2017 年	2018 年
全国	98357896	114069816	134242245	176974213
东部地区	47863593	55688863	71013023	92428802
中部地区	11487804	15220043	17765275	22434422
西部地区	17041209	21739108	23210751	35370222
东北地区	3934676	4686548	6053796	8658207

注:数据来源于 2016—2019 年中国科技统计年鉴。

第五节 中部六省企业科技创新能力比较分析

企业科技创新能力在很大程度上决定着一个区域核心竞争力的强弱,决定着它们在国际技术产业链分工中的地位,决定着该区域企业投资收益率的高低。因此高度重视中部六省企业科技创新能力的培育,不断努力提升企业的自主创新能力,对于促进中部崛起有着重要的战略意义和实践意义。

一、中部六省 R&D 内部经费投入比较分析

表 3-35 为中部六省的 R&D 内部经费投入情况表,结合图 3-17 的研发经费投入强度比较趋势图可以得出中部六省的内部研发经费投入比较优势。首先从表 3-35 可以得出,2015 年中部六省 R&D 内部经费投入由多到少排序依次为湖北、安徽、河南、湖南、江西、山西,至 2018 年由多到少排序依次为:湖北、河南、湖南、安徽、江西、山西。湖北省始终位列第一,2018 年内部经费投入达到 8220501 万元;而安徽则由第二退为第四,至 2018 年 R&D 内部经费投入为 649541 万元。

通过计算可以得出山西、安徽、江西、河南、湖北、河南在2018年研发经费投入增长率分别为18.58%、14.88%、21.46%、15.37%、17.33%、15.78%，分别较上年增加6.81、-4.02、-1.94、-2.41、0.57、-5.48个百分点。山西省研发经费投入的增长率最高，且较上年增长率为正增长，其次是安徽省为21.46%，但较上年增长率为负增长。

表3-35 各地区R&D内部经费投入情况

单位:万元

经费投入/投入强度	2015年	2016年	2017年	2018年
山西	1325268	1326237	1482347	1757822
安徽	4717511	4751329	5649198	6489541
江西	1731820	2073091	2558030	3106906
河南	4350430	4941880	5820538	6715193
湖北	5617415	6000423	7006253	8220501
湖南	4126692	4688418	5685310	6582729

注:数据来源于2016—2019年中国科技统计年鉴。

研发经费投入强度衡量着一个地区的发展技术含量的重要衡量指标，图3-17给出了中部六省2015—2018年研发经费投入强度的发展趋势，投入强度由高到低分别为安徽省、湖北省、湖南省、河南省、江西省、山西省。四年来，只有安徽省的投入强度在2018年超过全国的2.14%的水平，达到2.16%，湖北省为2.09%，接近全国水平。除山西省，其余各省的经费投入强度均有所增加。

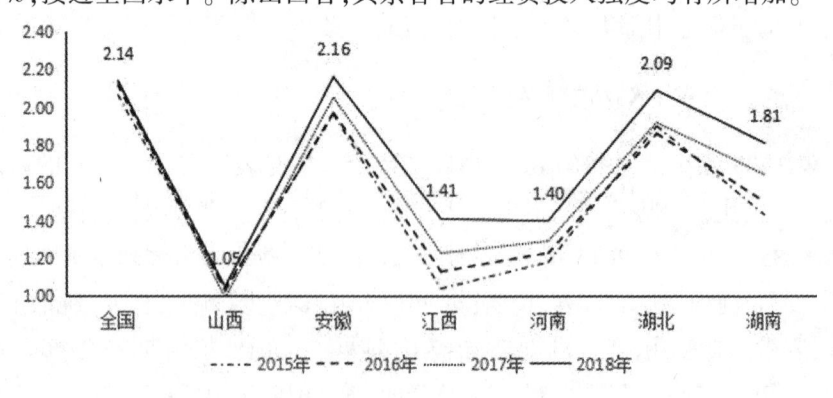

图3-17 各地区R&D内部经费投入强度

经过对中部六省的 R&D 内部经费投入的分析,可以得出,湖北省的支出始终最高,且保持稳定增长趋势,经费支出强度也保持在较高的水平,在中部地区其研发经费支持力度很大;安徽省的内部经费投入增长率虽然在 2018 年为最低,且投入落后于湖北省、河南省和湖南省,位列第四,但是安徽省也只比河南省少了 3% 左右,其研发内部经费投入强度却始终位居中部六省第一,至 2018 年达到 2.16%,高于全国 2.14% 的水平,说明安徽省经费投入水平很高,但是发展动力有所欠缺;山西省和江西省虽然经费投入水平很低,但其投入增长率却为六省最高的两省,说明两省经费投入的提升空间还很大。此外,河南省至 2018 年提升至第二位,但是它的研发经费投入强度几乎与江西省持平,说明河南省的经费投入远远不能匹配该省的经济发展水平。

二、中部六省规上工业企业科技创新能力比较分析

(一)拥有研发机构和有开展 R&D 活动企业数量

中部地区规模以上工业企业研发规模增长潜力很大,在表 3-36(左)中,从总体数量来看,拥有研发机构的企业数量由最多到最少的省份排序从 2015 年的安徽省、河南省、湖南省、湖北省、江西省、山西省,转变为 2018 年的安徽省、江西省、湖南省、河南省、湖北省、山西省,2018 年分别达到 4281 家、2549 家、1514 家、1419 家、1318 家、369 家。其中江西省从第五位跃居第二,说明其企业研发积极性非常高,发展潜力巨大。经过计算可以得出山西、安徽、江西、河南、湖北、湖南拥有研发机构企业数量的增长速度分别为 65.47%、37.92%、271.03%、-9.33%、17.99%、1.14%。其中江西省增长最快,2018 年较 2015 年增长了 271%,其次则是山西省和安徽省,此外,河南省为负增长状态。

在表 3-36(右)中,从总体数量来看,拥有研发机构的企业数量由最多到最少的省份排序从 2015 年的安徽省、湖南省、河南省、湖北省、江西省、山西省,转变为 2018 年的湖南省、安徽省、湖北省、江西省、河南省、山西省,至 2018 年分别为 5979 家、4468 家、3803 家、3547 家、3364 家、445 家。经过计算可以得出中部六省有开展 R&D 活动的规上工业企业数增长速度最快的是江西省和湖南省,分别为 176.68% 和 118.93%,其次是湖北省和山西省,分别为 57% 和 50.85%,最后则是河南省和安徽省,均在 37% 左右。从增长率不难看出安徽省企业数量的下降,湖南省和江西省企业数量上升的现状。湖北省企业研发积极性一直处于中等水平。

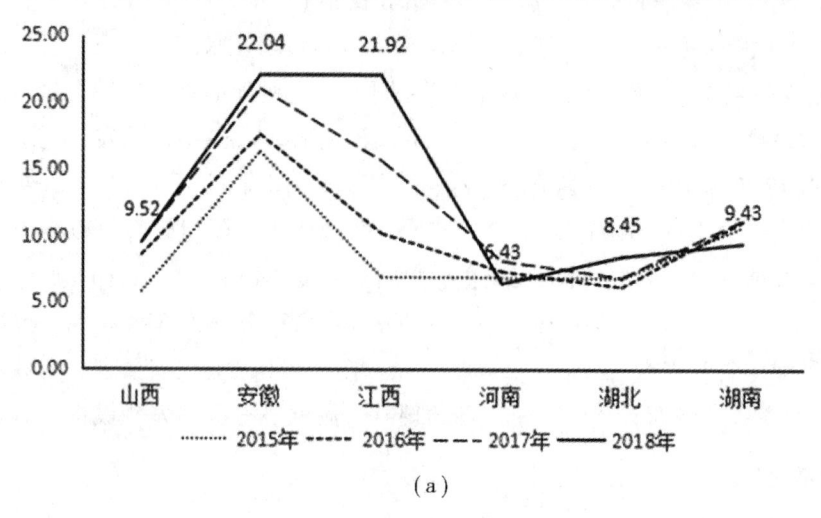

表 3-36　中部六省规模以上拥有研发机构工业企业数（左）规模以上有开展 R&D 活动的工业企业数（右）

单位：家

地区	2015年	2016年	2017年	2018年	地区	2015年	2016年	2017年	2018年
山西	223	305	364	369	山西	295	348	468	445
安徽	3104	3489	3967	4281	安徽	3258	3839	4697	4468
江西	687	1112	1698	2549	江西	1282	2214	2506	3547
河南	1565	1738	1788	1419	河南	2454	2666	3526	3364
湖北	1117	1004	1040	1318	湖北	2421	2979	3566	3803
湖南	1497	1596	1701	1514	湖南	2731	3144	4057	5979

注：数据来源于 2016—2019 年中国科技统计年鉴。

图 3-18 给出了中部六省规上工业企业中拥有研发机构和有开展 R&D 活动的工业企业占比情况。由图（a）可知，2018 年中部六省拥有研发机构企业数量占比中，河南和湖南占比低于历年水平，2018 年安徽、江西和湖北占比分别为 22.04%、21.92% 和 8.45%，较上年有明显的增加，分别增加 1.03、6.32、1.56 个百分点。江西省增幅最大，湖北省虽有增加，但是增长乏力。由图（b）可知，在规模以上有开展 R&D 活动的工业企业占比情况中，2018 年只有江西省和湖南省的占比具有明显增加的趋势，2018 年占比分别为 30.5% 和 37.24%，较上年分别增长 7.5、10.5 个百分点，其他省份均无增长，甚至出现负增长。湖北省依旧处于中等水平，占比为 24.38%，占比虽有增长，但仅增加 0.76 个百分点。

(a)

(b)

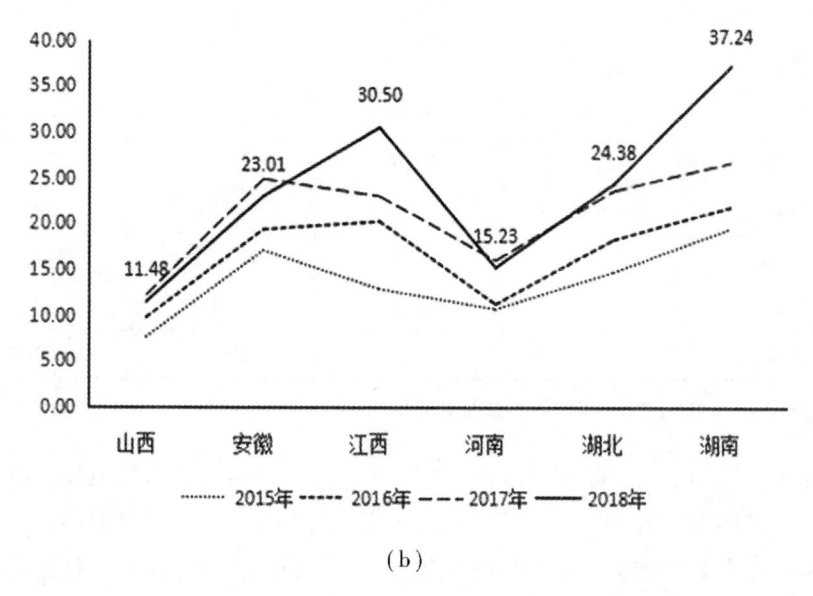

**图 3-18 中部六省规模以上拥有研发机构的工业企业占比(a);
规模以上有开展 R&D 活动的工业企业占比(b)**

通过以上对中部六省规模以上工业企业研发企业数量情况的分析得出,湖北省有研发机构的数量排名靠后,企业占比仅 8.45%,虽然占比提升空间很大,但是相对于江西和安徽的 20% 以上的水平依旧存在很大的差距。从中部六省有开展 R&D 活动的工业企业数量看,由于湖北省增长率很高,所以湖北省从 2015 年的第五位,上升至第三。有开展 R&D 活动的工业企业数量占比也位于第三的位置,但是相对于湖南和江西的 37.24% 和 30.5% 的水平仍有很大的差距,且其占比较上年几乎无增长,所以湖北省工业企业的科技创新水平依然只处于中等水平,企业创新积极性有待提升。

(二) 企业研发机构硕博人数和经费投入分析

表 3-37 提供了中部六省规上工业企业研发机构硕博人数时间趋势数据,至 2017 年,除湖北省外,其余五省人数逐年上升。至 2018 年,仅山西和湖北省保持正增长,其余各省呈现负增长趋势。2018 年山西省和湖北省硕博人数分别为 4032 人和 14213 人,分别增长 7.03%、19.61%,安徽省、江西省、河南省、湖南省较上年分别减少 1.11、0.3、11.13、13.54 个百分点。

表 3-37　中部六省规上工业企业办研发机构人员中博士硕士数量情况

单位:人

地区	2015 年	2016 年	2017 年	2018 年
山西	3330	3380	3767	4032
安徽	12934	15763	17503	17309
江西	4335	5775	7114	7093
河南	12710	13780	15091	13412
湖北	10993	12324	11883	14213
湖南	11850	13228	15881	13731

注:数据来源于 2016—2019 年中国科技统计年鉴。

表 3-38 给出了 2015—2018 年中部六省规上工业企业办研发机构经费投入数据,至 2018 年,各省分别投入 585455 万元、3842692 万元、2459829 万元、2408049 万元、2670039 万元 2077625 万元。在增长率方面,2018 年除江西和湖北的增长率较上年均有增长外,其余省份增长率均有所减少。江西省和湖北省增长率分别较上年增加 59.81、66.24 个百分点,安徽省、江西省、河南省、湖南省分别减少 4.88、16.38、1.71、44.44 个百分点。

表 3-38　中部六省规上工业企业办研发机构经费投入情况

单位:万元

地区	2015 年	2016 年	2017 年	2018 年
山西	339774	333461	353235	585455
安徽	2563959	2993461	3465474	3842692
江西	745362	1150754	1779356	2459829
河南	2036429	2161249	2299846	2408049
湖北	1486783	1450934	1545523	2670039
湖南	1786269	1737694	2293937	2077625

注:数据来源于 2016—2019 年中国科技统计年鉴。

为了验证经费投入增长与研发机构硕博人数增长的相关关系,图 3-19 给出了 2018 年中部六省硕博人数和机构经费投入增长率的折线图。由图可以看出,各省份的两条折线图走向具有同步性,硕博人数的增长率随着经费投入的变化而变化。根据图还可以得出,中部六省中,湖北省机构硕博人数和经费投入增长率最高,说明其企业的研发能力较强,研发机构人员的素质结构改善潜力非常大。

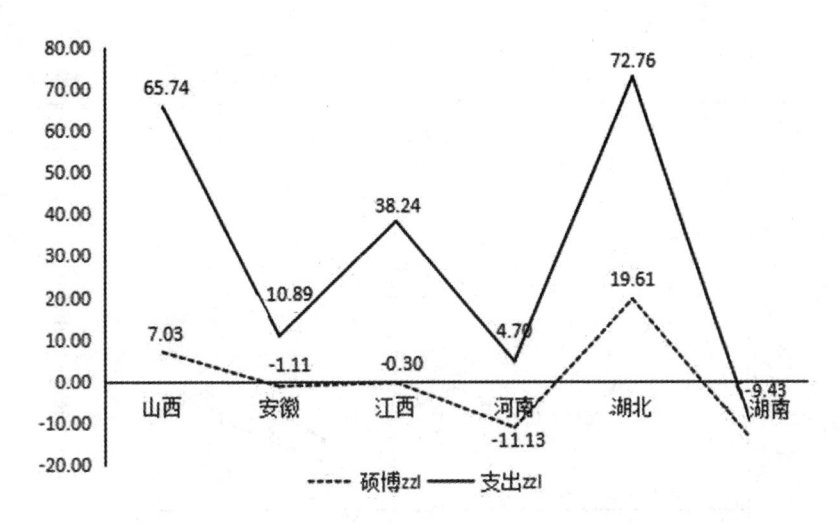

图 3-19　2018 年中部六省硕博人数和机构经费投入增长率

(三)企业新产品开发销售和企业专利情况

表 3-39 给出了 2015—2018 年中部规上工业企业新产品销售收入数据,除了湖南省在 2018 年略微下降外,2015—2018 年六省新产品销售收入均呈稳定增长趋势。由图 3-20 可以看出 2018 年湖南省新产品开发投入增长率为 11.52%,较上年减少了 23.96 个百分点,随之是新产品销售收入减少了 17.3 个百分点。总体来看,山西省的创新产品收益率最高,2018 年增长率为 25.77%,新产品销售收入为 19413025 万元,是 2015 年的 2.33 倍。其次是湖北省增长率为 17.8%,新产品收入为 88629723 万元,是 2015 年的 1.56 倍。

表 3-39　中部六省规上工业企业新产品销售收入情况

单位:万元

地区	2015 年	2016 年	2017 年	2018 年
山西	8333433	10850063	15434765	19413025
安徽	58822307	73210508	88430765	95323850
江西	20586019	31368046	38571746	45117850

续表

地区	2015年	2016年	2017年	2018年
河南	57894206	61154137	70958863	76882017
湖北	56769152	67132019	75234883	88629723
湖南	73497969	80984709	85857213	76162442

注:数据来源于2016—2019年中国科技统计年鉴。

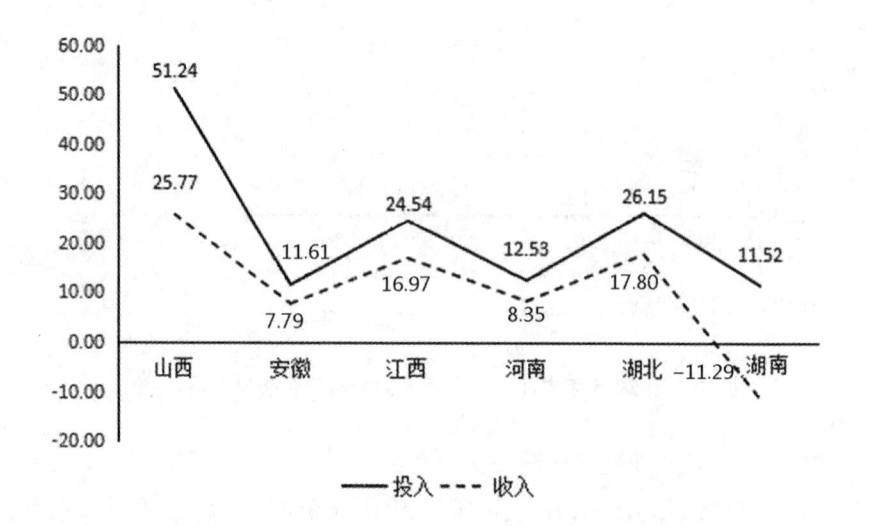

图 3-20　2018 年中部六省新产品销售收入增长率和新产品开发投入增长率

在专利产出方面,由表3-40得出,2018年山西、安徽、江西、河南、湖北、湖南六省专利申请总数分别为5423项、56596项、26303项、27603项、28003项、26339项,由大到小依次排序为:安徽>湖北>河南>湖南>江西>山西,安徽专利申请数是排名第二的湖北的2倍多。2018年由小到大排序的各省专利申请数较2015年分别增加24.12%、61.73%、67.11%、44.92%、207.24%、51.95%。其中江西省增长率最高,2018年专利申请数是2015年的3倍多。其次是河南省和湖北省,增长率在60%以上。

在专利申请总数中,发明专利体现了地区工业企业的核心创新能力。2018年,中部六省发明专利申请总数由大到小依次排序为:安徽>湖北>湖南>河南>江西>山西。安徽省发明专利申请数是排名第二的湖北的2倍多。2018年山西、安徽、江西、河南、湖北、湖南发明专利申请数较2015年分别增加了85.42%、31.1%、106.8%、69.7%、77.9%、51.7%。江西省增长率最高,其次是山西、湖北、河南。

表 3-40 中部六省规上工业企业专利申请数情况

单位:项

		山西	安徽	江西	河南	湖北	湖南
2015年	申请数	3569	45598	8561	16518	17315	18175
	#发明专利	1303	19967	2522	5250	7227	7591
2016年	申请数	3786	49791	12594	17457	19574	18249
	#发明专利	1410	23322	3290	6197	9227	8021
2017年	申请数	4398	52916	19383	22367	22244	21319
	#发明专利	1632	24394	3949	7704	10112	9144
2018年	申请数	5423	56596	26303	27603	28003	26339
	#发明专利	2416	26175	5216	8911	12858	11517

注:数据来源于 2016—2019 年中国科技统计年鉴。

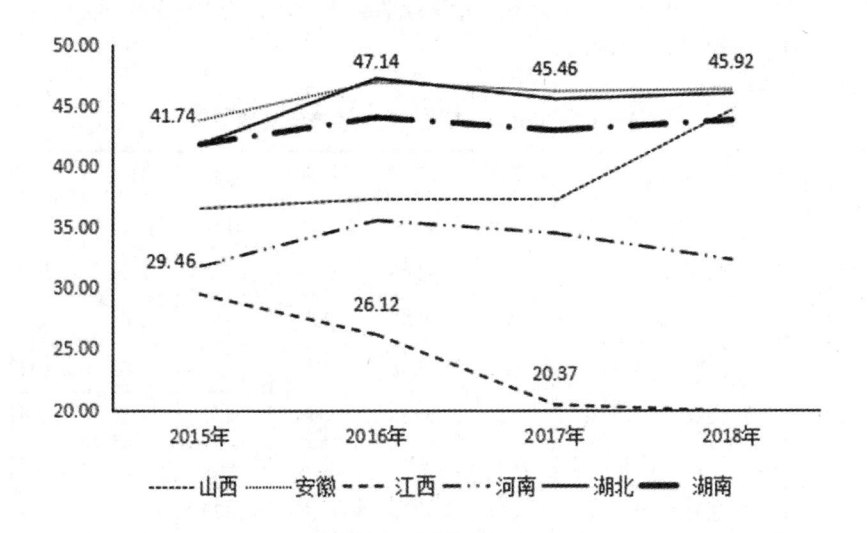

图 3-21 中部六省规上工业企业发明专利申请数占申请总数的比

在发明专利申请数占比方面,图 3-21 给出了中部六省规上工业企业发明专利申请数占申请总数的比。2018 年,除山西省的发明专利占比有显著提升外,其余各省变化趋于平稳。总体上安徽省占比最高,其次是湖北省,而 2016—2018 年这三年间,湖北省发明专利占比在 45%~47%之间,略低于安徽省 46%的水平,几乎与安徽省重合。其次就是湖南省、山西省、河南省、江西省。

通过以上对中部六省新产品销售收入和专利申请数量的分析,可以得出,安徽省创新产品收入最高,其专利产出也最大虽然湖北省位列中部六省第二,但是它与安徽省的差距非常大,其研发创新的投入产出动力缺乏,要想提高企业的创新竞争,提高企业创新活力和投入产出转化率,需要进一步刺激企业科技创新积极性。

三、中部六省高技术产业科技创新能力比较分析

(一)地区高技术产业生产经营情况

中部地区发展趋势良好,在总数方面,表3-41给出了中部六省高技术产业企业的经营数据。至2018年中部六省拥有高技术产业企业数量由大到小排序为:安徽省、江西省、湖南省、湖北省、河南省、山西省;企业营业收入和利润总额由大到小排序为:河南省、江西省、湖北省、安徽省、湖南省、山西省。湖北省分别位于第四位和第三位,而安徽省拥有高技术产业企业数量虽为最高,但其技术产出和成果转换率却并不高,至2018年,营业收入和利润总额为3996亿元和255亿元,在中部六省中位列第四。

表3-41 中部六省高技术产业生产经营情况

	地区	山西	安徽	江西	河南	湖北	湖南
2015年	企业数(个)	139	1198	923	1176	1037	953
	营业收入(亿元)	865	3064	3318	6654	3655	3280
	利润总额	55	222	228	408	198	179
2016年	企业数(个)	133	1398	1064	1261	1063	1027
	营业收入(亿元)	997	3588	3914	7402	4212	3661
	利润总额	47	239	282	445	260	206
2018年	企业数(个)	170	1456	1305	1123	1136	1259
	营业收入(亿元)	1298	3996	4753	6064	4340	3523
	利润总额	61	255	337	355	304	233

注:数据来源于2016、2017、2019年中国科技统计年鉴。

中部六省企业平均营业收入和平均利润由大到小的排序均为:山西省、河南省、湖北省、江西省、湖南省、安徽省。其中山西省企业平均营业收入达到7.64

亿元,位列第一,可知虽然山西高技术企业数量较少,但是企业产出水平高,技术成果转换显著。湖北省位列第三,在中部六省中其目前的高技术产业发展处于中等水平,企业技术创新积极性有待提高。

在高技术企业经营发展速度方面,图3-22给出了自2015年到2018年中部六省的高技术企业数、营业收入和利润总额的总涨幅度。由图可以看出,除河南省外,各省的三个指标发展速度虽然有所差异,但均保持正增长趋势。企业数增长率最高为江西省的41.39%,其次是湖南省32.11%,湖北省位列第五,为9.55%。由于山西省高技术企业营业收入基数较小,所以其营业收入增长率也较高,为50.13%,其次是江西省的43.26%,湖北省位列第四为18.75%。湖北省利润总额增长率为53.09%,为中部六省最高,其次是江西省47.72%,湖南省的30.04%。总的来说,安徽省企业在高技术产业方面的投资较为积极;江西省高技术产业企业经营状况发展势头正猛,总产出水平很高;湖北省企业总数和营业收入中等,但高技术产业企业产出成果转换效率高,利润增长速度快。

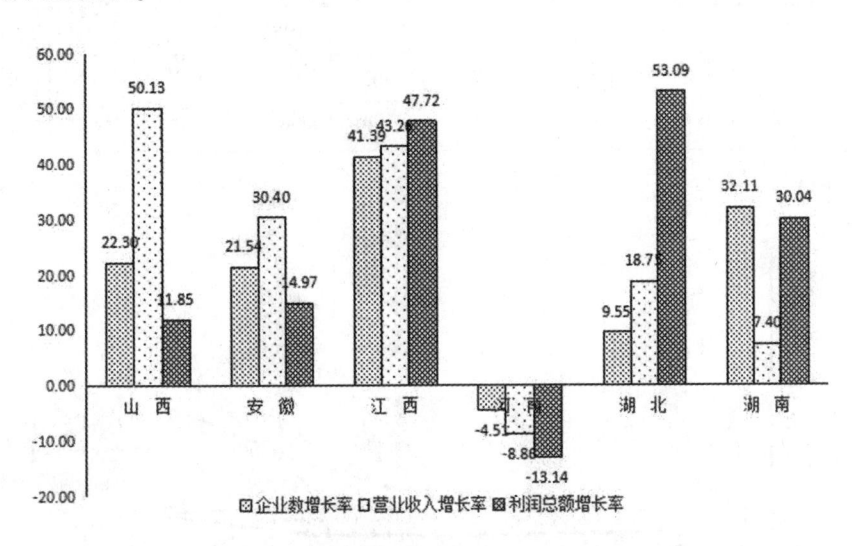

图3-22 2018年较2015年高技术企业数、营业收入和利润总额的增长率

(二)高技术产业研发机构个数及R&D经费内部支出情况

中部地区高技术投资积极性较高,表3-42给出了中部六省高技术产业研发机构和R&D经费内部支出的数据。结合图3-23可以看出,2015—2018年中部六省高技术产业研发机构个数和R&D经费内部支出呈现总体上扬,部分

平稳趋势。在拥有高技术产业研发机构个数方面,安徽省拥有数量最多,遥遥领先其他五省,至 2018 年,安徽省拥有 803 家研发机构,其次是江西省,拥有 589 家,是位于第三位的湖北省的 2 倍,拥有数量最少的是山西省,仅 71 家。在高技术产业 R&D 经费内部支出方面,历年来湖北省支出额度最大,至 2018 年达到 1454447 万元,其次是安徽省的 991395 万元,山西省支出最少且近年增长幅度较小。

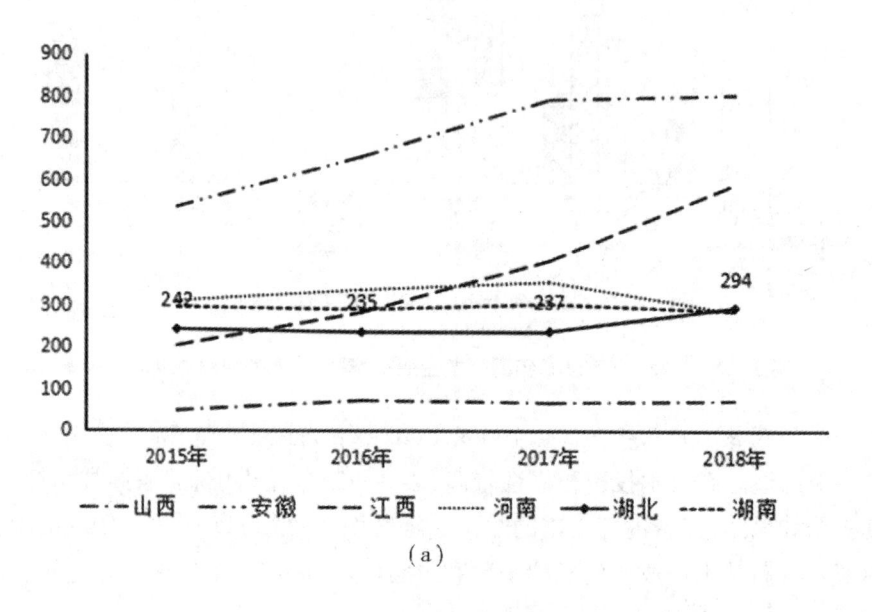

表 3-42　中部六省高技术产业研发机构个数及 R&D 经费内部支出情况

	地区	山西	安徽	江西	河南	湖北	湖南
2015 年	研发机构数(个)	47	535	203	310	242	295
	R&D 经费内部支出(万元)	42822	512012	312507	439103	941196	640477
2016 年	研发机构数(个)	71	654	282	336	235	289
	R&D 经费内部支出(万元)	83719	635542	300891	575937	1030278	637668
2017 年	研发机构数(个)	66	792	406	355	237	302
	R&D 经费内部支出(万元)	112246	797670	419568	758373	1136648	787755
2018 年	研发机构数(个)	71	803	589	283	294	286
	R&D 经费内部支出(万元)	135178	991395	685802	728373	1454447	864735

注:数据来源于 2016—2019 年中国科技统计年鉴。

(a)

(b)

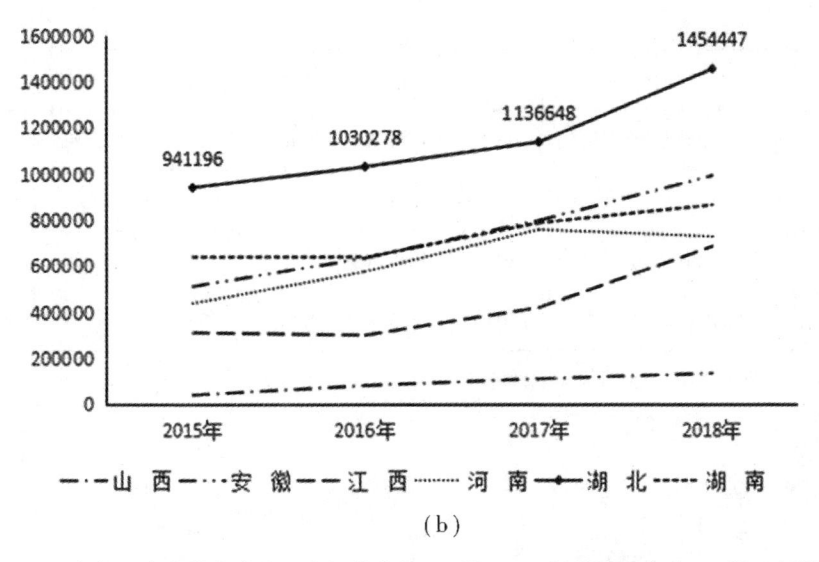

图 3-23 中部六省高技术产业研发机构个数(a)及 **R&D** 经费内部支出(b)情况折线图

(三)高技术产业新产品销售收入情况

中部地区高技术产业新产品销售收入增长幅度在四大区域中最大,表3-43给出了中部六省高技术产业新产品销售收入和新产品开发经费支出数据。结合图 3-24 可以看出,河南省新产品销售收入历年最高,至 2018 年达到 36536923 万元,其次是安徽省为 17961823 万元,山西省销售收入最小为 1804079 万元。通过计算可得中部六省 2018 年销售收入较 2015 年涨幅分别为 169.27%、106.29%、139.32%、26.23%、94.11%、-7.84%。增长幅度由大到小排序为:山西省、江西省、安徽省、湖北省、河南省、湖南省,其中湖南省为负增长。

表 3-43 中部六省高技术产业新产品销售收入

单位:万元

	地区	山西	安徽	江西	河南	湖北	湖南
2015 年	新产品开发经费支出	53317	725672	293163	405451	971175	649620
	新产品销售收入	669986	8707151	4240226	28945135	8158763	15517073
2016 年	新产品开发经费支出	59158	804959	473847	444462	1210998	649858
	新产品销售收入	509415	11080797	5662500	28514336	8266943	13214244

续表

地区		山西	安徽	江西	河南	湖北	湖南
2017年	新产品开发经费支出	96722	1008100	607565	610100	1280428	802177
	新产品销售收入	1701794	14248099	6728488	33568939	9483931	13207548
2018年	新产品开发经费支出	165005	1181162	911432	679532	1598881	975922
	新产品销售收入	1804079	17961823	10147616	36536923	15836867	10613987

注：数据来源于2016—2019年中国科技统计年鉴。

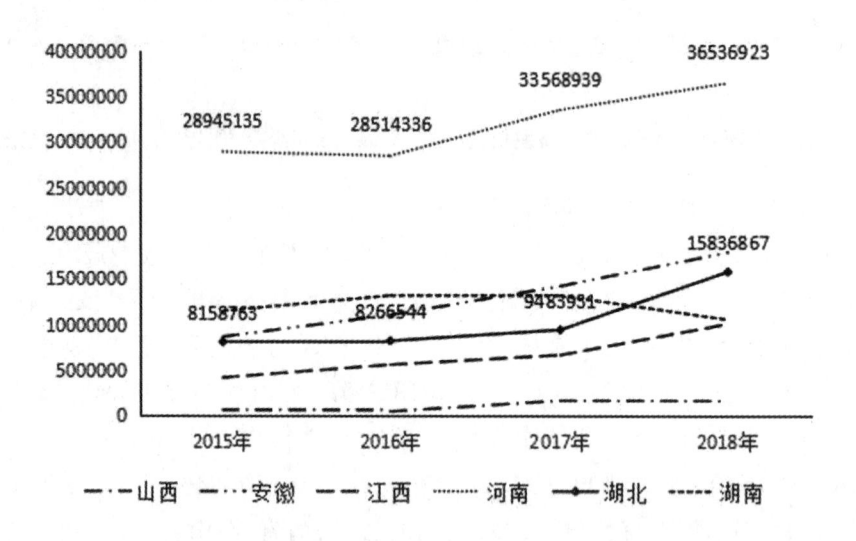

图3-24 中部六省高技术产业新产品销售收入情况

（四）高技术产业专利申请数情况

中部地区发明专利申请数占总申请数之比在全国四大区域中最低，表3-44给出了中部六省高技术产业专利申请数数据。结合图3-25可以看出，2015—2018年各省高技术专利申请数均有所增加，其中安徽省高技术产业专利申请数总量四年来均为中部六省第一，其次则是湖北省。至2018年，按专利申请数由大到小排序分别为：安徽省、湖北省、江西省、湖南省、河南省、山西省。

表 3-44　中部六省高技术产业专利申请数量情况

单位:项

地区		山西	安徽	江西	河南	湖北	湖南
2015年	专利申请数	233	5722	2418	2174	4232	3614
	#发明专利	134	3173	1030	883	2550	1765
2016年	专利申请数	195	6816	2799	2743	6045	3878
	#发明专利	121	3279	807	1108	3879	1853
2017年	专利申请数	281	8326	4635	3944	6213	4323
	#发明专利	120	4258	1084	1379	3961	1971
2018年	专利申请数	325	9199	6001	4909	7539	5765
	#发明专利	163	4276	1705	1406	5023	2831

注:数据来源于 2016—2019 年中国科技统计年鉴。

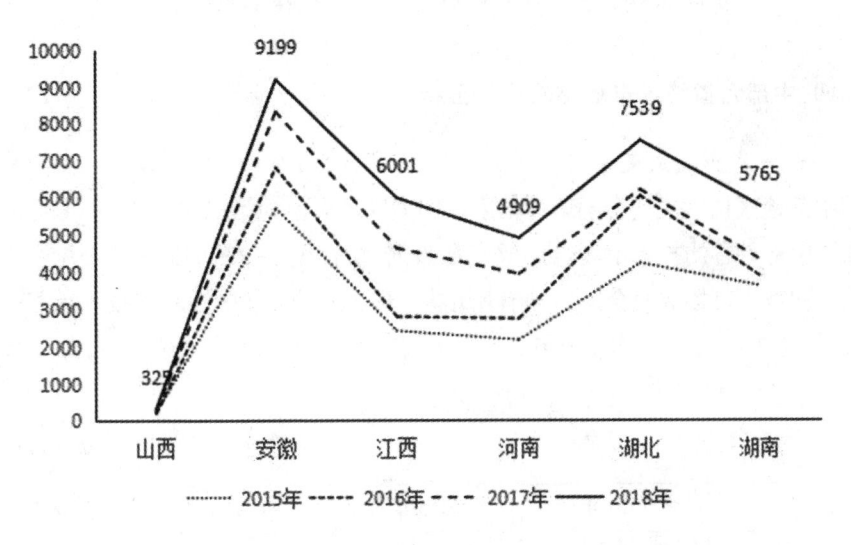

图 3-25　中部六省高技术产业专利申请数量情况

图 3-26 给出了中部六省高技术产业发明专利申请数占总申请数比,由图可以看出,湖北省发明专利占比最高。从各省占比发展趋势来看,山西省发明专利占比无明显增减趋势,安徽省呈波动减少,江西省呈减少趋势,但是 2018 年有所回升,河南省发明专利申请数占比则逐年下降。此四省 2018 年占比相对于 2015 年来说均出现大幅度减少。湖南省发明专利占比相对稳定,保持在 45%~46% 间。而湖北省则呈现波动上升趋势,2018 年发明专利申请数占比相对于 2015

年提升了 6.37 个百分点。

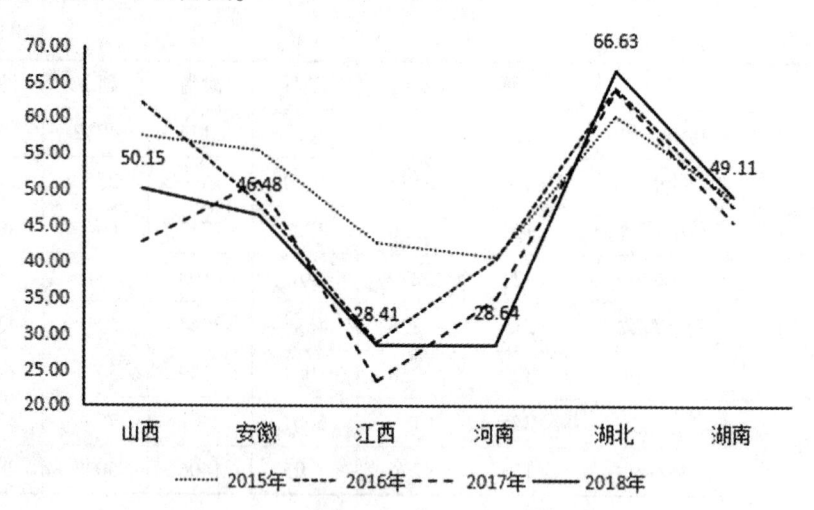

图 3-26 中部六省高技术产业发明专利申请数占总申请数比

四、中部六省技术市场交易比较分析

(一)技术市场成交合同

中部地区技术成交合同增长幅度在四大区域中位列第二,为 50.21%,表 3-45 给出了中部六省的技术市场合同成交数数据,结合图 3-27 可以看出,2015—2018 年六省的技术市场成交合同数均有所增加,至 2018 年,其中湖北省技术市场合同数最高,为 28399 项,其次是安徽省,为 20347 项,江西省为 1046 项,为六省最低。

表 3-45 中部六省技术市场成交合同

单位:项

	2015 年	2016 年	2017 年	2018 年
山西	698	804	870	1046
安徽	12488	12966	18211	20347
江西	1137	1985	2405	3025
河南	3482	4270	5878	7289
湖北	22532	23964	24444	28399
湖南	3704	3980	5725	6047

注:数据来源于 2016—2019 年中国科技统计年鉴。

```
                                    28399
30000
                    20347
25000
20000
15000
10000                        7288        6047
             1046       3025
 5000
    0
        山西    安徽    江西    河南    湖北    湖南
         ······ 2015年 ---- 2016年 - - 2017年 ── 2018年
```

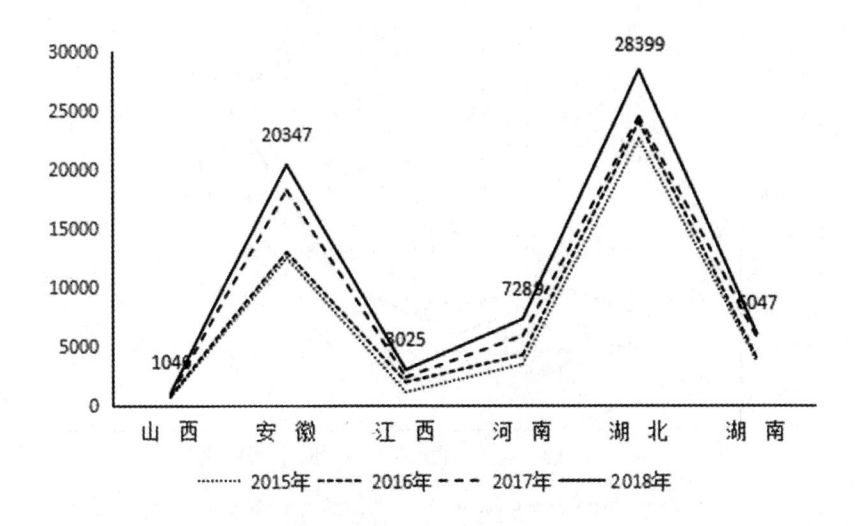

图 3-27 中部六省技术市场成交合同数

(二)技术市场成交金额

表 3-46 给出了中部六省的技术市场成交金额数据,结合图 3-28,可以看出,中部六省四年来的成交金额均有所提升,其中湖北省提升幅度最大,较 2015 年提高了 158.17%,且湖北省技术合同成交金额历年均为最高水平。至 2018 年湖北技术市场成交金额为 8284674 万元,是位于第二的河南省的 2.34 倍。

表 3-46 中部六省技术市场成交金额

单位:万元

	2015 年	2016 年	2017 年	2018 年
山西	972417	2340760	2493192	2510500
安徽	1696694	2016750	2706809	3539869
江西	1077100	1880987	1990802	2427626
河南	1276013	1540513	2019391	3725205
湖北	4949463	6420258	6777445	8284674
湖南	1516117	1020776	1777636	1946548

注:数据来源于 2016—2019 年中国科技统计年鉴。

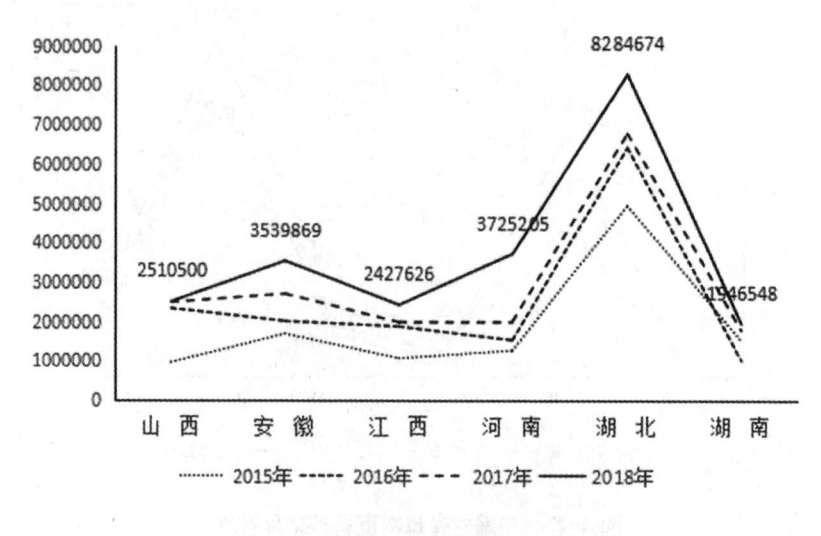

图 3-28 中部六省技术市场成交金额

第六节 湖北省民营企业科技创新能力评价分析

一、民营科技企业数量情况

2015—2019 年，民营企业始终占据湖北省规模以上工业企业数量的一半以上，从表 3-47 可以得出，规模以上民营工业企业数量从 8833 个发展到 9806 个，增长了 11%，占比从 2015 年的 53.82% 上升到 2019 年的 61.81%。民营科技企业在湖北省发展规模也持续壮大，其中有 R&D 活动企业数和拥有研发机构的企业数在民营企业和规模以上开展科技活动占比持续增加，至 2019 年分别达到 2873 个和 1097 个，分别比 2015 年增长了 189%、123%。从图 3-29(a) 可以看出，开展 R&D 活动的民营企业数量呈现稳增趋势，2019 年的数量较 2018 年增长 36.36%，增幅较上年提高了 8.2 个百分点，其发展态势乐观。民企中开展科技活动的企业占民营企业的比重逐年上升，至 2019 年达到 29.3%，几乎是 2015 年的 3 倍。民营企业开展科技活动的数量在规模以上开展科技活动企业的数量的占比也在持续增加，在 2018 年突破 50%，并在 2019 年达到了 58.91%，成为规模以上企业科技创新的主体。此外，拥有研发机构的民营企业数呈现的是波动增长走势。2018年以前，相关企业略微减少，其增长态势出现于2018年和2019年。2018—2019年拥有研发机构的民营企业数分别为669个和1097个，增幅分别达到了57.78%和63.98%。从图3-29(b)可以看出，拥有研发机构的民营企业数占民营企业数和规上相关企业数的比重也在攀升，至2019年达到了11.19%和54.52%，说明湖北省民营企业的研发能力和研发投入强度不断加大，对整个规上企业科技贡献率较大。

表3-47 2015—2019年湖北省有科技活动和研发机构的规上民营工业企业情况

单位：个

	2015年	2016年	2017年	2018年	2019年
规上私营企业数	8833	8857	8191	9645	9806
有R&D活动企业	995	1310	1644	2107	2873
有研发机构的企业	493	436	424	669	1097

数据来源：2015—2019年湖北省统计年鉴。

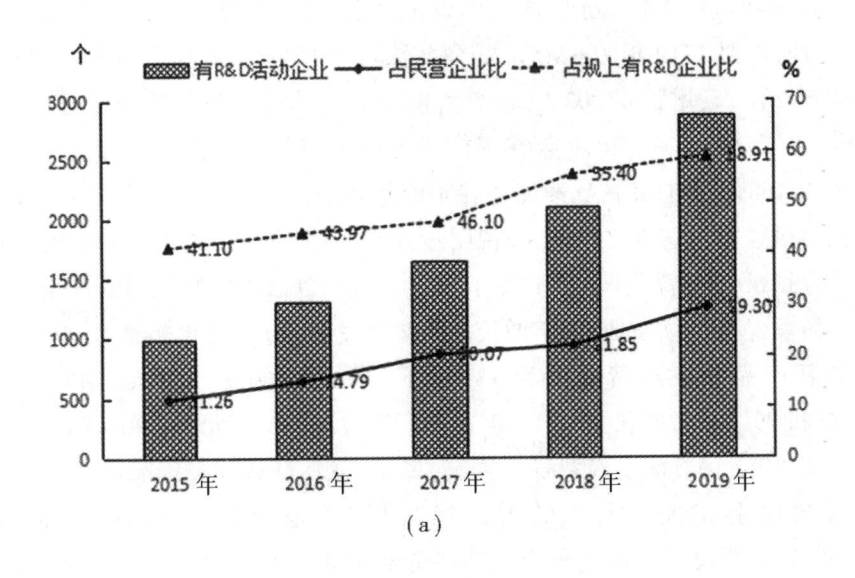

(a)

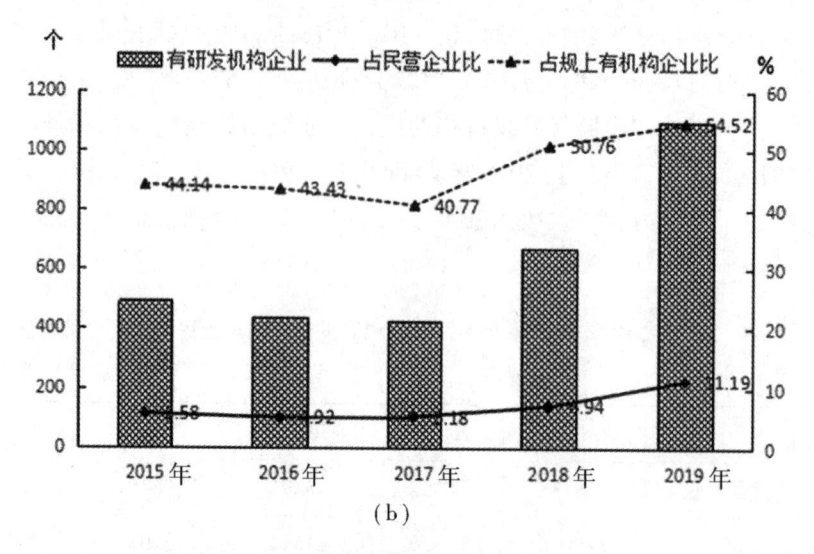

图 3-29　湖北省规模以上有 R&D 活动和研发机构民营工业企业数量情况

二、民营企业 R&D 人员和经费投入

从表 3-48 可以看出,湖北省规模以上民营企业 R&D 人员从 2015 年的 25357 人增长到 2019 年的 64457 人,每年人员增幅明显,尤其是 2018 年 R&D 人员为 52207 人,增长 43.02%,其增幅较 2017 年增加 32 个百分点,到 2019 年,再次增长 23.46%。2019 年在规模以上的全部 R&D 人员中,属于民企的占据了 36.68%,并且其占比速度还在不断增加,这说明了湖北省从事科技活动的人员规模扩展速度之迅速,也说明近几年"我选湖北"人才吸引计划、"百万大学生留汉创业就业计划"取得了重大成效。2015—2019 年 R&D 经费和新产品研发经费持续增加,每年增长率呈波动发展,2018 年增幅最大,其 R&D 经费和新产品开发经费投入为 1379751 万元和 1609855 万元,增幅达到 40.32%和 79.03%,增长至 2019 年,分别达 1724288 万元和 1904494 万元。结合图 3-30 看民企研发经费投入情况,民企 R&D 经费和新产品研发经费投入在规模以上相关经费中的占比稳步提升,至 2019 年已达 29.4%和 27.56%,这说明民营企业不断增强其在全部工业企业中的科技主体地位,其研发能力将不容小觑。

表 3-48　2015—2019 年湖北省有科技活动和研发机构的规上民营工业企业情况

	2015 年	2016 年	2017 年	2018 年	2019 年
R&D 人员合计(人)	25357	32905	36503	52207	64457
R&D 经费支出(万元)	651899	881449	983270	1379751	1724288
新产品开发经费支出(万元)	546398	705574	899193	1609855	1904494

数据来源:2015—2019 年湖北省统计年鉴。

图 3-30　湖北省规模以上民营工业企业 R&D 人员和经费投入占规上企业比

三、民营企业创新产出和科技成果转化

从表 3-49 可以看出,新产品销售收入与新产品开发经费投入同步变化,2018 年湖北省有规上民营工业企业新产品研发经费投入增长达到 79%,为历年来最高,同年新产品销售收入增长 80%,达到 3100.94 亿元,同为五年最高增速。2019 年新产品研发经费投入增长率降为 18.3%,与此相对应的新产品销售收入也下降,为 11.3%,达到 3452.67 亿元。从图 3-31 可以看出,民营企业新产品销售收入在民营企业营业收入中的占比稳步上升,至 2019 年达到 19.1%,较 2015 年增加 10.9 个百分点,说明了湖北省民营企业越来越重视新产品的研发工作,将研发新产品作为增长效益的主要方式。此外,也可以看到民营企业的新产品销售收入在规模以上的所有企业新产品销售收入的比重迅速上升,虽然呈现的是波动上升趋势,在 2017 年略微下降,但近两年其占比迅

速提高,在 2018 年达到 34.99%,较上年增加 12.2 个百分点,至 2019 年占比达到 35.57%,说明湖北省工业企业中民企产品研发的主体地位逐渐得到增强。

表 3-49　2015—2019 年湖北省有规上民营工业企业新产品销售情况

单位:亿元

	2015 年	2016 年	2017 年	2018 年	2019 年
民营新产品销售收入	1215.6747	1662.5628	1714.9757	3100.9419	3452.6729
新产品开发经费支出	54.64	70.56	89.92	160.99	190.45
民营企业营业收入	14859.24	15919.77	14370.59	17441.22	18073.86
总新产品销售收入	5676.9152	6713.2019	7523.4883	8862.9723	9707.6662

数据来源:2015—2019 年湖北省统计年鉴。

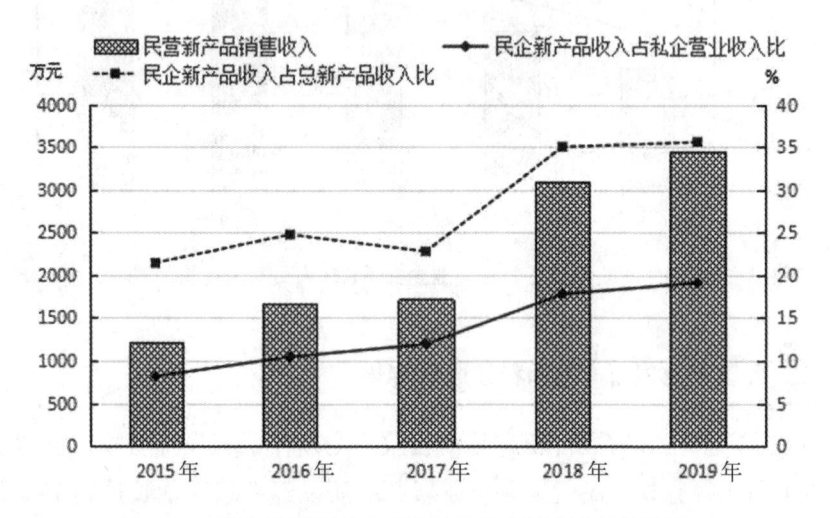

图 3-31　湖北省规模以上民营工业企业新产品销售情况

四、湖北省企业专利和各类技术合同数量情况

从表 3-50 可以看出,2015—2018 年湖北省申请专利受理数量和批准数量随着科技经费支出的增加而增加,2018 年的湖北省专利受理量较上年增加 17.77%。其中发明专利 54918 项,较上年增加 3349 项,增幅为 6.5%。2018 年湖北省专利批准量为 64106 项,是 2015 年的 1.65 倍,较上年增长了 38.25%,增幅比 2017 年增加了 27.38 个百分点。其中发明专利持续增加,至 2018 年,发明专利批准量为 11393 项,较上年增加 4.72%,增幅较上年减少了 23 个百分点。

表 3-50　湖北省专利受理量、批准量及分布状况

单位:项

	2015 年	2016 年	2017 年	2018 年
专利受理量	74240	95157	110234	129820
#其中发明专利	30204	43789	51569	54918
专利批准量	38781	41822	46369	64106
#其中发明专利	7766	8517	10880	11393

数据来源:2015—2019 年湖北省统计年鉴。

由表 3-51 可以看出,湖北省各类技术合同签订数量和合同金额自 2015 年以来持续增加。2019 年湖北省签订技术合同数为 39511 项,较上年增长 37%,增幅是 2016 年的近 6 倍。技术合同成交金额稳步提升,至 2019 年成交金额达 1449.63 亿元,较上年增长 17.17%。无论是技术合同签订数量还是合同成交金额,均呈现稳定的增长趋势,说明湖北省企业的科技投入很好地转换成了经济效益。

表 3-51　湖北省各类技术合同签订及执行情况

	2015 年	2016 年	2017 年	2018 年	2019 年
合同数(项)	22787	24248	24742	28835	39511
合同金额(万元)	8300672	9277311	10658791	12371856	14496286

数据来源:2015—2019 年湖北省统计年鉴。

五、湖北省高新技术产业产值情况

由表 3-52 可以看出湖北省高新技术产业发展情况,"四上"高新技术产业,包括高新制造业、高新建筑业和高新服务业,高新技术产业增加值自 2015 年以来稳定增长,每年增幅均在 10%~14%,至 2019 年增加值达到 8817.43 亿元,增幅为 11.3%。其中 2018 年新制造业的产值、产品出口交货值和产品销售收入分别为 26249.35 亿元、1269.16 亿元和 26224.15 亿元,其增幅较 2018 年均有所下降,分别为 7.7%、3.2% 和 7.9%,分别减少了 8 个百分点、1 个百分点和 5 个百分点。

表 3-52　湖北省高新技术产业产值情况

单位：亿元

	2016 年	2017 年	2018 年	2019 年
"四上"高新技术产业增加值	5488.29	5841.29	6542.91	8817.43
高新制造业产值	20250.39	20885.54	22505.22	26249.35
高新制造业产品出口交货值	1413.96	19191.02	1289.06	1269.16
高新制造业产品销售收入	18443.58	1288.11	21223.26	26224.15

数据来源：2015—2019 年湖北省统计年鉴。

六、湖北省民营 500 强企业数量比较分析

表 3-53 给出了 2020 年中部六省民营 500 强企业分布状况，可以看出湖北省上榜企业数量最多，为 19 家，在全国省份中位列第 8 位，其中属于高新技术的企业 5 家。其次是河南省为 15 家，其中高技术企业 1 家。虽然湖北省民营企业进入 500 强榜单的数量排名靠前，但是相比于江浙等东部沿海省份的 90 多家相差甚远，因此，湖北省应继续保持在中部发展的地理社会优势，以高新技术为先导，促进民营企业的发展壮大。

表 3-53　2020 年中部六省民营 500 强企业分布状况

单位：家

	湖北	湖南	江西	安徽	河南	山西
民营企业 500 强	19	6	7	4	15	7
#高新技术企业	5	0	0	0	1	0

数据来源：全国工商联 2020 年民营企业 500 强分析报告。

第七节　非公有制企业培育科技创新能力的制约因素

一、科技产出能力不足

2015—2019 年民营企业发明专利申请数占总的专利申请数的比重均保持

在30%以上,发明专利申请数占比较高,但是相比规模以上工业企业,其占比仍有差距,少了6~7个百分点。2019年全国规上工业企业数量为37.78万家,发明专利产出121.8万项。其中民营规上工业企业数量为24.364万家,发明专利产出12.765万项。民营规上工业企业数量占全国规模以上之比达到了64.49%,但是发明专利产出占比仅10.48%,占比不及总数的六分之一。虽然民营企业发明专利产出每年均有较大幅度的增长,但是发明专利产出数量并不能匹配民营企业的数量,可见民营企业科技产出能力相对于全国水平来说是远远不足的。

企业对引进技术的消化吸收是提高企业科技创新能力的重要保障,也是影响科技产出能力的重要因素。2018年,企业对引进技术进行消化吸收的经费支出为91.0亿元,比上年减少27.5亿元。企业技术消化吸收经费与企业技术引进经费之比为19.6%,比去年下降了10.1个百分点。可以看出,目前少许民营企业存在技术引进形式主义,即只引进不吸收的现状。一方面,国家出台了很多鼓励中小民营企业创新发展的政策,而大多数中小民营企业家却并没有深切意识到科技创新的重要性,所谓的技术引进的形式主义依旧停留在达到指标要求,以争取国家创新补贴和税收减免等优惠政策。另一方面,大多数民营企业家,由于知识水平和发展视角的局限,过于急功近利,在经营的过程中焚林而狩,即过于注重眼前的经营性利益,而不考虑发展性收益,忽略企业品牌和企业文化建设,不利于企业长远可持续发展。

二、产权制度尚不规范

完善的产权制度是确保市场经济健康运行的重要基础。我国产权保护法律制度的发展时间较短,产权保护意识较弱。长期以来,产权保护法律体系缺乏整体性、协调性,法律之间存在冲突;立法上对非公有制经济重视不够、保护不足;现行非公有制企业产权保护法律体系程序漏洞多、不完善,制约着非公有制企业的良性发展。① 受传统观念的影响,长久以来非公有制企业一直处于经济发展的边缘位置,尤其是与国有企业发生纠纷时无法享受公正的处理程序。当下创新经济欣欣向荣,新情况、新问题不断涌现,非公有制企业更面临着科技创新带来的知识产权纠纷。虽然我国在持续推进着政府职能"放管服"改革,可依然存

---

① 韩累:《民营经济创新转型与企业产权保护研究》,载《第十二届"中部崛起法治论坛"论文汇编集》,2019年。

在"门难进,事难办"的不良现象。中小非公有制企业处于成长的弱稚期,缺乏足够的话语权和经济影响力,办事过程依旧坎坷。此外,对于产权纠纷的处理程序不完善,过程非常复杂。由于我国目前的产权中介机构并没有得到系统组建,所以在产权纠纷中需要产权人自己取证维权,这对于产权人来说存在一定困难,因此大多数产权人为了减少不必要的麻烦往往选择忍气吞声。

我国大多数非公有制企业是由家族企业发展而来,因为在创业之初没有明确划分企业产权和家族产权,有的股东以个人财产入股后未进行产权变更登记,因此在股权、经营权、产权方面容易出现各类纠纷。[①] 非公有制企业的产权意识淡薄也是导致产权问题层出不穷的一个重要原因。长久以来,非公有制企业创业之初多是以小本生意为主,缺乏对未来的长远规划和系统思考。没有将企业的可持续发展纳入规划,更没有形成对未来市场向创新经济转型的预知,所以非公有制企业,尤其是中小非公有制企业忽视了对知识产权的保护投资,例如建立产权档案,聘请产权律师顾问等,在出现产权纠纷时,容易陷入被动局面。

三、高技术产业产值行业失衡

一是新生科技企业产出增长跟不上数量增长。规模以上高技术产业工业企业营业收入和利润的增长跟不上企业数量的增加,并且在2018年出现负增长,说明新生高技术产业企业科技产出能力还不成熟。民营科技企业具备企业规模小、机制灵活、市场应变能力强的特点,在创业初期能够在经营者的敏锐察觉下抓住市场发展点实现初期盈利。但是由于企业管理模式的缺陷,在经营中不注重培养企业发展的后备力量,倾向于采取应急策略,在资金技术和人才缺乏时,则不遗余力引进资金和技术,没有形成系统的管理模式和发展战略。因此也导致在民营企业遍地开花的同时,企业寿命普遍较短。在国家鼓励科技创新发展的政策下,很多传统企业积极向科技型企业转变,但是新生科技企业难以在短时间内立足科技市场,也就导致了高技术产业工业企业营业收入和利润跟不上企业数量的增加。二是高技术产品产值增长乏力。"十三五"时期,高技术产品进出口总额及其占商品进出口总额的比重稳定在30.5%左右的水平,相比"十二五"时期,高技术产品进出口总额占比已经得到了很大的提升,但是我们也可以看出,高技术产品贸易的再增长乏力。此外,高新区技术市场合同成交金额占全

[①] 师永青:《浅析民营经济创新转型与企业产权保护》,载《第十二届"中部崛起法治论坛"论文汇编》,2019年。

国市场合同成交金额比也提不上去。若要突破发展瓶颈获得长足发展,仍需进一步破除其内外部制约因素。非公有制高科技企业在创业之初面临资金有限、设备不足、技术薄弱、人才缺乏的难题,市场规模不大,实力还不强。在内外部竞争挤压下,破解发展瓶颈的关键在于加强对高精尖技术的开发。我国非公有制企业应实行"专、精、新、特"经营原则和专业化经营模式,拓展网络化经营道路,联合众多民营高科技企业联手走向市场,在竞争中抢占先机。三是技术领域分布不均匀、民企份额仍较少。从技术领域格局看,2018年仍然保持以往计算机与通信技术、电子技术为主的格局。生物技术增长最快,在出口和进口方面的增幅明显高于其他技术领域。此外,规上企业科技活动也多集中于高技术产业,在其他产业中有开展研发活动的很少,产业间分布不均衡。而无论是对现在保持产业行业的平稳发展,还是为了未来我国经济的稳定和持续健康发展,在各个产业间开展科技活动,促进产业的优化升级,满足人民和社会的需求是必要的。从企业类型看,高技术产品贸易出口仍以外商独资企业和中外合资企业为主,但所占份额持续下降,2018年所占比重为65.3%,较上年下降3.9个百分点。其中外商独资企业所占比重从上年的53.2%下降到50.4%。国有企业占高技术产品贸易出口的比重也从上年的6.8%小幅上升到7.1%。以私营企业为主的其他类型企业占高技术产品出口额的27.6%,比上年提高3.6个百分点,但总体份额还不够多。

四、经营管理人才和高级研发人才缺乏

R&D人员的增加可以促进企业创新创收。2015—2018年民营企业R&D人员占规模以上总R&D人员的比分别为25.78%、27.7%、29.37%和33.32%,民营企业R&D人员在规模以上工业企业R&D人员中的占比持续上升。民营科技企业研究人员的全时当量增长则较为平缓,占R&D人员全时当量之比从2015年的29.31%下降到2018年的25.83%。民营企业人才的缺乏依旧可以归结为企业的家族管理模式和人才应急聘用模式。人才无来源、人才留不住是这两种模式的产物。一是基于传统观念、薪酬待遇、发展方向等方面的因素,非公有制企业相比于国企、央企等大型企业更难吸引到高水平的技术创新人才。二是非公有制企业抗风险能力较弱,为确保资金快速流转往往更注重短期收益,在经营理念上更加急功近利,对技术人员的要求更加严苛,要求尽快见到科研成效,造成科研人员压力过大,容易造成人才流失。我国非公有制企业应注重培养员工的"工匠精神",建立系统科学的管理体系,以合理的薪酬奖励留住优秀员工,激发员工坚守岗位以精益求精的积极性,更好地稳定人才来源,留住优质人才。

五、科技中介服务市场体系建设滞后

科技中介机构是科技服务体系建设的重要组成部分,是对市场中的技术扩散、成果转化、科技评估、创新资源配置等的专业服务,对实现科技向生产力转化、促进经济科技结合作用明显。一个成熟的科技中介服务机构可以将政策链、资金链、产业链、人才链等多个环节灵活整合,有效衔接各参与主体之间的利益。

目前,我国科技中介服务体系还不健全,严重制约了科技成果产业化的进程。一是大部分科技中介服务机构成立时间短,企业规模小,尤其缺少精通法律、了解科技、洞悉市场的复合型人才。科技中介服务企业的实力较弱,有影响力的品牌不多,与我国科技发展水平不相适应。二是运行机制不活,市场化程度不高。科技中介服务业门类众多、发展态势迥异,行业自律管理薄弱,科技中介服务业规范、有序竞争局面尚未形成,市场化、产业化程度不高。大部分科技中介机构政府依附性强,以落实上级机关的任务和意见的模式从事科技中介服务活动,缺乏市场化运行能力,限制了科技中介服务活动空间。促进科技中介服务业发展的法律法规尚不健全,政策环境有待完善。三是服务内容单一,缺乏创新意识,难以满足需求。大部分中介机构营销服务模式落后,无法介入创新扩散的上游,仅停留在牵线搭桥层面,缺乏主动创新意识,沟通黏结、协调融合的能力不够,只能开展一些层次较低的信息服务,在提供经营模式选择、融资渠道拓展、人力资源培训等方面的能力还比较薄弱,在解决区域性或共性的重难点技术及配套问题上发挥作用较小。

六、经济政策环境还不够完善

一是政策缺乏可操作性。有的地方政府注重制定改革性政策,在科研单位自主权、职务科技成果"三权下放"等方面改革走在全国前列,但在支持科研平台建设、企业研发等发展性政策方面明显欠缺。另外,泛泛而谈的综合指导意见多,而指导政策落地的实施细则少,导致部分政策缺乏可操作性。政策支持的主体间也存在不平衡。相对来讲大企业、大专家从科技创新政策支持中的"获得感"较强,而初创企业、青年科研人员"获得感"较弱。在执行非公有制经济的政策过程中,与企业缺乏良好的沟通,造成信息不对称,影响了政策的贯彻效果。

二是政策行为规范性有待进一步增强。有的地方因为政府职能转变还不到位，政策执行办法还不科学，导致一些非公有制企业税费减免政策、奖励政策、扶持政策、退税政策没有全面贯彻落实，企业的实际困难依旧没有得到解决。有的非公有制经济政策因为申报成本过大，流程过于复杂，导致企业放弃享受优惠政策，从而使很多优惠政策流于形式，促进非公有制经济发展的积极作用不能得到充分发挥。三是制度供给还需更加完善。首先，体现在帮助非公有制企业解决融资难的制度供给不足，非公经济企业"融资难、融资贵"的问题依然存在；其次，体现在减轻非公有制企业负担的制度供给还不足，企业在生产经营过程中面临原材料成本上升、用人成本上升、用地租金上升等难题；再次，体现在方便非公有制企业办事的制度供给不足。虽然各地都在着力优化营商环境，但是非公有制企业到政府部门办事难、办事烦的现象依然存在，一件事跑多次才能办成的现象仍很常见，无形中增加了企业的成本。

第四章 影响非公有制企业培育科技创新能力的环境研究

第一节 国家创新体系与非公有制企业科技创新能力

国家创新体系代表着一个国家的创新能力和科技水平,体现了国家的核心竞争力。在影响企业环境的多种因素中,国家创新体系对企业提高科技创新能力有着至关重要的作用。企业是国家和社会的有机组成部分,企业创新能力深刻影响着国家创新能力。我国非公有制企业在国家创新体系的土壤中生根、发芽、壮大。国家创新体系对非公有制企业科技创新能力的发展方向和生命力都产生了深刻的影响。

一、国家创新体系的内涵

国家创新体系的概念最早是由英国学者弗里曼提出来的,他在其1987年出版的著作《技术和经济运行:来自日本的经验》中提出,"国家创新体系是由公共部门和私营部门中各种机构组成的网络,这些机构的活动和相互影响促进了新技术的创造、引入、改进和扩散"[①]。经济合作与发展组织(OECD)于1996年出版了《国家创新系统》一书,并对国家创新体系的概念进行了新的阐述,指出国家创新体系是"公共和私人部门中的组织结构网络,这些部门的活动和相互作用

---

① C.Freeman, Technology policy and economic performance: Lessons from Japan, London: Printer Publishers, 1987:12~18.

决定着一个国家扩散知识和技术的能力,并影响着国家的创新业绩"①。

国家创新体系这一个概念可以从不同的角度进行阐述。国家创新体系不仅是政府、企业、高校、研究机构、中介等创新主体围绕创新行为开展的网络体系,还是一种结构化的制度体系,影响着新技术的有效扩散,影响着创新资源的合理配置,能有效促进科技和经济的有机结合,从而真正高效率促进国家科技发展。国家创新体系的参与主体的互动作用不是一成不变的,而是随着经济发展、科技进步的发展而不断变化。构建国家创新体系能够增强系统内各个要素之间的互动性,推动人才流动、推动技术传播,通过不断更新工艺、不断创新产品取得可观的投资回报率,从而使技术和制度创新有效融合。

二、国家创新体系的组成部分及功能

国家创新体系包括企业、政府、科研机构、中介四个部分。其中,企业是创新主体;政府充当宏观调控者的作用;中介充当联系桥梁的作用;科研机构是创新成果的推动者、供应者。

(一)企业是科技创新的主体

首先,企业是研发投入的主体。科技创新离不开经费的支持,企业是科技创新经费的主要投入者。目前,我国企业研发投入占全社会研发投入比重超过70%,很多科学技术的进步都是企业的推动。其次,企业是技术创新活动的主体。在技术与市场中间,企业起到了桥梁的作用。企业应用是科技成果转化为生产力的关键环节。企业对市场需求有高度的灵敏性,能抓住稍纵即逝的市场机遇,投入技术研发新产品,赢得市场口碑。再次,企业是创新成果应用的主体。企业只有将迎合市场需求和技术研发要求的技术成果应用于市场,应用于实践,才是技术创新的完结。

(二)政府是宏观调控的执行者

政府是创新制度的制定者,政府在协调企业创新项目、引导企业产业创新、完善科技基础设施等方面起着重要作用。政府通过制定技术和创新的相关政策,实现创新活动与经济政策的相互融合;通过制定合理的政策目标和有效的政策措施,为支持企业技术创新营造良好的政策环境;通过教育及培训为科技创新活动孵化更多人才;通过制定相应的政策引导企业积极创新,增强企业创新的内

---

① 经济合作与发展组织科学技术产业司"技术与创新政策工作组":《国家创新系统》,1996年,第2页。

驱力;通过制定科技发展规划来促进科技创新活动的发展。政府要鼓励企业加强基础研究,消化、吸收创新成果,突破瓶颈技术。

国外很多国家都很重视创新体系的建设,都很重视政府在制定科技政策、推动制度创新等方面的作用,他们参与科技创新活动的方式也根据各国国情的区别稍有差异。例如美国投入了巨额资金加大对科技创新的引导;日本和韩国也构建了比较完善的知识创造的制度体系,在出口、对企业的补贴等方面采取了多种有效措施直接干预。发达国家政府加强对各个主体的充分引导和有效调控,可以大大提高国家的创新体系建设的效率。

(三)高校和科研机构是知识创新的承载者

高校和科研机构从事知识生产活动,培养先进技术人才,是技术创新的策源地和知识库。高校和科研机构拥有数量庞大的科研人员、海量的信息资源、先进的科研环境,是基础研究的适合场所。基础研究是产生新知识的源泉,对支撑国家科技发展具有至关重要的作用。西方很多发达国家也是以高校和科研机构为基础,扎实开展基础研究从而取得了科技创新的重要成果。高校和科研机构通过传授知识、培养学生,促进知识的扩散和再创新,培养为企业进行科技创新的人才。一个国家教育越发达则科技创新程度越高。高校和科研机构在国家创新体系中发挥着不可或缺的重要作用。

(四)科技中介机构是综合服务的提供者

科技中介机构在促进科技成果转移、解决科技知识的供需以及实现科技成果产业化等方面充当着桥梁作用。科技中介机构促进技术扩散和传播,促进科技成果转化,提供科技创新决策咨询等专业化综合服务,促进创新要素合理流动和优化组合,从而提供创新效率。例如通过人才市场、技术市场、技术产权交易机构等给企业提供人才、技术等生产要素的优化整合,从而为企业节约人力、物力、财力,促进企业更好地发展。目前,在我国大中城市共有各类科技中介组织10万多个,是科技与经济融合发展最活跃的领域之一,在促进科技成果转化、创新型中小企业和高新技术企业的成长方面起着不可或缺的重要作用。

三、非公有制企业在国家创新体系中的作用

非公有制企业是国家创新体系中一支非常重要的力量,发挥着不可替代的作用。非公有制企业要在激烈的市场环境中占据有力份额,就必须要提高创新技术,降低生产成本,提高核心竞争力。在市场经济条件下,非公有制企业对市场具有更强的敏感性,能够更快地根据市场需求,将技术优势转化为产品优势,从而在竞争中脱颖而出。在西方发达国家中,非公有制企业在促进新兴产业的发展上,在促进国家科技水平上都发挥着重要作用。例如福特、微软、贝尔工作室、西门子等企业都是技术创新先进企业。正是这些企业不断创新科技,把知识和科技转变为生产力,转变为物质财富,实现科技与经济的相互融合,从而带动本国经济发展。非公有制企业依赖于国家创新体系发展,国家大力投入的基础研究为非公有制企业提供了技术基础,同时国家创新体系也为非公有制企业提供了促进科技成果转化的制度保障。非公有制企业的技术创新也是国家竞争力的重要基础,企业科技含量高,则国家综合竞争力也会随之增强。

因此,国家创新体系建设和非公有制经济科技发展是相互促进、相辅相成的。我国在制定国家创新体系制度时,不仅要重视顶层设计,还要重视非公有制经济的微观基础,应大力破除非公有制经济科技发展的障碍,激发企业自主创新的动力,为非公有制企业促进科技创新营造良好的环境。

四、基础研究对非公有制经济科技创新能力的作用

(一)基础研究的内涵

经济合作与发展组织(OECD)《弗拉斯卡蒂手册》对基础研究的内涵进行了阐述,认为基础研究主要是为获得关于客观现象和可观察事实的基本原理的新知识所进行的实验性或理论性工作。[①] 基础研究最重要的作用之一是进行知识生产,通过不断探索拓宽人类认识的边界,从而不断加深对自然界的认知,促进人类社会进步。2006年2月《国家中长期科学和技术发展规划纲要》中对"基础研究"的使命和作用进行了阐述,认为"基础研究以深刻认识自然现象、揭示自然规律,获取新知识、新原理、新方法和培养高素质创新人才等为基本使命,是高新技术发展的重要源泉,是培育创新人才的摇篮,是建设先进文化的基础,是未来科学和技术发展的内在动力"。一个国家对基础技术的研究、共性技术的研究和部分应用技术的研究能总体反映出改过总体科学研究水平。基础研究是我国非公有制企业提高科技创新能力的基石。基础研究风险性高,投入巨大,因此企业开展技术研究需要国家在基础研究上进行大量有效的投资。特别是有些大型企业的研发,非常注重在国家基础研究中吸收有用的研究成果。基础研究投入

---

① 经济合作与发展组织:《弗拉斯卡蒂手册》,张玉勤译,北京:科学技术文献出版社,2010年,第16页。

的总投资额能反映出一个国家整体科研投入水平。

(二)我国基础研究的现状

过去多年来,我国基础研究经费总量逐年上升。2018年,R&D人员全时当量中,基础研究达30.5万人年,比2015年提高29.8%。2018年,基础研究经费为1090.4亿元,占R&D经费支出总量的5.5%,比2014年提高0.9个百分点。总体来说,基础研究经费的增长速度慢于R&D经费总量增长的速度。在高校科技活动中,基础研究经费占R&D经费支出总量的比例一直较为稳定,2014—2018年一直维持在4.6%左右。据世界知识产权组织统计,2018年中国受理专利申请数量达到了154万件,居全球第一位,占全球总量的46.4%。①

我国基础研究发表的论文也取得了很大成绩。2018年,发表科技论文184万篇,出版科技著作5.3万余种,科技成果登记数达6.6万余项,国家技术发明奖67项,国家科学技术进步奖173项。我国发表的SCI论文数量已经居于世界第二位,SCI论文的质量与被引用情况也日渐提高。随着基础研究原创性成果的积累,我国整体科研队伍也日渐壮大,年龄结构日益优化、学科结构日趋完善。基础研究对提升高校的科技影响力有着重要作用,有效促进了教育和科研的融合。高校是知识产权的重要创造地之一,2018年高校授权专利份额占全国18%左右,数量仅次于企业。高校以占全国9.4%的科研人员、占全国不到8%的科研经费,承担了国家80%的自然科学基金项目,发表了80%的科研论文,承担了60%的重点研发项目。②

(三)我国基础研究存在的问题

改革开放以来,我国基础研究取得了数量可观的原创性成果,研究体系日趋完善,国际影响力日益增加。但总体来说,我国基础还较薄弱,评价机制还不够健全,价值理念还不够,科学文化方面还不够发达。基础研究与发达国家相比差距在继续拉大。

第一,基础研究投入不够多。近年来,我国加大了基础研究的投入,从2011年到2018年,年均增长达到了15.34%。2018年,发达国家基础研究占研究与试验发展经费的比例为15%,但我国还只有5.69%,差距仍然很明显。③ 2017

---

① 杨频萍:《求精不求多,才有创新力》,载《新华日报》,2020年10月16日第7版。
② 杨频萍:《求精不求多,才有创新力》,载《新华日报》,2020年10月16日第7版。
③ 李静海:《抓住机遇推进基础研究高质量发展》,载《中国科学院院刊》,2019年第34卷第5期。

年,我国企业基础研究支出占该国基础研究总支出的比例为2.97%,而美国比例为28.38%,相差了25.41个百分点,差距巨大。我国企业基础研究支出占企业研发总支出的比例仅为0.21%,而美国为6.59%。我国企业和有的科研人员对基础研究认识还不够,积极性还不强,因此很多投入还没有真正用在基础研究上。

第二,产出质量有待提高。我国科技论文数量虽然多,但大部分为低水平论文,质量不高。我国科研偏向于跟踪研究为主,原创性研究较少,引领性成果缺乏。我国论文篇均被引用次数为10次/篇,而世界平均水平为12.61次/篇,总体来说引用率还偏低。与发达国家相比,我国基础研究质量不高,缺乏挑战重大科技难题的能力,"卡脖子"问题依然存在,使很多高新技术受制于人。

第三,人才队伍不够合理。我国基础研究人员数量增长迅猛,2018年全时当量达到了30.5万人年,比2011年增长了2.2倍。改革开放以来,我国重视人才培养,形成了一支规模宏大的科研队伍,但还缺乏领军人才,缺乏世界一流的科学家,人均经费低于世界平均水平。人才流失严重,我国留学国外的科研专家学成回国的比率连一半都不到。我国对基础研究的评价方法单一,通常只重视论文数量而忽视论文质量。科学文化建设落后,学术不端、学术造假现象时有发生,严重损害了中国声誉。近七年来,中国SCI论文撤稿数量和比例均持续上升,中国的SCI撤稿数量占所有撤稿的44%,因剽窃而撤稿的比率高达39%。

(四)基础研究与非公有制企业提高科技创新能力相互促进

基础研究与非公有制企业提高科技创新能力是相互促进、相辅相成的。一方面,基础研究的发展为非公有制企业提高科技创新能力提供了重要的基石。基础研究是科技创新的重要源泉,为非公有制企业培养和输送了大量创新人才。纵观西方发达国家科技和教育我们可以发现,如果没有先进的教育理念,没有扎实的基础研究,就不会有高科技人才的涌现,也不会有高科技企业的发展。另一方面,我国的基础研究需要非公有制企业参与其中。我国大部分企业没有创新意识,缺乏创新能力,企业在参与基础研究方面也非常不够。总体来说,我国基础研究投入还不够,与西方发达国家相比差距在继续拉大。随着科技水平的不断进步,基础研究的周期也在逐渐缩短。企业参与基础研究也会更加活跃。私营企业越来越多的参与科技研发。2018年,在大中型工业企业R&D经费中,私营企业占据29.3%,大型非公有制企业飞速崛起,掌握先进技术,成为基础研究的投资主体。因此,我国要重视高层次人才培养,建立促进原创性研究的评价标准,提高人才资源的质量,鼓励科研人员的创造性。

五、科技中介与非公有制企业科技创新能力

(一)科技中介组织的含义和分类

科技中介组织是指以推动技术转移、技术转化和科研开发为重要目的,为各类创新主体提供专业化服务,以促进科技成果产业化的机构。科技中介组织为企业提供技术服务、促进信息沟通,能够为企业节约谈判成本、搜寻成本等生产性成本,是政府推动技术扩散的重要渠道。在西方发达国家科技中介组织已经有上百年的历史,美国、德国、日本等发达国家都很重视科技中介组织的作用,将科技中介组织当成是科技与经济的桥梁,对提高本国科技发展起到了很大的作用。

根据为科技企业提供服务的类型,科技中介组织可以分为以下四种:一是直接参与科技企业技术创新过程,为各类企业提供专业化服务,促进科研成果高效率转化的中介机构,例如生产力促进中心、各类企业孵化器等。二是各类科技产业的行业组织,例如高新产业协会、民营企业家协会等。三是利用技术、管理和市场等方面的专业知识为科技企业提供咨询服务的机构,例如情报信息中心、知识产权事务中心。四是为促进各类生产要素合理配置的服务机构,例如人才市场、技术市场等。

(二)科技中介组织对提高非公有制企业科技创新能力的作用

科技中介组织促进政府、企业和市场的相互交流,充当着纽带和桥梁作用,是社会中介组织中不可或缺的一员。科技中介组织提供服务的类型多种多样,既有信息服务、营销服务等软服务,也有产品设计、技术孵化等硬服务。科技中介组织通过提供专业化服务,帮助协调政府与企业的关系,协助规范市场行为,对营造公平合理的市场环境发挥了重要的作用。科技中介组织具有市场灵敏性,能够及时了解国内外以及行业最新科技创新信息,能够及时有效地实现要素资源的合理配置,为非公有制企业的需求搭建各类平台,使他们更有效率投入科技研发。

科技中介组织中的行业协会可以利用自身优势,制定行业发展战略和规划,以解决企业在科技创新过程中遇到的阻碍,维护企业的正当权益。这种行业保护机制为企业科技创新提供了环境保障,对企业科技创新有着重要的作用。

(三)目前我国科技中介组织存在的问题

我国科技中介组织发展迅速,目前在我国大中城市已有10多万个各类科技中介组织,2700多家生产力促进中心,1380多家各类科技企业孵化器,其中172家国家级创业服务中心,81家大学科技园,4.3万家在孵企业。这些科技中介组织为有效配置科技资源、扩散科技成果做出了重要贡献。但是因为我国科技中介组织发展时间还比较短,还存在一些问题。

一是社会对科技中介组织的认识还不够深入。我国数量众多的科技中介组织绝大部分都是由各级科技管理部门和政府办的,"官方色彩"严重,这也容易导致服务意识不强,创新意识不足,从而难以真正有效发挥中介组织的服务功能。由于对科技中介组织的宣传力度还不够,科技创业者有事情还是习惯于找政府解决,还没有接受中介机构的有偿服务,从而限制了中介服务的空间。

二是经营水平不够高,竞争力不强。一方面,有的科技中介组织从政府机构脱离出来,还保留有浓厚的政府色彩,运行机制不灵活,容易导致人浮于事;有的结构缺乏明确的业务定位,没有建立网络化协作的服务体系,难以形成品牌化效应;有的机构人员素质不高,专业化服务能力比较弱,不能充分满足客户的服务需求,从而难以在激烈的市场竞争中生存。

三是政策体系还不健全。目前,我国规范科技中介组织的法律法规还不健全,市场秩序还不够规范,存在盲目无序竞争和不正当竞争。很多类型的科技中介组织还没有明确其法律地位、运行机制等,严重阻碍了其发展空间和发展速度。

四是存在结构性不合理。科技中介机构区域发展不均衡。有的地方科技中介机构数量众多,服务意识较好,服务质量较高;有的地方科技中介机构发展严重不足,不能满足当地企业的服务需求。科技中介机构业务领域也存在不平衡问题。例如科技企业孵化器、创业服务中心都得到了较快发展,但服务于科技与金融结合的中介机构还不足,不能充分满足科技企业的资金需求。公共信息基础设施薄弱,不能满足科技中介机构的发展要求。

六、科研机构、高校与非公有制企业科技创新能力

科研机构及高校是科技知识创新的发源地,为国家、企业和社会提供创新的成果,是国家创新体系的重要组成部分,同时对非公有制企业的科技创新有着非常重要的作用。

(一)我国科研机构的现状

中华人民共和国成立以来,我国在不同行业设立了大量科研机构。从20世纪80年代开始,我国大力建设国家实验室,培养优秀科技人才,推进社会主义事业发展。2016年,国家重点实验室和试点国家实验室共拥有中国科学院院士383人、中国工程院院士203人,分别占院士总人数的51.8%和25.0%。共主持和承担各类在研课题42747项,获得研究经费213.7亿元;共获得国家级奖励110项(含参与完成),获得授权发明专利11086项;在国内外重要学术期刊及会议上发表学术论文8.64万余篇,在Science上发表论文28篇,在Nature及其系列期刊上发表论文369篇。[①] 截至2018年底,我国国家重点实验室共有501个,其中国家研究中心有6个,学科类国家重点实验室有253个,企业国家重点实验室有175个,省部共建国家重点实验室有32个。[②] 2018年,我国高等学校共有2663个,其中理工农医类2211个,R&D机构16280个,R&D项目数约107万项,R&D项目人员全时当量达41.1万人年,R&D项目经费支出达988.8亿元。高校科研主要依托一批科技创新基地完成,在254个国家重点实验室中,有161个实验室依托高校建设,分布在75所高校中。

(二)我国科研机构存在的问题

虽然我国科研机构数量日益增多,在加强我国科学技术研究方面取得了很好的效果,但总体来说,还是存在一些问题。

一是科研机构及高校的应用型研究能力还需加强。目前我国科研院所和高校更偏重于理论研究,而能够走向产业一线的应用型研究相对偏少。这与科研机构长期重视论文数量而忽略市场需求有关,因此很多科研成果仅以论文呈现,而没有转化为实实在在的生产力,经济效益、社会效益都没有取得预期的效果。很多科研机构的专利转化率偏低,没有应用于社会,没有产生很好的经济效益。

二是科研机构及高校存在管理分散、学科分割的问题。科研机构多以学系为基础组织科研活动,而缺乏跨学科融合的合作机制,使科研活动狭隘地局限于某一个领域,不利于创新研究。高校资源固化的结构强化了学科便捷,更加造成学科分割,从而不利于跨学科落到实处。

三是科研评价机制不健全。当前我国科研机构评价机制不健全,存在重数

---

① 姜群:《支持基础研究的财政政策:实证分析与政策优化》,江西财经大学博士学位论文,2019年。
② 钟源、梁倩:《国家重点实验室或现航母级科技平台》,载《经济参考报》,2019年1月29日。

量轻质量,重理论轻应用。科研评价重学术价值而不是应用价值,难以形成真正具有社会效益、具有创新价值的科研成果。由于科研机构评价管理各自为政,条块分割,影响评估的科学性。

四是科研机构及高校与非公有制企业尚未建立深度合作的体制机制。大部分科研机构与企业搭建的技术合作平台都是依靠政府推动,双方还没有建立合理完善的利益共享机制,合作平台不具有活跃性,导致科技与产业不能实现良好的融合发展,科技成果不能转化为现实生产力。

(三)科研机构与非公有制企业实现"产学研"结合具有重要意义

科研机构的职责和作用是发明和创新,而企业追求的是利润。正是科研机构和非公有制企业在技术产业化中的不同职责和追求,使得他们的合作具有可行性。企业的科研具有强烈的目标导向型,那就是营利,而科研机构则着重是进行基础性研究,两者的结合既能有效提高非公有制企业科技创新能力,又能有效促进基础研究的导向性,因而能达到双赢的目的。

加强"产学研"结合,是提高非公有制企业科学技术水平的良好机会。企业要获得良好的技术先机,就要及时建立自己的知识储备,而与科研机构合作是快速扩充自己技术水平的最好的途径之一。而对科研机构来说,及时解决企业在产品开发、制造中遇到的难题,可以实现理论知识与实践应用相结合,能大大提高科技成果的转化率,也更加巩固科学研究的方向。

长期以来,我国把大量科技资源投入科研机构,而投入企业中的资源很少,由此造成发展的严重不均衡,使研发与产业发生了脱节。目前,我国科技人才的数量、R&D经费投入等方面与发达国家差距很大。如要提高我国科技能力在国际上的地位,就要大力加强科研机构与非公有制企业的合作。非公有制企业要实现技术的可持续发展,免遭新技术的威胁,就要与科研机构合作,从而确定能适应市场、占领市场的技术战略,及时调整研究方向。两者通过紧密合作,可以降低研发成本、生产成本、实现资源的集约利用,有效降低风险。

第二节 创新型组织与非公有制企业科技创新能力

一、创新型组织的界定

关于创新型组织的概念,学者们还没有达成一致的标准。管理学家彼得·

德鲁克认为创新型组织就是把创新精神制度化而创造出一种创新的习惯。[①] 国内学者汪国银、杨亚达认为创新型组织就是通过调整组织内部成员以及单元的行动方式和互动方式,具有足够的多样性,能够按照环境变化的需要拼接出想要的知识基因链条,不断地进行技术创新、组织创新、管理创新等一系列创新活动,从而不断提升竞争力,适应环境并达成目标的组织。[②]

我们认为,创新型组织就是以市场为导向,具备良好的创新能力和强烈的创新意识,可以持续不断进行技术革新、组织创新、管理创新的组织。对企业来说,组织支持科技创新的力度是否大、组织结构是否清晰灵活、创新投入是否高、新产品销售额占总销售额的比例是否高等都可以作为判断的标准。

提高我国非公有制经济的科技创新能力,首要任务就要为企业创造良好的环境,在此我们称之为创新型组织。只有完善好创新型组织的流程、制定好目标清晰的创新战略,才能营造好浓厚的创新氛围,让企业激发创新的澎湃动能。

二、创新型组织的特点

(一)组织领导者充满创新意识

领导者是创新型组织中不可或缺的重要成员,起着"领头羊"的作用。如果领导者的思想保守陈旧,不愿意接受创新,那么即使这个组织的成员再富有创新精神也会找不到创新的方向,无法进行创新建设。如果领导者是个充满激情、勇于创新的人,那么可以调动整个组织的创新氛围,调动成员积极性加入创新组织,激励成员共同克服困难、克服惰性从而完成创新任务。富有创新的组织领导者,既是严格的教练,也是出色的向导。他们懂得关键的技术知识,也有丰富的经验,能及时解决技术难题,同时他们也能调动团队激情,及时说服组织中的怀疑者,使组织成员能够齐心协力、合力攻关,使创新行为顺利进行。

(二)组织结构更加灵活

在传统的直线型组织结构中,上下级等级分明,要按章办事、缺乏自主性、灵活性。而创新型组织结构更加呈现扁平化的特点,从而可以提高创新效率,加强应变能力。扁平化的组织结构由于管理层次少,减少了信息失真的问题,信息能更高效传达,高层能尽早发现问题、解决问题。同时,因为上级对下级管理实行

[①] 彼得·德鲁克:《管理:任务、责任、实践》,北京:中国社会科学出版社,1987年。
[②] 汪国银、杨亚达:《论国有企业创新型组织模式的选择与构建》,载《财政研究》,2010年第6期。

灵活管理机制,使员工能发挥主观能动性和首创精神。为了能够快速响应消费者的需求,组织方式也要快速响应,改变过去按照传统顺序的工作方式,这样并行的工作方式能够利用互联网快速进行异地设计和制造,能够实现产品生产的敏捷性、产品的创新性。由于信息化的高速发展,企业可以利用内部网实现企业内部工作小组之间的交流和工作,改变了过去固定的组织形式,功能划分部门呈现动态化、自主化的管理模式,及时建立最优动态联盟。

(三)组织有目标清晰的创新意愿

创新性组织首先要树立预期目标,只有制定了清晰明确的目标,组织成员才更有方向感,从而为实现组织的目标而调整自己的努力方向。创新活动投入巨大,具有风险性和不确定性,因此很多企业不敢创新、不愿创新。一个好的创新型组织需要管理层明确成员的共同目标,运用恰当的方法使创新意识强的成员能够在组织中实现他的创意,激励成员为了目标而奋斗,去最大限度挖掘自身的价值。

(四)组织内部相互协作

创新型组织内部成员要做到相互沟通、信息共享。组织内部各个部门之间都要朝着共同的目标而努力,通过多个部门立足于整体利益,齐心协力提高组织的竞争力。团队精神是创新型组织的灵魂。成功的创新组织离不开团队建设的大力投入、离不开合理的业务程序管理、离不开分配给每个成员的任务。组织团队是联系不同部门的桥梁,通过有效的团队领导,通过团队内每个成员的分工,通过团队明确的任务和目标,通过成员之间的相互协作,共同实现创新型组织的良性循环。

(五)重视企业文化建设

企业文化是员工行为规范的价值尺度,是大家共同遵循的基本信念。企业文化助力于企业发展方向,服从于企业经营的宗旨,即满足客户的个性化和多样化需求,代表着企业的软实力。统计数据表明,在中国,民营企业集团公司的平均寿命7~8年,远低于世界500强42年的平均寿命;以民营企业为主体的中小企业,平均寿命仅仅2.9年。[①] 民营企业不能获得可持续发展,最根本的制约因素是企业发展过程中忽略了企业文化建设。先进的企业文化是企业的凝心剂,能够大大提高企业的凝聚力、向心力、竞争力。企业文化弘扬的价值观决定着企

---

① 李柏洲、李晓娣、李海超:《中国中小型科技企业成长状况与对策研究》,载《科技管理研究》,2006年第12期。

业在处理员工关系、与客户关系等多方面关系时有正确的理念和方向,必然从属于整个社会文化价值观体系。企业领导者对企业文化有重要影响。

(六)把人力资源当作企业培育科技创新能力的第一资源

随着科技的发展,未来企业的竞争是人才的竞争。一个创新型组织必须具有完善的人力资源系统。企业的发展包括产品研发、产品生产、产品销售等各个环节。人才如同一个个不可或缺的细胞,支撑着企业这座肌体健康发展。企业要想在竞争中获得更大的优势,获取更多的资源,就要进行创新。而创新的关键是人才。专业水平高、管理能力强、综合素质好的人才能给企业的发展带来无限的活力和生机。企业要想获得可持续发展的能力,就要懂得人才引进、人才培养,就要制定科学系统的人才建设规划,从而使人才更好地为企业发展赋能。

三、创新型组织的典范

位于美国的 3M 公司已有一百多年的历史,以创新理念而闻名于世。3M 公司每年投入大量研究经费用于发明创新,目前开发技术产品已达 5.5 万多种,每周发布的新产品达 25 种。截至 2017 年 7 月,3M 公司累计获得了 112043 项专利,令很多创新型企业望尘莫及。3M 公司是创新型组织的典范,其组织结构、知识创新和管理创新都有着自己独特的一面。

(一)组织结构扁平化

在组织结构方面,3M 公司具有明显的扁平化特点。公司采取分散经营的方式,将 300 多亿美元的集团,不断分化出新分部,划分为 1200 多个独立经营的小公司。员工对公司充满了认同,也非常具有主人翁的精神。各个专业的员工自愿组织项目工作组,公司鼓励创新,只要谁有新的想法,他在任何分部都能申请到资金。例如某位基础工程师如果研发出来新的产品并成功投入市场,他就可以晋升为产品工程师,为其研发的产品负责;如果产品深受市场欢迎,产品销售额突破 100 万美元,他又可以得到进一步的晋升,酬劳也会水涨船高;如果他研发的产品占领了市场大部分份额,销售额达到 5000 万美元以上,那他可以从公司独立成立一个产品部门,他可以成为部门负责人。这种从下而上的扁平化改造,能激励员工紧紧联系客户,发现市场的真实需求,从而发现难题、解决难题,赢得客户信赖。这种方式能鼓励每个员工都成为公司的主人,唤醒他们的拼搏精神、主人翁意识。

(二)知识创造活跃

3M 公司以知识创新为特色来占领市场,赢得市场。公司重视人才、尊重人才。公司成立的技术论坛每天都有员工活跃的身影,成为员工从事创新活动的知识共享平台。员工在这里畅所欲言地交流信息,互相学习知识,为解决难题创造了条件。技术论坛根据研究领域的不同下设分会和各委员会。公司的各种活动、教育培训等事务由技术论坛委员会承担。在这种充满创新氛围的组织里,员工互相信任、互相激励,坦诚分享自己了解的新信息和新知识,拓宽了知识获取的途径,提高了知识获取的效率。

(三) 管理机制灵活

3M 公司注重通过恰当的人员安置、合适的发展定位来激发员工的个人潜力。3M 公司实行弹性目标原则,这些目标紧扣创新要求,既雄心壮志也切合实际。公司倡导每一个员工勇于创新,给员工们留出创新时间,鼓励他们积极开发新产品。3M 员工可以将工作时间的 15% 研发自己有兴趣的项目。如果项目构思新颖、有希望投入生产,公司就会组织来自生产部门、销售部门、研发部门等志愿者成立风险小组。这些创新之路不平坦,不是每个项目都可以成功,但公司容忍失误,并鼓励员工在失误中找到解决问题的方案。

通过 3M 公司的案例,我们可以发现,一个成功的创新型组织,要有灵活的扁平化结构,要有宽松、容忍失败的创新环境,要有科学合理的管理制度。这种宽松、和谐的创新氛围,是 3M 公司不断创新、在激烈的市场竞争中处于不败之地的根本。

四、我国非公有制企业创新型组织建设存在的问题

(一) 我国非公有制企业的公司治理结构还不够合理

我国非公有制企业在创业初期一般都是实行的家族式管理。在刚创业的时候,家族成员之间的目标和利益是呈现一致性特征,强烈的凝聚力促进了非公有制企业高效运转。而企业进入快速发展阶段后,随着企业规模的扩大,随着企业盈利的增多,家族成员之间的个人利益和企业的发展目标产生了隔阂,企业之间的内耗增大,不利于企业发展壮大。

大部分非公有制企业存在所有权和经营权不分的情况,不利于企业进行专业化经营。在组织制度上,大部分非公有制企业决策权、执行权、监督权三权合一。企业发展战略主要由经营者的个人喜好决定,存在很多的主观判断,不够理性。股东会、董事会和监事会没有发挥出应有的作用。这种决策者的随意性不利于企业科学发展。家族式的结构在我国非公有制企业中占据了很大的比例,很多经营者视野不够开阔,只按照传统的思维模式发展企业,对市场经济中涌现出来的新业态新理念接受程度不高,因此不愿投入大量资金发展科技创新能力。

(二)非公有制企业的"大企业病"阻碍了创新型组织发展

所谓"大企业病",是指企业到了一定发展规模后,出现企业管理落后、运行机制迟缓等问题,从而导致企业创业激情消退、企业机构浮肿羸弱甚至逐步走向衰败的综合病症。"大企业病"主要有以下三个特点。

一是在机构上:人员臃肿,环节烦冗。企业有十几个甚至几十个部门,部门之间联系甚少。做成一件事情往往需要多个部门协调。一个人可以完成的事情,却要经过一个小组、一个部门,甚至多个部门才能做成。公司领导层过多。管理人员数量超过了业务人员、研发人员。各部门各自为政,缺乏合作协调。一项工作,需要多个领导层层审批,但存在责任推诿。信息传递不畅通,降低了企业对市场需求的灵敏度,也导致了企业的官僚化,使科技创新很难进行。

二是在管理上:思想僵化、决策缓慢。由于流程过多导致领导对信息处理不及时,对市场反应不敏捷,时间浪费在写方案上、开会上,决策迟缓跟不上市场变化的速度。领导喜欢独断专行,缺少忧患意识,只关心企业内部小圈子而忽视了市场的变化。不敢尝试新思想新技术,思想僵化守旧。由于分工过于精细,员工只对自己的任务负责,只顾管好自己的"一亩三分地",而不是对整个公司的经营结果负责,会导致人力资源效能的下降。

三是在经营上:效率低下、人才流失。员工创新激情丧失,工作态度慵懒,效率低下,缺少责任心和担当。有些大企业喜欢投机取巧,发展精力不是放在创新上,而是把精力放在股票、房产等增值快的项目上,导致企业竞争力降低。

很多企业有不同程度的"大企业病"。在企业发展过程中,要克服"大企业病"、提升企业的竞争力,要从改善企业管理体系、加强人力资源管理、优化业务流程等方面下功夫。一是调整组织结构,实行灵活自由的扁平化结构,重新整合供应链,使"为市场服务"成为结构调整的唯一目的。二是加强人力资源管理,实现"人尽其才,才尽其用"。人力资源管理要实行"以人为本"的管理理念,尽可能的开发人才、培养人才、关怀人才,让人才找到归属感。要实行灵活的用人机制,创造和谐竞争的氛围。要重视对职工的培训,加强人才培养和人才储备。增强企业文化管理,增加员工的忠诚度。三是优化业务流程,打造核心业务。企业应严格控制经营活动的核心能力环节,而将其他不重要的活动外包,从而降低成本,提高盈利能力。1985年,迈克尔·波特提出了"价值链"概念,企业应抛弃

"短板",打破木桶,加长"长板"形成竞争利器。按照波特的理论,企业应该强化业务流程中能创造核心价值、培养核心竞争力的环节,形成以顾客为中心的供应链管理。

(三)我国非公有制企业鼓励"全员创新"的力度还不够

广大员工的广泛参与是非公有制企业提高科技创新水平的重要手段。目前,我国非公有制企业科技水平还不是很高,很多企业的创新模式还是在"引进—模仿—消化吸收"环节中。而对于消化吸收环节来说,需要广大员工积极参与和创新,将引进的技术消化吸收为转化成企业的核心竞争力。举例来说,江苏的沙钢集团非常重视员工创新,鼓励员工进行技术改造,投入大量资金鼓励参与公司科技创新、节能减排、降本增效工作的员工,用小技术解决大问题,大大提高了员工的主人翁精神,每年员工的小创新为集团创造了几千万的经济效益。海尔集团不仅注重激发员工的科技创新能力,还积极借用"外脑"创新,即除了员工自己大胆创新外,还鼓励员工发动自己的家人朋友参与集团创新,还专门制定了《员工家属建议表》发给每个员工家属,合理化建议优秀家属还可以被聘为海尔"编外员工"。海尔还有一项奖励制度叫"命名工具",即用工人的名字来给他改革创新的工具进行命名。这些激励创新的机制激励了普通员工的工作激情,能鼓励员工创造更大的价值。

群众性技术创新活动是企业研究开发活动的重要补充。现在,很多非公有制企业还没有认识到"全员创新"的重要作用,以为创新只是技术人员的工作,不重视普通员工的力量和智慧。今后的创新之路上,广大非公有制企业开展多种形式的专业培训,注重调动广大员工的创新积极性,围绕企业技术进步开展各类群众性技术创新项目,对员工创新制定完善的奖励机制,激发员工创新活力。

(四)我国非公有制企业创新文化还不够浓厚

企业创新文化是在激烈的市场竞争中产生,植根于企业自身发展环境,逐渐形成与本企业发展目标相一致的、能有效激励和引导员工进行科技创新的新型企业文化。企业创新文化既要求员工在工作中敢于创新、勤于创新,也要求管理者不断完善激励员工创新氛围的机制,以宽容之心、鼓励之策支持员工创新。企业创新文化是企业形成创新理念的催化剂,促使企业经营者与全体员工形成和谐一致的核心价值观,促使企业形成尊重人才、爱惜人才、崇尚创新的企业文化。企业创新能力的提高依赖于企业文化推动,企业文化是企业科技发展的软实力。

长期以来,我国非公有制企业创新文化建设缺乏科学理论和丰富实践指导,造成创新和文化背景脱节,不能有效地推动企业科技创新能力发展。有的企业实行"搬来主义",在厂训和经营理念上和别的厂雷同,缺乏自己的风格和个性,这种流于形式的文化难以内化为全体员工的精神特质。有的企业,盲目追赶潮流,盲目学习国外先进经验,生搬硬套用在自己的经营企业中,这种脱离文化背景的创新行为,难以消化、容易夭折。创新只有与企业文化紧紧结合,才能做到"对症下药"。我国非公有制企业要成为创新型组织,就要加强企业创新文化建设,根据自身行业的技术特点,结合企业的发展阶段、发展战略、发展定位,逐步探索和完善适合本企业科技创新的企业文化。

第三节 市场竞争与非公有制企业科技创新能力

一、零时间竞争与非公有制企业科技创新能力

(一)零时间竞争的内涵

1998年,Raymond T.Yeh 和 Keri Pearlson 发表了一篇名为《零时间:21世纪企业的概念结构》的论文,文章第一次提出了零时间概念。国内学者周伯生、樊东平引入了零时间的概念,并在《零时间:21世纪企业的概念构架》一文中介绍了零时间的概念以及5个零时间规则。

所谓零时间竞争,就是企业按照零时间理念和法则,根据市场变化情况,即时提供个性化产品和服务,快速响应顾客的需求,从而做产品领袖和市场主导者。

随着全球新一轮技术革命的推动,数字经济发展日益加速,各种新业态新模式日益涌现,重构了市场的供求体系。市场环境的变化和企业竞争的加快,使得竞争模式发生了相应的变化。在传统竞争环境下,企业之间的竞争更多的是价格竞争,而在科技发展日新月异的新经营环境下,企业竞争要素更多地表现为质量竞争、效益竞争、品种竞争、时间竞争,尤其是时间的竞争更加激烈。

在信息爆炸式膨胀的时代,企业要根据客户的需求即时处理各项业务,雇员要加强自我学习的能力,在处理决策时能够即时响应。企业要通过持续不断的创新产品、创新服务来快速占领市场。

(二)零时间企业与传统企业的五种差异

2000年,在 Raymond T.Yeh、Keri Pearlson 以及 George Kozmetsky 三人合著

的专著《零时间:即时响应顾客价值》一书中,详细阐述了零价值差异、零学习差异、零管理差异、零过程差异、零包含差异。①

在企业经营运作过程中,这5个领域都非常重要,倘若其中一个发生延误,都会影响企业对市场做出迅速反应。传统企业要按照这五种差异来对标自身,找出不足并加以克服,才能成为高效高能的零时间企业。

第一,零价值差异(Zero value gaps)。

传统工作模式下,企业运用常规思维和运作方式,注重争夺市场份额,但是不能准确预测客户的需求,特别是不能满足客户的即时需求,不能给客户提供个性化服务。而零价值差异要求企业的价值方向与客户需求相一致,能够精准预测客户的需求,使企业和客户的价值能实现相互融合,从而为客户提供良好的服务,赢得客户的终身信赖,提高企业的科技创新能力。零价值企业改变了过去传统企业仅着重市场替代率的做法,而是以客户占有率作为衡量企业成功与否的重要标准。

第二,零学习差异(Zero learning gaps)。

传统企业一般通过培训员工或加强知识管理等途径来提高员工素质,掌握工作新技能,但往往效果不是很明显,易造成工作与学习的脱节。由于企业要承担高昂的培训费用,且员工脱产学习时造成企业人手不够,因此企业并不很接受这种学习方式。而零学习差异把学习当成是工作的一部分,在工作中遇到需要解决的问题立即学习,有针对性的培训,使员工在工作的时候可以主动吸收大量知识,大大提高学习效能和工作能力。企业应积极营造学习氛围,加强知识管理,鼓励员工学习,在员工需要的时候把适用的知识及时输送给员工,使学习贯穿于工作的整个过程,使员工能利用掌握的新技术和新方法提高企业的科技创新水平。

第三,零管理差异(Zero management gaps)。

许多传统企业通常需要通过"授权"的方式管理员工,但由于员工没有良好的预测能力,他们的行动经常与其他员工的行为不匹配或者与企业的长远目标不一致。而零管理差异是站在全局的角度,将单个员工、一个小组或整个部门都看作是企业完整的实体,给予他们独立运作的能力,为客户生产出独具价值的产品,为企业赢得竞争优势。零管理差异要求企业具有明确的目标、充满信任的文

---

① 周伯生、樊东平:《零时间:21世纪企业的概念构架》,载《中国机械工程》,2000年2月第11卷第1期。

化,企业内部之间相互协作,充满凝聚力,为企业的整体利益努力,使企业能够更有效为客户提供有价值的服务,从而提高市场竞争力。

第四,零流程差异(Zero process gaps)。

大部分传统企业为快速适应市场变化,通常期望采取过程自动化和过程改善的措施。但是在信息爆炸化的时代,这种措施下,企业的响应速度跟不上市场变化的速度,不能很好地满足客户的需求。在零流程差异下,企业的业务过程不用人为干涉,不再有明确的分界,使企业能根据市场变化迅速对当前业务流程进行重组或者重新创建更适应市场的新业务流程,从而能即时满足客户的需求。

第五,零包含差异(Zero inclusion gaps)。

传统企业更加看重供应链管理,以一般的规则来对待各部分行为,约束力不强。而零包含差异中,企业将整个商业过程看作是一个生态系统,企业自身、供应商、协助商和客户都是这个系统的有机组成部分。每个部分都建立起紧密的战略协作关系,每个部分牵一发而动全身,因此企业要谨慎考虑每个决定,每个当事人都要认真参与决策,从而保证整个系统的有效运转。

(三)零时间竞争与我国非公有制企业科技创新能力

零时间企业能够高效创新技术,即时响应市场变化,即时满足顾客需求,能有效促进非公有制企业提高科技创新能力。改革开放四十年以来,我国不断加大对非公有制企业的扶持力度,非公有制企业飞速发展。随着我国经济步入新常态,非公有制经济在新时代面临新的环境和新的挑战。我国非公有制经济在企业管理上需要更新新思想、在产品特点上需要把握新特征、在市场变化上需要紧跟新形势、在竞争环境上需要适应新变化。随着我国进入社会主义新时代,高质量发展观更加深入人心。高质量发展既是新时代现代企业的使命担当,也是不断壮大、开拓市场的必由之路。

在非公有制企业发展初期,沿用的是粗放型发展模式。随着市场竞争的加大,非公有制企业营销理念应伴随着市场经济的过程不断更新、发展。过去,企业的营销理念一直是重视"以市场为中心"。随着科技的发展和社会的进步,产品多样化与客户的个性化相互影响,市场竞争更加激烈,企业为了在激烈的竞争中脱颖而出,必须适应"适者生存"的规律,改进营销方式,实行"以客户为中心"的销售理念,从顾客的需求为出发点,满足顾客的需求。这种新型理念改变了过去以产品来看销售市场、将客户当作销售对象的视角,而是把客户当作企业的资源,深挖客户的价值,完善对客户的服务。日本著名企业家稻盛和夫经常强调

"要做客户的仆人"。无论是产品研发、产品生产或者是产品销售,都需要将顾客的需求贯穿于其中。赢得了顾客,即赢得了市场竞争。非公有制企业应打破传统思维,采取零时间竞争的模式,根据外部环境的变化及时响应顾客的需求,实现"即时定制",赢得客户的永久信赖,扩大整合资源的能力。总而言之,就是要做到定制和即时行动的合二为一,才能做到即时响应,朝着零时间企业的方向迈进。

我国非公有制企业在迈向零时间企业的进程中,应朝着如下方向努力。一是要以客户需求为导向,生产出客户需求的产品,加强即时生产和客户需求的一致性,积极引导客户参与生产活动,赢得客户的永久信任;二是提高预测客户需求的能力,为深入了解客户的要求做准备;三是加强技术创新,提高新产品研发能力,以技术开拓市场、占领市场,零时间企业的目标是对市场的永久占据,因此企业应积极寻求组织合作或者采取外借技术的手段提高科技创新水平,以满足瞬息万变的市场;四是增加即时获取知识、及时过滤知识的能力,增强知识管理和处理业务的综合集成能力,将知识及时自动地分发给员工,使员工实现即时学习。

二、产业集群与非公有制企业科技创新能力

(一)我国产业集群的现状

产业集群就是大量企业在一个经济区域内相对集中,以产业链为基础形成的既相互独立又相互有联系的空间经济组织形式。在产业集群内,不同的企业可以互相分享人才资源和公共基础设施,可以有效节约成本,提高生产的集约性、灵活性。产业集群有着悠久的历史,而并非现代经济的产物。早在19世纪,欧洲就已经有一些特色的产业区,不过当时重视不够,学者们没有对此进行深入持续的研究。在中国历史上,也有类似产业集群的产业区,例如苏州刺绣、景德镇陶瓷等。

改革开放四十余年来,产业集群在我国蓬勃发展,尤其在浙江、广东等发达省份,产业集群尤为突出。目前,浙江已形成年产值超100亿元产业集群80多个、超1000亿元产业集群12个,其中在国内市场占有率超过30%的制造业集群有70多个。在国家工业和信息化部组织的2020年先进制造业集群竞赛中,浙江独揽5席,数量位居全国第一。全国各地都很重视产业集群的发展。在全国31个省(自治区、直辖市)发布的2019年政府工作报告中,有24个地方政府提出打造集群,占比达77.4%。

但是也要看到,我国大部分产业集群存在一些问题,一是很多产业集群处于全球产业链上的低端,遇到风险时应对能力还不足;二是很多集群在产业链上分布不够合理,"两头在外",发展受制于人;三是产业集群内的产品同质化高,企业之间的黏合度不高,竞争多于协作;四是集群的主导产业有较高的重叠度。例如北京、天津、湖北等13个地方明确提出大力发展信息技术产业集群;山西、陕西等9地将培育新材料产业集群作为主攻方向。

(二)产业集群对非公有制企业提高科技创新能力的作用

一是产业集群是非公有制企业技术创新的有效组织形式。产业集群是一种准市场组织形式,企业之间的边界被紧密联系的交易网络、社会网络所打破,集群里企业之间加强了人才的流动、知识的渗透,在一定程度上,可以共享创新资源。由于产业集群内企业之间的产业结构存在大量重叠化问题,使企业之间既存在竞争又存在合作。竞争可以激励企业加强科技创新,提高产品含金量;合作可以更大程度上提高科技创新的合力,产生"1+1>2"的效果。在产业集群里面,中小企业规模偏小,体制更灵活,但创新投入不大,人才资源不明显;而大企业科研经费投入多,但容易产生"大企业病",创新动力不够。产业集群这种组织形式可以使大企业和中小企业在技术创新上相得益彰,可以有效实现资源整合和优势互补,可以提高企业技术创新的动力、化解市场外部的压力。

二是产业集群促进企业形成技术创新的支持网络。技术创新过程复杂、投入巨大,靠一个企业单打独斗难以完成。企业技术创新需要跟客户、大学、科研机构、供应商加强联系。企业是技术创新的主体,但离不开科研机构、其他企业、政府结构、中介机构、金融机构的大力支持。而产业集群可以使企业更高效率地实现信息、资源、技术在集群内部的优化配置,从而提高企业的技术创新能力。在集群内,科研机构通过教育、培训和成果转化等途径,促进集群内信息技术的高效率扩散,通过培养人才为企业提供智力支撑;政府通过宏观调控为企业的科技创新服务;中介机构及时传递信息,为企业科技创新提供专业化服务,为企业解决后顾之忧。这几大主体共同为企业科技创新提供动力。

三是产业集群内较完善的科技创新机制为非公有制企业技术创新提供动力。市场需求是企业实行技术创新的重要催化剂,企业充分调动各类创新资源,用先进的方法根据市场需要生产出新产品,当产品卖出后最终获得利润,这项技术创新便获得了成功。在产业集群中,企业之间的密切合作和交流为相互学习提供了条件,当一项新的创新技术被其他企业发现,再通过消化吸收和改良,又不断创造出新的技术。这种相互之间的模仿和激励减少了很多的交易费用。

在产业集群内,企业之间相互交流、中介服务机构提供信息,消费者提供反馈,众多的需求信息使得企业拥有对市场的敏感性,能够及时提高科技水平生产出符合市场需求的产品,迅速填补市场空白。进入产品研发阶段,由于企业之间有过合作基础,大大降低了创新的风险。基于对共同利益的追求,且之间通过分工和合作,可以大大降低生产成本,又能缩短创新时间,这种波动效应加速了新产品投放市场的过程。①

第四节 企业家精神与非公有制企业科技创新能力

一、企业家精神的理论演进

(一)企业家精神概述

"企业家"这一概念由来已久,最早是于1755年由法国的经济学家理查德·坎蒂隆提出。他认为"企业家"是指敏锐发现市场需求,将科研人员研发的知识应用到实践,从而成就一番事业的人。② 1890年,Marshall首次将企业家当作独立生产要素进行研究,他认为企业家和土地、资本、劳动力的作用一样,并认为利润是企业家经营管理的收益。③ 1890年熊彼特将企业家精神进一步做了深化研究,他认为企业家精神是创新的动力之源,包括对胜利的热情、创造的喜悦和坚强的意志,企业家的创新行为从根本上推动了商业周期和经济发展。④ 国内学者鲁传一和李子奈认为企业家是经济生活的中心,在经济中承担着创新者、组织和协调者、领导和管理者、风险承担者等多种职能,企业家精神是经济增长中最关键的因素。⑤ 李新春等认为企业家精神由敬业精神、创新精神以及合

---

① 黄坡、陈柳钦:《产业集群对企业技术创新的作用机制》,载《上海企业》,2006年第2期。
② Cantillon, R., Essay on the nature of Trade in General, NPDBooks, 1755.
③ Marshall, A., "Principles of Economics". London, MacMillan Press, 1890.
④ 约瑟夫·熊彼特:《经济发展理论》,中文版,北京:商务印书馆,1991年。
⑤ 鲁传一、李子奈:《企业家精神与经济增长理论》,载《清华大学学报(哲学社会科学版)》,2000年第3期。

作精神三方面共同组成。① 国内外学者从不同的角度探讨了企业家精神的内涵,但总体来说都聚焦在创新上。企业家充当着综合的角色,既是领导者,也是管理者,既是创新者,也是风险承担者,有力促进了经济增长和企业发展。

(二)非公有制企业家精神

非公有制企业家精神是企业经营者在激烈的市场竞争环境中形成的体现其行业特性的思想意识、展现其性格特质的思维方式、表现其综合素质的心理状态。在非公有制企业的经营过程中,企业家精神体现为自立的创新精神、自觉的人才观念、自强的竞争意识、自豪的奉献精神等。

一是自立的创新精神。创新精神指企业家在经营过程中有敏锐的创新意识、强烈的创新愿望,不满足于现状,努力开拓进取,改造现有资源,使企业更具有竞争力。有创新精神的企业家不惧冒险,有抱负而不抱怨,把挑战当作乐趣,把工作当成兴趣,一次次穿越"竞争红海"、勇闯"发展蓝海",在努力拼搏中创造市场奇迹。正是这种勇于创新的精神激励非公有制企业提高科技创新力。

二是自觉的人才观念。科技水平的竞争实质上就是人才的竞争。非公有制企业要想提高发展质量,就要具有自觉的人才观念,充分认识到人才的重要性,努力引进人才、培养人才、留住人才,实现企业"人尽其才"的局面,从而赢得竞争优势。

三是自强的竞争意识。有市场经济便会有竞争。要想在竞争中获取一席之地,就要提高企业的科技创新能力。在竞争中会遇到各种挑战,企业家要有勇于奋进的拼搏精神和脚踏实地的实干精神。非公有制企业家要在拼搏中谋发展,要能灵活感知政策走向、迅速把握市场风险,灵敏捕捉机遇动向,真正成为市场的"弄潮儿"。蓬勃发展的市场取决于了解民需、洞察民心,非公有制企业家要顺应民意、惠及民生,做出品牌、做出口碑,在竞争中不断超越。

四是自豪的奉献精神。企业的长远发展不能只近眼前利益,而是要将企业放置于国家发展的大环境中,将企业的兴衰成败与国家的前途命运紧紧相连,企业家要有强烈的使命感、爱国心,要有勇于奉献的精神。企业只有拥有了引以为自豪的奉献精神,才能给社会形成良好的示范效应,才能经得起岁月淬炼,才能激励员工更有干劲投身于科技创新,从而提高企业的竞争力。

---

① 李新春、王珺、丘海雄、张书军:《企业家精神、企业家能力与企业成长——"企业家理论与企业成长国际研讨会"综述》,载《经济研究》,2002年第1期。

二、企业家精神对非公有制企业创新发展的作用机理

党和国家非常重视弘扬企业家精神。党的十九大报告指出,"激发和保护企业家精神,鼓励更多社会主体投身创新创业"。2017年中共中央、国务院颁布了《关于营造企业家健康成长环境弘扬优秀企业家精神更好发挥企业家作用的意见》,明确了企业家精神的地位,对非公有制企业转变发展理念具有重要的意义。企业家精神在促进经济增长、提高科技创新能力方面起了非常大的作用,我国越来越重视弘扬企业家精神。

(一)企业家精神是提升非公有制企业科技创新能力的重要基石

企业家精神以创新作为核心要义,对非公有制企业提升科技创新能力有着不可或缺的重要作用。企业家是市场经营的重要主体,在非公有制企业科技创新过程中起着"领头羊"的作用。企业家在领导企业创新过程中,不仅体现在促进土地、技术、资本等生产要素的高效整合上,还体现在对新产品的研发、对新工艺的提升、对新方法的应用上。企业家的创新精神是促进企业发展壮大的根本推力,是推动整体社会经济发展的不竭动力,一方面有利于给劳动者提供就业机会、给产业集群提供动力、给市场创新业态、给国家增加税收;另一方面,企业家精神可以深刻指导非公有制企业的创新实践,有利于激发管理者管理创新、制度创新,从而带动商业模式创新,有利于调动技术人员和普通员工的积极性、创造性,营造企业创新的良好氛围。

(二)企业家精神是促进非公有制企业提升科技创新能力的关键环节

企业家精神生成、成长于竞争激烈的市场经济环境,是一种无形的稀缺的社会资源。企业家精神不是具体的技能或特定的职业,不受制于企业规模和地域区别,不完全受所有制性质的影响,而是体现企业经营者创新创业的决策水平和行动能力。企业家精神源于对先进生产力变革的要求和对优秀文化基因的传承,两者共同作用于非公有制企业创新能力的提高。优秀的企业家精神不是依靠政府行政命令来推动,不是来自于非公有制企业的发展规划,也不是来自于对其他企业创新行为的简单复制,而是根植于企业家自身的勇于拼搏的竞争意识、勇于进取的创新精神,并受企业的整体进取环境和社会的创新氛围影响。

(三)企业家精神深化了非公有制企业提升科技创新能力的内核

由于我国实行"政府掌舵、市场配置、科技引领"的三元体制机制,能够优化资源配置,但同时也存在资源错误配置的风险。因此,企业家精神的本质不能仅

仅局限在提高科技创新这个狭义的范围。传统意义上的创新仅表现为技术创新,而广义上的企业家精神不仅包含技术创新,还有制度创新;不仅包括市场创新,还有管理创新。企业家精神深化了非公有制企业创新能力提升的内涵,将企业家当作"指挥家",着眼于整体环境和整体体系来提升创新能力,从而扩大了创新的内涵与外延。广义上的企业家精神是全面而系统的创新,是有效激发管理者、科技工作者、全体员工在内的全员创新、全员实践。

(四)企业家精神推进非公有制企业创新动力的转换

企业家精神能有效整合各类生产要素从而为创新注入源源动力。企业家精神注重对关键部件的生产研发,重视"工匠精神"培育,能够及时抓住市场优势,有效发挥品牌效应,从而实现企业由低端创新向技术创新转变。企业家精神具有敏捷性,能迅速捕捉信息化、智能化发展的机遇,并利用现代化技术生产出满足消费者个性化需求的产品,从而有效占领市场。国家鼓励企业家积极参与科技创新规划、科技政策、科技标准的制定,这能够充分发挥企业家精神在促进产学研相结合过程中的作用,促进研发的科技成果与非公有制企业相互融合,助力科技成果快速转化,提升科研成果的经济效益、社会效益。

三、当前制约我国企业家精神的环境因素分析

(一)科技创新链条中的法律制度还不够健全

近年来,虽然我国加强了对企业家精神的保护力度,但从法律角度来看,还存在很多不足。首先,有效激励企业家精神的相关制度还不完善。虽然我国陆续出台了一些政策鼓励创新创业,但因为配套措施还不够完善,实际效果还不够理想。下一步应该制定完善的制度引导政策落实落地,完善金融保护制度、构建创新容错体制机制,加强对企业家的正向激励。其次,科技成果转化制度还不够完善,制约了企业家精神的培育。企业和科研机构之间的信息沟通机制还不健全,影响信息通畅度,从而不利于提高科技成果转化效率。还有科研人员考核评价机制不够合理、产学研合作机制不够灵活、科研成果激励机制不够有力等。再次,保护企业家私有财产的制度有待加强。过去,受政策的影响,我国企业家财产权和人身权遭遇侵害的现象时有发生,有的企业家对政策的波动性表示担忧,觉得他们创造的财富没有保障,有的企业家更愿意移民海外,这也充分反映出我国产权保护的滞后。对私有财产保护力度不够,不利于非公有制企业家在国内安心守业创富,阻碍了企业家精神的培育和发展。

(二)文化观念的束缚

在中国历史文化中,一直流行着"重农抑商"的传统观念,商人的社会地位不高,官方重视农业而限制商业的发展,这样的文化土壤不利于企业家精神的培育。儒家、道教、佛教提倡的中庸之道、"天人合一"思想,以及"无我"理念,在一定程度上与市场经济提倡的竞争、创新不是很契合,不利于企业家精神的弘扬。新中国成立以来,我国实行计划经济体制,企业只能按照国家的计划进行生产经营,由于行政权力过于干预,经营者没有施展才华的空间,企业家精神被紧紧地束缚在权力的笼子里。行政治理机制虽然一定程度上可以提高决策效率,但行政计划与市场竞争不相容,企业家的个性得到抑制,不利于企业家精神生根发芽。

(三)经济社会环境还不够成熟

能及时捕捉市场需求、主动把握市场机会、积极将市场转化为企业新的增长点,这些都是企业家精神的特质。如果经济社会发展环境不够成熟,金融市场化水平低、市场监管规则不健全、创新创业文化不浓厚、信用体系不健全,这些都会限制企业家精神。当前,我国经济步入新常态,非公有制企业要实现高质量发展,就要积极搜寻市场机会,创造性组合资源,进一步优化资源配置效率。要实现这些过程,离不开成熟的经济社会发展环境做后盾。就融资市场化来说,当前很多创新型企业有较强的融资需求,但缺乏传统融资方式的抵押物,资金来源渠道狭窄的非公有制企业面临发展困境。知识产权是非公有制企业创新驱动的内生动力。目前,我国市场监管还不够严格,侵犯知识产权的现象时有发生,知识产权培育方面的措施也乏善可陈,不利于激励企业进行科技创新。拓宽融资渠道、完善市场监管对非公有制企业激发创新活力具有重要的作用,对培养企业家精神也非常重要。

(四)科技供给不足

2016年5月,习近平总书记在全国科技创新大会上更加明确地指出"加强科技供给,服务经济社会发展主战场"。当前,科技发展日新月异,面对巨大的市场需求,我国科技供给仍显不足。一方面,我国科技创新有效供给存在量上不足、质上不优的问题。科技创新成果没有与市场有效结合,产生的市场价值不大,不利于提高企业家的创新活力。很多科技人员更加重视理论研究和基础研究,不重视实际应用,对经济发展和产业建设研究较少。有很多科技项目从立项开始,重"高、精、尖",轻"短、平、快",科技供给失衡,导致我国出现了既有"嫦娥"飞月的奇迹,也有国人在国外疯抢马桶盖的奇观。另一方面,科技创新的供给效率低,科技知识传播不广、扩散不足。一些科技中介对科技成果的传播应用规模还比较小,没有形成专业的传播渠道,供给链存在薄弱环节,影响了科技创新供给的效率。这些问题不同程度影响了科技对企业创新、经济社会发展的高效率高供给,影响了企业家精神的培育。

四、促进企业家精神培育和发展的国际经验

2017年4月18日,习近平在中央全面深化改革领导小组第三十四次会议上指出:"企业家是经济活动的重要主体,要深度挖掘优秀企业家精神特质和典型案例,弘扬企业家精神,发挥企业家示范作用,造就优秀企业家队伍。"近年来,我国政府对创新和创业的支持力度不断加大,对企业家精神培育也更加重视。回顾历史,环顾世界,西方发达国家在创新创业方面、在企业家精神培育方面有许多成功的经验值得借鉴。

(一)美国

美国非常重视企业家精神的培育,出台了各种政策措施扶持高科技企业,厚植了创新的土壤。一方面,美国注重搭建完整的创业教育体系。美国是实行创业教育最早的国家,至今已有将近六十年的历史。有各种基金支持创业教育,很多大学都有创业中心,具有完备的创业教育课程体系,从小学到研究生都进行创业意识的渗透。美国从中学阶段开始,就注重对孩子们的创业教育,有30个州的K-12年级学生在学校接受创业教育。为鼓励创业,美国成立了专门的国家创业教学基金,在各大学商学院,创业学是最热门的学科,发展也最快。自1990年以来,美国平均每年约可以诞生一百多万个新公司,创新创业很有活力。美国政府非常重视社会化创业教育网络的建设,推动形成完善的网络结构。另一方面,美国注重培养发达的融资和创业投资体系。政府层面设立美国小企业管理局(SBA)以及小企业投资公司,协助企业推动技术创新活动或组织变革。有完善的融资担保体系,为创业投资行业提供税收优惠,注重为企业减税降负。创新组织形式,探索"有限合伙制",畅通创业资本的退出渠道。减少对新成立公司的准入壁垒,简化证券交易手续,为投资人通过众筹平台购买新创公司股权提供便利。

(二)瑞典

瑞典具有完备的工业体系,非常注重培养企业家精神,在创新创业方面具有强大的能量,有"小国家大企业"的美称。瑞典的通信、医药、军工等行业都处于世界领先水平,著名的爱立信、沃尔沃、宜家都诞生在瑞典。

首先,瑞典在创新创业方面有专业规范的流程。无论是申请专利还是商业化转让、市场化研判,瑞典的科技园和孵化器均可以为企业提供专业化、规范化的服务。例如为帮助企业判断技术成熟度,瑞典皇家工学院的创新办公室采用源自美国宇航局的技术评估手段,非常的精准和科学。协助创新企业的工作流程有详细的步骤,有强有力的执行力,非常规范和扎实。

其次,注重营造浓厚的创新氛围。瑞典崇尚学习,重视分享。各创新服务机构经常举办各种各样的讲座和沙龙,给予创业者充分交流的机会。瑞典有一种FIKA文化,就是在工作中遇到难题和挑战的时候,大家坐下来边喝咖啡边聊天,互相分享经验和建议,直到达成共识。很多从孵化器中成功走出来的创业者非常乐于帮助其他正在创业的人,都愿意回来充当导师的角色,这种人才交流模式形成了一种良性循环。国家积极推动"高校+企业+政府"进行产学研合作,公司积极推动多元化知识背景员工的相互交流,大大提高了技术转化的效率。瑞典的企业大多采用扁平化的组织结构,员工之间没有等级之分,遇到创新难题大家进行群体讨论决策,积极进行有效沟通,大大提高了创新效率。

再次,瑞典实行非盈利理念。瑞典很多大学机构、孵化器、科技园不以盈利为目的,充当着市场和科研工作者的桥梁,为他们专业而独到的服务。瑞典的企业孵化器以为企业服务为中心,而不是把工作重点放在场地提供和政策优惠上。政府将各种社会资源充分调动,将针对创新的服务机构纳入整体的国家创新体系,为企业提供周到服务、适当的方法,与企业构建合作关系。公共机构实行完全市场化的运作方式,不对政府负责,只对市场和企业负责。

五、营造有利于提高非公有制企业家科技创新能力的环境

非公有制企业发展的外部环境是企业提高科技创新能力的重要土壤。随着数字经济的发展、技术的加速集成,为促进我国非公有制企业更快地提高科技创新能力,就必须要改善非公有制企业家成长的政治经济环境、法律环境、文化环境。

优秀的企业家快速成长不仅取决于个人能力、个人拼搏精神,还取决于他所处的整体环境。政治经济环境体现在对非公有制企业的态度以及制度设计和各类政策制定方面。在计划经济时代,政府高度集权,限制私有经济的发展,在这样的经济环境下,企业家作为创新主体根本无法施展拳脚,全力发展企业,更不可能提高非公有制企业的科技创新能力。此外,国家在市场经济发展过程中制定的各项制度,例如产权制度、市场监管政策、知识产权保护政策、政府金融政策等相关政策,都深刻影响着非公有制企业科技创新能力的发展。健全的法律体系可以保障企业家安心创业,能够拓展非公有制企业科技能力提升的空间。从历次修宪中对非公有制企业政策的变迁,我们可以强烈感受到法治环境对非公有制企业发展的重要性。如果法律环境混乱,会抑制企业家的创新行为,致使某些非公有制企业的合法权益得不到及时有效的保护。就文化环境而言,鼓励竞争、容忍失败、以人为本等良好的人文社会环境可以给非公有制企业营造宽松、友好的氛围,相反,不和谐的社会环境会给非公有制企业带来不好的影响。长期以来,我国非公有制企业家承受着很大的偏见,"无商不奸"等观念充斥在我们的耳边。对企业家创新创业的环境关注还不够,难以激发浓厚而持续的创业热情。

总而言之,我国非公有制企业的整体环境主要集中在市场环境、政策环境、法治环境等方面。市场环境方面要深化"放管服"改革,进一步放开对非公有制企业的市场准入,强化公平竞争审查制度刚性约束。加大促进企业家精神的各种平台建设力度,多渠道帮助企业家精神实施创新驱动,优化对转移转化的激励和约束机制,促进企业家精神合理转化。政策环境方面,要进一步畅通减税降费政策传导机制,切实降低非公有制企业成本费用,支持发展以中小微非公有制企业为主要服务对象的中小金融机构,完善非公有制企业直接融资支持制度。引入 PPP(公私合营)模式,大力发展科技金融,促进企业家精神转化。在文化环境方面,推动非公有制企业积极履行社会责任,树立有助于企业家精神的社会价值体系,开展企业家创新精神评价,持续引导和建立企业家精神发展的公平、竞争环境。[①]

第五节　产权制度与非公有制企业科技创新能力

改革开放四十多年以来,我国非公有制企业以其灵活的经营方式获得了快

[①] 聂常虹、李慧聪:《企业家精神驱动实体经济发展的作用机制研究》,载《全球化》,2016 年第 6 期。

速发展,但是伴随着市场规模的不断扩大、企业管理层次的不断增多,非公有制企业中的产权问题日益明显,制约着企业的发展壮大。企业清晰的产权可以根据市场变化形成快速决策,可以充分调动员工创新能力,从而占领市场,赢得先发优势。反之,企业产权不清晰,就会使决策过程冗繁复杂,在激烈的市场竞争中会丧失优势。产权制度决定了企业的组织形式和管理方式,是现代企业制度的重要基础。步入高质量发展阶段,非公有制企业集团化、股份化越来越成为重要趋势,因此,建立明晰的产权制度有利于进一步拓展企业的发展空间、有利于进一步提高企业的科技创新能力。

一、产权制度的概念、功能

产权制度是以产权作为依托,对产权主体形成、产权界定、产权经营和转让进行调节和保护的法律制度。产权制度具有普适性,即对经济生活中的人具有普遍的约束作用,不是仅对单个人而形成;产权制度具有权威性,它是法律法规,不可随意更改,违背了规则要追究责任,企业在制度框架内可以自由选择适合本企业的产权组合和管理模式。

产权制度确立后,可以有效约束人们的经济行为,引导国民经济健康发展。具体来说,产权制度的功能包括以下四个方面:

一是优化资源配置。受限于各种复杂的外部条件,资源很难一步到位就实现优化配置,必须运用约束性强、权威性强的产权制度分解、转让,实现产权的流转或产权的让渡,从而重新配置资源,实现资产的高效、合理流动。

二是实现有效激励。在企业内部,拥有产权就拥有控制企业的能力,就有索取企业收益的依据。清晰有效的产权制度可以保障产权人获得合理的收益回报,从而促进行为主体更有创造性、主动性、积极性,以期实现更大的收益,从而达到预期目的。

三是形成合理约束。产权制度在确保产权拥有者获得合理收益的同时,也对当事人的责任进行了明确规定,使其明确做事的界限,对其行为实行有效约束,从而促进企业行为合理化。

四是实现有效保障。政治经济生活具有不稳定、复杂多变的特点,不可预知的各种灾害有可能会使产权主体遭受重大损失,从而难以实现合理预期。完善的产权制度,可以通过各种政策规避风险,可以通过财产保险等使产权拥有者得到赔偿,从而避免遭遇更大的损失。

二、产权制度对非公有制企业提升科技创新能力的影响

在自然资源日益枯竭的时代,绿色、节能、环保是企业发展的主要方向。提高非公有制企业科技创新能力,是扩大资源有效供给的重要途径。完善的产权保护可以引导非公有制企业选择合适自己的技术类型,从而提升科技创新能力。

(一)产权制度为非公有制企业提升科技创新能力提供了重要保障

非公有制企业要实现可持续发展,就要积极培育科技创新能力。非公有制企业提升科技创新能力不仅仅局限于技术系统的创新,还包括将技术创新成果导入应用到生产过程,从而实现生产要素重新优化组合,进而提高企业整体发展水平的全过程。非公有制企业在提升科技创新能力过程中,加大了经费研发投入,而如果产权制度保护不力,将可能导致存在企业收益小于社会收益的现象,这将降低企业投入研发的积极性。产权制度约束着资源供给能力。产权制度虽然不是一把"万能钥匙",但是无论哪个非公有制企业在提升科技创新能力的环节中都需要产权制度的保护。只有依靠完善的产权制度持续缩小非公有制企业边际收益与社会边际收益的差距,才能为非公有制企业提高科技创新能力注入持续动力。

(二)产权制度对非公有制企业提升科技创新能力形成激励效应

产权制度对非公有制企业的激励作用表现在多个方面。一是通过完善的产权制度,可以对非公有制企业的科技创新成果实行产权保护,给予企业一定的垄断权,缩小企业收益率与社会收益率的鸿沟,使企业能够享受到因科技水平提高而带来的巨大收益,从而提高企业进行科技创新的积极性。二是改变非公有制企业的价值取向,使可持续发展理念与企业价值观紧紧融合。有效的产权制度能充当"向导"作用,规范和约束企业的科技创新行为。例如环境污染,因为环境资源具有"公共物品"特点,环境产权还不明确,企业无需对环境资源的使用进行付费,从而使非公有制企业在提升科技创新能力的过程中,忽略应用新技术对环境带来的破坏。因此,要用有效的产权制度约束企业的行为,改变非公有制企业的价值取向,引导他们走可持续发展道路。三是产权制度为非公有制企业提升科技创新能力创造新机会。产权制度可以打破技术垄断,激励非公有制企业分享技术成果,既相互竞争也相互合作,为企业提升科技创新提供新的市场机会和不竭动力,实现双赢的目的。

三、当前产权制度对非公有制企业提升科技创新能力的制约

产权制度对于非公有制企业培育创新精神、激活创新动力、提升企业科技创新能力有着至关重要的作用。目前,我国产权制度还不够完善,限制了非公有制企业提升科技创新能力的空间。

(一)产权界定不清晰,影响了科技创新的运行效率

产权界定不清,会减弱产权制度的有效激励,会抑制产权制度的有效约束。产权制度可以明确界定企业之间各成员的损益边界,从而激励产权所有者提升科技水平,降低消耗成本,使用最有效的资源追求最大可能的收益。反而言之,如果产权制度不清晰,行为主体因为自己的辛劳付出不一定能得到合理回报而丧失进取动力,企业的管理人员不愿再想方设法降低企业成本,也不会再有动力去提升科技创新能力。产权界定不清,会损害企业法人对资产占有的完整性和独立性,会容易导致各个创业者的意见分化,也会容易导致在企业所有权、份额分配上出现利益冲突,从而影响科技创新的运行效率。民间流行的说法"一年合伙,二年火,三年散伙"揭示了对产权界定不清晰导致的后果。

(二)治理结构不合理,束缚了企业有效利用社会资源的能力

非公有制企业在发展过程中,最先是采用的企业所有权和经营权合二为一的业主制。随着企业的快速发展,企业资本来源渠道多样化,使得企业所有权和经营权出现了分离,资本和管理出现分工。纵观企业的发展史,两权分离的治理结构更能促进企业高效发展,是相对最合理的治理结构。产权结构过于封闭不利于企业融资,不利于企业高效利用各类社会资源,阻碍企业发展壮大。开放的市场经济和激烈的市场竞争要求企业产权主体具有多元化的特征。而实行家族制管理的非公有制企业产生的产权交易成本较高,不利于融资。有限的内部融资难以满足企业的资金需求,阻碍了企业扩大规模,限制了企业的快速成长。市场经济在实现资源配置的过程中,离不开激烈的相互竞争,离不开畅通的资产流动,离不开频繁的交易活动。完善的产权制度是实现资源优化配置的有力保障,能够增加支点效应,用相对较少的资源消耗来创造出更多的社会财富。在封闭的产权结构中,资源配置范围狭小,仅仅局限于家族内部,而外部丰富的社会资源无法得到有效利用,不利于企业效益的提升。单一的产权结构导致人力与财力无法有效结合创造出更大的价值,不利于引进高级管理人才、科技研发人才,

使企业难以提高科技创新能力。此外,封闭单一的产权结构缺乏专业分工,缺乏民主精神,企业经营者无论大小事务都一肩挑,缺乏有效的监督和制衡,增加了企业的风险。

(三)家族制管理弊端丛生,阻碍了企业科技创新的活力

家族式的企业组织形式使得企业股权构成呈现个体化、集中化的特征。在家族式企业中,产权关系以血缘、亲缘、地缘为纽带,而非契约化的组织,企业的经营管理、人员进出都是出于人情和道德的需要,利益共享机制不健全。家族式管理企业在创业初期,因为企业规模小、成员凝心聚力可以提高运作效率。但是随着企业规模的扩大、竞争的日趋激烈,这种发展模式弊端丛生。在进行利益分配时,缺乏明确的规章制度和利益分配机制,因此多以家族地位作为分配的标准,而非生产贡献率。一旦企业遇到经营风险,大家都不想担责,困难面前各自飞。企业内部靠信任关系进行支撑,缺乏科学的规章制度来约束员工,裙带关系阻碍了信息的及时沟通,制度的执行率也大打折扣。家族制管理中,企业的大小事务由企业家长决定,存在主观性、武断性,在瞬息万变的市场竞争中,容易错失良机,贻误企业发展。在家族式企业中,以远近亲疏作为用人标准,重要岗位上安排的是缺乏专业背景的亲戚朋友而非关键人才,严重抑制了优秀技术员工的积极性和创造性,造成科技核心竞争力的流失。

产权制度对非公有制企业提高科技创新能力起到了很大的激励和促进作用。非公有制企业要适应市场经济的发展潮流,向现代企业制度迈进。要积极创新产权制度,破除以家族为核心的发展模式,积极扩大资金来源渠道,吸取新技术,实现管理水平的新飞跃。要以产权的社会化为目标,以产权的分散化为方向,创新治理机制,建立促进企业快速发展的组织管理体制。建立覆盖研发、生产、销售、人事等一系列科学合理的企业制度,改变过去以感情为准则的家族模式,建立积极上进、崇尚创新的企业文化,提高企业的科技创新能力。

政府应为非公有制企业创造宽松自由的宏观环境,激励非公有制企业积极创新产权制度,引导非公有制企业积极参与混合所有制改革,加快推进不同所有制的产权重组。推进混合所有制改革是进行产权创新的重要举措。混合所有制经济是不同资本在企业或重要领域内的合作或融合,是我国社会主义市场经济的一支强大生力军,混合所有制经济彰显了国家经济治理效能的组合优势,有利于提高资产运营效率。发展混合所有制经济有利于公有制经济和非公有制经济

之间实现取长补短、体制相融、共同发展,有利于国有企业建立现代公司制度,提高竞争力、创新力。十九届四中全会提出,"探索公有制多种实现形式,推进国有经济布局优化和结构调整,发展混合所有制经济"。近些年,随着改革的深化,混合所有制经济加快发展。中央企业及各级子企业中混合所有制企业户数占比达70%。2018年,中央企业新增混合所有制户数达1003户,中央企业在产权层面已与社会资本实现了较大范围的混合。国内一些知名民营企业,如阿里巴巴、京东等,也积极参与中央企业的混合所有制改革,与公有制企业实现了优势互补、融合发展。[①] 混合所有制经济的组合优势,形成了公有制经济和非公有制经济共生共荣、相互发展的和谐生态,为集中力量办大事夯实了稳健有力的制度基础,为调动各方面积极因素作出了重要贡献,为促进非公有制企业科技创新提供了重要资源保障,彰显了国家经济治理效能。

第六节 要素分配与非公有制企业科技创新能力

在20世纪初,知识资本对经济增长的贡献率为5%~20%,步入知识经济和数字经济时代,知识创新对经济的贡献率达到90%左右,知识资本的地位越来越重要。要素分配制度的创新在高新技术企业中尤为重要,对提高非公有制企业的科技创新能力有着举足轻重地位。

随着我国市场经济的不断发展,所有制结构深刻调整,经济运行机制不断改革,收入分配格局也必将随着发生改变,所有权结构呈现多元化特征。[②] 党的十九届五中全会通过的《中共中央关于制定国民经济和社会发展第十四个五年规划和二〇三五年远景目标的建议》明确提出要"构建充分体现知识、技术等创新要素价值的收益分配机制,完善科研人员职务发明成果权益分享机制"。这是我们党对分配制度、对生产要素构成等认识的进一步深化,有利于进一步调动对各类生产要素的积极性。

[①] 周戎、雷江梅:《从抗击疫情看中国"集中力量办大事"的制度优势》,载《湖北社会科学》,2020年第10期。

[②] 胡家勇:《改革开放40年收入分配理论的创新和发展》,载《中国经济史研究》,2018年第6期。

一、企业家人力资本参与分配

(一)企业家人力资本参与企业收益分配的必要性

企业在生产经营过程中,要实现资本增值,就需要企业家运用知识进行有效的管理创新,需要企业家进行创造性的劳动。面对竞争激烈的市场环境,企业家科学的决策判断和敏锐的市场捕捉能力能对市场需求做出迅速应答,优化组合各类资源,对生产品种、产量、规格等做出安排,从而能以较低的生产成本占领市场份额,并获得较高的利润,从而实现剩余价值和资本增值。企业家人力资本是促进企业快速成长的必要条件之一。

在业主制和合伙制企业制度下,人们常常忽视企业家人力资本创造的价值,把企业创造的利润都归功于非人力资本。随着企业规模的扩大,企业面临的环境日趋复杂,企业要在竞争激烈的市场环境中站稳脚跟,就必须用专业的知识加强企业管理。企业在开拓国际市场过程中,要面对不同的生产商,要迎合不同的消费者,要把握变化多端的市场需求,优秀的企业家更加成为炙手可热的关键人物。随着资本市场的发展,货币形态的资本日益壮大。据中国人民银行统计,2018年末,金融机构人民币各项贷款余额136.3万亿元,同比增长13.5%,其中本外币非金融企业及其他单位贷款余额89.03万亿元,同比增长9.9%。在资本当道的商业氛围下,企业家人力资本更加显出其稀缺性和宝贵性,成为企业发展壮大的中坚力量和强大支柱。

(二)企业家人力资本的特点

一是具有稀缺性。虽然各行各业的企业经营者众多,但并不是所有的经营者都可以称为企业家。企业家人力资本的形成需要成本高昂的培训做支撑、需要漫长的投资周期为代价,形成途径少,形成数量少。[1]

二是具有动态性。市场是瞬息万变的,企业家的劳动必须随着市场需求而变化,具有随机性、复杂性、动态性,企业家难以控制这些外部因素的影响,因此很难程序化地设定企业家的劳动过程,也很难建立可供衡量的指标体系来进行评价,只能通过经营成果、市场反响来评定企业家人力资本的价值。

三是具有私有性。企业家人力资本的实际投入情况只能由企业家本人决定,企业家人力资本的使用程度只能由企业家本人控制,具有明显的私有化特

---

[1] 陆明、蒋海萍:《企业家人力资本的供给环境研究》,载《特区经济》,2007年第11期。

征。企业家人力资本的开发利用水平取决于其主观能动性，如果其权益受到损害，企业家人力资本就处于低效状态，就会影响企业的运行效率。因此，要尊重企业家人力资本，并建立有效的激励机制使其发挥出最大的才能，从而提高企业效益。

四是具有约束性。对企业家人力资本所有者进行恰当的物质激励和全面的精神激励能促进企业家发挥主观能动性，从而促进企业收益最大化。精神激励主要是指权力、荣誉和地位等。物质激励指薪金、年底奖金、长期激励项目和津贴等。其中奖金和股票对企业家的激励作用最强。企业家在获取激励的同时，也受到各方面的约束作用。企业家既有来自法律的约束也有来自企业章程的约束，既受到政府监督也受到股东的监督。同时企业家还受到自身奋斗动力、追求事业成就的内在约束。

二、技术要素参与分配

（一）技术要素参与收益分配的必要性

科学技术是第一生产力，这一观点早已深入人心。先进的科学技术可以根据市场需求的变化及时生产出新品种，开辟新市场，提高企业的生产效率，创造更多的利润。2019年我国科技进步贡献率达到59.5%。科技在促进经济增长方面起到了关键作用，推动技术参与企业收入分配，对激发科技人员的积极性具有重要意义，对激励企业加大科技创新投入具有现实作用。技术要素参与收益分配，使原来分配要素的地位发生了改变，科技的激励作用日渐增强。

科学技术决定着商品价值的创造过程。科学技术、创新型知识因其资源稀缺性和对经济贡献巨大的价值性，使其超越了传统的生产要素，成为位居首位的核心要素。而土地、劳动和资本等生产要素变成了从属地位。

在非公有制企业的发展过程中，科学技术的创新起着决定性作用。在企业发展过程中，要注重提高技术人员的地位，并推进技术要素参与企业收益分配，从而激发技术人员的研发热情，使其投入更大的动力进行科技创新，从而提高企业的竞争优势。改革开放四十年来，我国不断探索，深入推进企业分配制度改革，增强了企业科技人员的工作积极性、主动性。但跟西方发达国家比起来，我国整体来说，激励作用还不够大还有很大的改进空间。推进技术要素参与收入分配，从本质上来说，就是要将技术要素及时有力地转化为企业财富、社会财富，并在创造财富的过程中分得应有的份额。改革开放以来，我国对分配制度、对生产要素构成等认识的持续深化,更加有利于调动技术生产要素参与生产的创造性、主动性,让一切创造社会财富的源泉奔涌不息。

(二)非公有制科技企业中技术要素的特点

技术要素融入商品生产并发生作用的途径有两种,一种方式是将发明专利、专有技术等进行市场交易,一次性买断,或者将其认同为资本入股,从而参与企业收益分配。还有一种方式是科技人员直接参与生产性劳动,以人力资本的方式入股,后者更能直接发挥作用和价值。

一是满足个性化。科技人员能根据市场需求变化生产出科技含量高的产品,实用性强、应用率高,更受到消费者的欢迎。与传统的工业生产相比,企业的科技创新能有效降低物质资源的利用成本,特别是批量越大,边际成本越低。高科技产品更能迎合消费者的消费心理,更加个性化、独特化,因而能迅速占领市场份额。

二是实现共享性。技术不能直接表现出来,而是隐藏在新产品的设计理念中、加工过程中、优质服务等这些物化载体中。技术的这种无形性使得科技资源可以无限扩张、充分共享。就如同公共资源,人们可以通过各种途径共享但不会减少其运行效率。

三是承担高风险。因为市场的不确定性、创新技术的复杂性、技术人员实力的有限性,任何创新都要承担高风险。企业要创新市场产品,需要投入大量的人力、物力、财力、精力,需要经过反复研究、反复试验,最后仍然有失败的可能。此外,即使新产品研发成功了,从实验室走入市场的过程中,由于产品更新换代快、市场竞争异常激烈,同样不能保证百分之百的成功率。所以,企业在创新过程中要有承担高风险的勇气和魄力。

四是收获高利润。不管是企业从事科技创新活动还是国家从事科技创新研发,高风险和高收益总是相伴而生。企业科技研发活动虽然有风险,但一旦成功利润也非常可观。很多国家为了缓解企业、社会进行科技研发的后顾之忧,成立风险投资银行,专门提供风险性贷款,鼓励技术创新。科技资源的价值往往难以进行评估,因为现实生活中,科技投入和产出往往不对称。

五是促进相互渗透。科技创新产品可以有效吸引各种丰富的社会经济资源与之相互融合。资本具有敏锐的眼光和对市场需求独特的嗅觉,随着高新技术的发展,很多投资者从企业经营者和创业者的角色中分离出来,有的科技创新人员有了风险资本的助力,可以成功开拓市场成为优秀的企业家。

三、数据要素参与分配

(一)数据要素参与收益分配的必要性

党的十九届四中全会首次以正式文件提到数据可作为生产要素按贡献参与分配。2019年11月,中央全面深化改革委员会第十一次会议审议通过了《关于构建更加完善的要素市场化配置体制机制的意见》,提出要加快培育数据要素市场等任务,并从推进政府数据开放共享、提升社会数据资源价值、加强数据资源整合和安全保护三个方面对如何加快培育数据要素市场做出了具体安排。随着数字经济和知识经济的加速发展,数据应用已经深深渗透到我们的日常生活、深深影响着各行各业。将数据资源作为生产要素参与分配,我国分配制度的一大创新,充分体现了国家对新经济发展的决心和魄力。"十三五"时期,我国网信事业取得了重大成就,2019年数字经济规模达到了35.8万亿元,是"十三五"初的3.3倍,对GDP贡献率达67.7%。2020年,我国网民规模达到了9.4亿人,互联网普及率达到了67.0%,超全球平均水平。我国国家顶级域名".cn"数量超过2300万个,"十三五"期间跃居全球第一位,IPv6规模化部署提速,互联网基础资源对数字经济的根基作用更加凸显。[①]

企业加快数据要素的开发利用,能够更精准的对市场进行分析,能促进数据与创新活动、生产过程相互融合,大力提高生产效率,提升企业经济增长质量;有利于加快建设大数据产业体系,推动我国经济向创新型、知识型、技术型驱动的增长方式转变;有助于激发创新主体的创新动力,促进新兴产业的发展,可以创造更多的就业岗位,扩大中等收入群体的规模。

(二)数据要素的特点

一是具有可累积性。数据要素承载着消费者海量信息资源,如同技术要素一样,企业间可以实行开放共享。随着数字经济的发展,全球数据呈现爆发式增长趋势,既具有数量的积累性,也有质量的积累性。这些数据蕴含着巨大的商业价值。

二是具有非竞争性。数据可以归个人占有,也可以和他人共同占有。数据具有非竞争性,各方都可以使用数据,不存在界权成本的问题。企业在形成数据库的时候,要对大量信息进行数字化处理,并且根据需要进行优化,从而

[①] 李政葳、孔繁鑫:《我国数字经济规模占GDP比重超过36%——多位院士、专家聚焦互联网基础资源畅谈数字经济发展》,载《光明日报》,2020年11月17日。

提高服务效率。数据一经生产出来,可以实现快速复制,从而降低信息存储、传输的成本。获取信息涉及隐私问题,因此应注重对数据安全及用户隐私的保护。对非公有制企业而言,数据的非竞争性使企业能更快获取数据。例如在线会议、在线销售等都属于数据服务,可以为企业发展赋能,积极拓展发展空间。

三是具有动态性。有别于传统的信息资讯类资源,数据只有在动态使用的过程中才能真正发挥价值。企业只有根据市场动态的数据采集,才能根据市场的变化灵活制定应对之策,从而快速响应市场、及时占领市场。

四、按要素分配对非公有制企业提升科技创新能力的影响

改革开放四十多年以来,我国对分配制度进行了艰辛探索,逐渐构建了多元的收入分配制度。十九届四中全会明确将按劳分配为主体、多种分配方式并存确立为社会主义基本经济制度之一,这是我国对社会主义分配理论和实践发展的重大创新,可以更好地彰显社会主义制度的优越性。我国分配制度改革强调了要素参与分配的重要地位,有利于充分利用各种生产要素,有利于调动各方面积极性,从而有效促进非公有制企业提高科技创新能力的提高。

(一)提高资源配置效率,为非公有制企业提升科技创新能力营造良好市场环境

按生产要素分配,可以促进资源优化配置。市场可以发挥竞争机制的作用,可以激励企业增强创新意识,促进企业在经营管理过程中提高科技水平,降低成本,增强企业的生产经营水平。企业可以通过价格机制发生作用,从而了解市场供需状况,并根据市场及时调整经营理念、经营品种和市场规模,重新组合生产要素。如果商品价格上涨幅度大,说明该商品受欢迎,企业就要及时扩大商品规模以更快占领市场。反之,如果该商品价格下跌,则说明该商品在市场上供过于求,企业就要调整经营方向。市场如同"晴雨表",在这种市场机制的作用下,非公有制企业更有动力投入科技研发,提高生产效率,从而带动社会整体生产力水平的提高。

(二)完善分配制度,为提升非公有制企业科技创新能力注入持续动力

随着我国进入高质量发展阶段,对知识、技术的需求与日俱增,这些要素在收入分配中的比例也会水涨船高。步入知识经济、数字经济时代,我国提高了科研人员科技成果转化收益分享比例,更加注重发挥企业家精神,这些都反映了我国分配制度的与时俱进。按生产要素分配的理论日益完善,对非公有制企业建立科学合理的分配制度有指引作用,能够最大限度调动各类生产要素的积极性,更好发挥出激励作用,更快促进企业科技创新能力的提升。①

---

① 吕军、庄小丽、李门楼、李杰:《民营企业科技竞争力理论与实践》,武汉:中国地质大学出版社,2007年。

第五章　影响非公有制企业科技创新能力的体制机制

第一节　非公有制企业科技创新能力的技术跨越机制

步入知识经济、数字经济时代，企业产品更新速度日新月异，科技创新水平是企业发展至关重要的核心要素。在国际环境更加严峻、国际竞争更加激烈的大环境中，我国大部分非公有制企业科技含量低，在国际竞争中处于产业链的低端。如何根据自身优势，依靠自主创新实现企业的技术跨越，是我国非公有制企业普遍需要解决的重要难题。

技术跨越是指企业具有强烈的赶超意识和明确的赶超目标，以一种非连续的技术进步方式提高自主创新能力，从而实现跨越式发展的技术进步行为。技术跨越可以分为四种模式，即自主技术跨越机制、引进技术跨越机制、合作技术跨越机制、并购技术跨越机制。这四种模式相互协作、交替运行共同推进企业技术跨越的实施。

一、自主技术跨越机制

（一）自主技术跨越的内涵和特点

所谓自主技术跨越，就是指企业作为跨越主体，根据自身的技术规模、技术水平和技术能力来提高科学技术水平，实现技术跨越。自主技术跨越拥有制定行业规则的能力，可以主导消费市场甚至调整市场规则。自主技术跨越是自主创新的一个有机组成部分，和自主创新相辅相成，具有一些共同的特质。

一是自主性。企业主导整个创新过程，对整个创新活动具有自主决策权、对自主创新成果产生的效益具有独立控制权、对创新的知识具有自主知识产权。自主创新不仅包括原始创新,也包括与其他创新者的合作创新、对技术关联性强的项目进行合作交流的集成创新、对已有科研成果的消化吸收再创新等。依法享有收益是企业进行自主创新的动力源泉,也是激发科研人员进行科学创新的前提保障。

二是先创性。创新的本质在于创造前所未有的新颖产品或服务,而不是简单的跟随和重复的模仿。绝对先创性即企业的研发成果达到了世界领先水平,可以填补市场和某种领域的空白。相对先创性则条件稍微放宽,即企业或其他创新主体改进原有技术,从而提高生产力、竞争力的创新成果。对我国正在成长的大部分企业而言,相对先创性成果也是一种现实的选择。

三是价值性。一项新技术、新发明的产生,只有投入市场才能体现其价值。作为最接近创新成果的市场化应用的创新主体,企业要积极推进创新成果产业化,通过实现市场价值带来企业利润。实行自主技术跨越,是企业摆脱对国外技术依赖的重要手段,是增强企业竞争力、实现企业可持续发展的重要手段。

(二)自主跨越机制的运行机理

自主技术跨越更强调技术主体的内生性、主动性、创造性,能在较短的时间内利用技术机会实现从低效率的技术形态迈向高效率的技术形态的飞跃。长期以来,我国与发达国家优秀企业之间的技术差异明显,我国企业通过各种途径实行技术引进、技术模仿,但长期靠技术引进,缺乏自主原始创新,不注重对技术的消化吸收和再创新,会容易形成路径依赖,很难从根本上提升企业的科学技术能力,依靠模仿进行的追赶战略已经落后于时代,其技术追赶的边际效应在不断下降。

要走出技术追赶的困境,就要摆脱对进口技术的依赖,加大对科学研发的力度,实现对技术跨越的主导权,获取自主知识产权。当某种新技术发明出来,产业要么沿着全新的路径前进,要么沿着传统的路径前进。例如电子表其实最早是由瑞士于1956年开发出来的,但因为瑞士具有强大的机械表工业基础,使瑞士没有把发展重点放在电子表上,而是将电子表的技术转让出去。日本钟表业及时抓住契机,进一步创新电子表技术、开拓电子表销售渠道,逐步登上世界电子表的龙头,并涌现出了精工、西铁城、卡西欧钟表业三大巨头。

当产业沿着新轨道运行时,非公有制企业拥有更加灵活的体制机制、具有更加弹性的组织结构,敢于突破条条框框,勇于打破常规,能够更有效率地利用新技术实现技术跨越。当企业沿着新的技术轨道研发新产品时，要根据自己企业的创新动机和市场需求，结合主导设计的前沿趋势和特点，第一时间生产出主导设计产品，从而占领市场的主导权。1994年，美国学者阿特拜克(James M.utterback)在《把握创新》(Mastering the Dynamics of Innovation)这本书中首次提出了主导设计这一全新概念。阿特拜克认为，主导设计是伴随着产业发展而出现的，主导设计融合许多创新成果并以新产品的形式出现，是技术达成与市场追随相互接受的产品。当一个新行业刚诞生，主导设计还没有出现的时候，会有很多企业不断加入对产品创新的竞争，如果能够迎合市场需求，企业则能迅速占领市场份额。但是在出现主导设计后，只有少数公司能够生存下来，这些公司采取了主导设计，从而进行产业一体化和扩大规模生产，以更加物美价廉的产品来占领市场。例如，2007年，乔布斯在首次发布iPhone，将手机上所有的按键移动到"Giant Screen"上，迎合了市场需求，开创了智能手机主导设计的先河。

技术跨越的最终目标是投入市场形成技术应用。创新技术与市场结合程度越密切则越容易取得成功。要用创新理念引导市场，用创新技术开拓市场，及时根据市场反馈调整研发方向，从而形成市场与技术的良性互动。

(三)技术积累是自主技术跨越的重要基础

自主技术跨越有一个技术积累的过程，即在充分掌握本领域技术创新知识后，分析市场需求情况和技术动态，找出现有技术与市场需求的鸿沟，重新进行技术架构，开发创新技术从而满足消费者的市场需求，实现技术产业化。这种过程离不开原有技术的积累，并在此基础上进行再创新、再超越。非公有制企业通过这种内生型技术积累可以构建自己的技术优势和技术特色，不断开拓自主创新的新路径。技术积累的过程不仅需要大量的知识积累，还需要敏锐的洞察力、深刻的创造力。跨越主体要及时把握技术发展方向，及时捕捉市场机会，赢得市场先机。

自主技术跨越过程是个系统工程，需要有充沛的知识积累、丰富的信息来源、雄厚的资金投入、可观的市场前景，这些要素缺一不可，共同构筑自主技术跨越系统。[①] 对于非公有制企业来说，自主跨越过程风险和收益相伴而生。技术突破如何产生、何时产生，往往难以预料。非公有制企业需要投入巨额的资金，

---

① 朱小理、谢爱林、杨荣华：《民营企业科技创新机制研究》，江西：江西高校出版社，2010年。

还需要培养一支科研水平高超的人才队伍,因此,建立完善的投融资体系、营造崇尚创新的良好环境、建立有效的分配机制和激励机制都无比重要。

二、引进技术跨越机制

(一)引进式技术跨越相关概念

林毅夫和张鹏飞认为欠发达国家要实现比发达国家更加可持续更加快速的经济增长,就必须有更快的技术创新速度,有更加低廉的成本来实现技术创新。经验证明,欠发达国家并非一定要像发达国家一样通过自主的研发来实现技术变迁,企业可以通过从发达国家引进技术的方式实现产品换代升级。[①]

纵观国内学术界关于技术跨越的研究,总体来说认为技术跨越的概念主要集中在模仿跨越和引进跨越两个方面。在模仿跨越方面,傅家骥从后进企业采用模仿创新的角度分析,认为技术模仿跨越是指技术跨越实施者通过学习模仿率先创新者的创新思路和创新行为并以此为基础实行再创新、再开发。[②] 姚志坚认为模仿跨越是指通过学习和吸收国外先进技术,形成自身的技术能力,在技术学习过程中跨越技术发展的某些阶段,直接应用、开发新技术、新产品。[③] 在引进技术跨越方面,陈德智从技术来源角度对引进技术进行分析,认为引进技术跨越是技术跨越主体通过有选择、有步骤地引进技术,并通过反求工程消化吸收后,在引进技术基础上实施更高层次的技术创新而实现的技术跨越。[④] 高文永和李铁岗认为后发国家技术创新的目的并不是单纯地在既定技术范式内的技术追赶,而是在二次创新过程后实现技术范式的提升,达到最终的技术跨越。[⑤] 技术引进是提高企业自主创新能力的重要手段,我们可以引入技术后,运用反求工程破译核心技术,并对核心技术进行改良改造,通过更高层次的技术创新实现技术跨越。

(二)引进技术跨越的演化机理

引进技术跨越需要经历技术追赶阶段、技术同步阶段、技术跨越阶段这三大

[①] 林毅夫、张鹏飞:《后发优势、技术引进和落后国家的经济增长》,载《经济学季刊》,2005年第10期。

[②] 傅家骥:《技术创新学》,北京:清华大学出版社,1998年。

[③] 姚志坚:《技术跨越的理论与实证研究》,浙江大学博士学位论文,2002年。

[④] 陈德智:《技术跨越的两个基本模式》,载《上海管理科学》,2005年第3期。

[⑤] 高文永、李铁岗:《二次创新国际化研究——基于技术引进型企业技术跨越范式》,载《山东社会科学》,2010年第6期。

阶段。在技术追赶阶段,主要以引进技术为主要途径。专利权转让、专利实施许可、技术秘密转让、技术服务等都是引进技术的主要手段。企业技术引进既包括购买机器设备等硬件技术的引进,也包括购买专利、知识产权、引进人才等软件技术的引进。非公有制企业原始创新不足,可以通过引进国外先进技术设备提高企业科技创新能力,从而可以大幅度节约研发经费和研发时间,缩小与国外先进企业的技术差距。进入技术同步阶段,主要是对引进的技术进行消化和吸收,从而内化为自己的技术,使引进的技术发挥出最大的潜力,快速适应企业发展的内部环境。企业消化吸收包括对设备工艺进行重新组合和设备技术国产化。对设备工艺进行重新组合就是对引入的技术进行集成分析,提炼出技术核心要点,对于不够完善的环节进行优化和再造,使其更有效率、更加适应当前的生产技术需要。设备技术国产化就是充分利用国内丰富的资源和原材料,将引进的技术吸收后转变为自行生产,大力提升企业的技术水平。进入技术跨越阶段,企业已经具备了一定的科研基础,有了较强的自主创新能力,在知识积累的基础上,企业增加了科研经费投入力度,结合内外资源,创建全新的产品技术平台,将隐性知识内化为可被分享的新知识和可被利用的新技术。在这一阶段,企业逐步摆脱了对引进技术的依赖和束缚,建立了独立的创新技术体系,实现了从线性发展到非线性发展质的飞跃。

引进技术跨越阶段,企业不能局限于眼前的经济利益,而要立足长远,有超前的研发意识和市场眼光,以引入技术为契机,以资本为推动力,加大研发投入力度,实现消化吸收再创新。如果没有超前的研发意识和市场眼光,仅仅满足于短期利益,企业只停留在消化吸收阶段,就会裹足不前,无法形成自己的技术模式,限制企业自主创新能力的提高。

(三)案例分析:我国核电技术发展的二次创新

当前,随着环境约束的日益趋紧和能源需求的日益加大,新能源成为各国能源发展的重点方向。核电具有清洁、高效的特点,越来越受到欢迎。历经七十多年的发展,世界核电技术逐步走向成熟,成为全球电力供给中的重要一员。2018年核电发电量占全球全口径发电量的比重为10%,其中法国的核电占比高达69%,美国、英国、俄罗斯核电发电量在本国总发电量中占比约为17%~18%,而我国的核电发电占比仅4%,核电在我国依然有很大的提升空间。

我国核电总体发展不足,技术不成熟,效益偏低、规模偏小,与发达国家先进核电技术相比有很大的差距,因此,实施技术引进战略是提高我国核电创新技术的重要方式。2004年,出于核电发展安全上的需要,国务院决定以"用市场来换技术"的思路,引进世界先进的核电技术,并给出了引进与购买相结合的招标条件,即在购买4台依托三代核电技术的机组后,该技术将转让给中国,之后中国在这个技术基础上再创新,形成自主的先进核电技术。[①] 多年来,通过技术引进、设备国产化和重大专项研发,我国核电产业的技术和工艺获得了飞速发展,具有自主知识产权的三代核电自主创新体系和产业链供应体系已迈入国际先进水平行列。国内核电企业应将引进技术二次创新国际化发展框架作为根本指引,掌握好引进时机,制定引进后的技术创新战略,以后发优势追赶发达国家核电发展水平。在技术引进后,要根据市场需求的变化,实行自主创新能力为主结合本地特色优势推进应用,实现市场与技术相向而行。作为技术引进的二次创新虽然可以缩短研发时间,给企业带来竞争力,但是技术进步受制于技术输出方的发展,企业处于技术发展的被动地位,所获得的竞争优势也不强。在技术成熟、人才丰富、设备领先、市场充分发展的条件下,企业应积极构建新的发展范式,在技术跨越的基础上提升企业的核心竞争能力。

三、合作技术跨越机制

(一)合作技术跨越的含义

合作技术跨越是指以企业为主体,以共享和互补为手段实现资源的最大化和最优配置,确保企业各类生产要素的有序供应,实现产品商业化、技术扩散化,从而实现整个产业的跨越。由于技术实力的有限性,非公有制企业单打独斗难以形成规模效应。如果同一产业链上的非公有制企业共同协作,致力于更有竞争力的技术创新和更加有市场的研发,则有可能实现整体技术能力的跃迁,从而使企业的自主创新能力更有可持续、更有生命力。

合作技术跨越还有一种方式是产学研合作。产学研合作是企业与高校或科研机构,以实现技术创新为目的,以促进科研成果转化为方向,通过产学研之间知识资源、人力资源、生产资源和市场资源等创新要素的整合,将知识资源有效转化为现实生产力。在产学研合作中,企业获得了先进技术,从而更快地开拓市场,将技术转化为利润;高校和科研机构获得科研资金,提高了技术水平,并储备了科研力量,协助企业将科研成果产业化。企业与高校(或科研机构)各自明确

[①] 陈肇博、李凤桃:《亲历中国引进第三代核电技术始末》,载《中国经济周刊》,2014年4月7日。

自己的定位、发挥各自的功能,形成技术创新上的有效对接和充分结合,实现双赢的局面。

(二)合作技术跨越模式的基本特点及实现条件

在合作技术跨越模式中,产业链上相关企业为了共同一致的研发目标,充分发挥出各自的资源优势,以结盟等方式实现资源有效整合,发挥出 1+1>2 的效应,实现短时间内实力的迅速增强,从而实现技术突破。

合作型技术跨越模式有如下特点:

一是以合作为基础。技术领域的突破是以各个非公有制企业联合攻关获得。合作可以大大缩短技术研发时间、加快市场应用时间,既能充分共享各企业积累的技术资源,又能克服单打独斗造成的力量薄弱问题,还能促进技术成果在各个企业中的迅速扩散,从而带动整个行业的技术进步,促进产业技术整体提升。

二是有多元化途径。企业之间的合作、产学研之间的合作都是合作型技术跨越的主要方式。企业之间的合作通常是根据市场需求而定,为了各自企业的利益方向,以技术的应用开发为主,追求短平快的特征。而企业与大学、科研机构之间的合作以产品、生产线的开发为目标,着眼于长期技术开发,大多数以基础研究为主。

三是有政府介入。合作型技术跨越需要政府进行组织调控,从而实现人、财、物的有效聚集。有的政府会以合作者的身份参与合作项目的规划,帮助组织资源,有的是对合作项目进行拨款或贷款资助,抑或进行税收方面的优惠。

以合作方式实现技术跨越的主体一般具有以下几个条件:一是合作方式可以根据互惠互利的原则灵活选择;二是沟通渠道来源广泛,既包括科技信息沟通,也包括技术人员对最新科研成果的互相沟通;三是合作契约往往更青睐于长期项目和高效益项目;四是合作主体价值观一致,双方诚恳合作、互相融通,这是顺利达成合作意向的基础。①

(三)合作技术跨越的案例

合作技术跨越模式中,日本集成电脑技术的发展是个典型。在 20 世纪五六十年代,德国仪器工程师杰克·基尔发明了集成电脑,之后发展飞速。美国也一直是集成电路的领头羊。日本虽然在集成电路中起步较早,但是与美国相比,力

---

① 张晶:《技术跨越的理论分析与模式探讨——兼论中国技术跨越实践》,复旦大学博士学位论文,2004年。

量还很薄弱。20世纪60年代中期和70年代初,BIM推出360系列计算机和380系列计算机后,对日本松下和东芝造成了巨大的打击。日本政府、企业、学界就振兴计算机产业的方法、路径进行了很多深入的研究,最后将目标定位在开发超大规模集成电路上。日本决定跨越集成电路与大规模集成电路两个阶段,直接迈入超大规模集成电路的开发,占领空白市场。而超大规模集成电路的研发需要精锐的人才队伍、雄厚的资本投入做支撑,单个企业单打独斗是无法完成这个宏大任务的。处于战略发展需要,日本政府于1975年组织了富士、日立、三菱、日本电气公司(NEC)和东芝五家日本最大的计算机生产企业以及日本通产省产业科技厅所属的电气技术实验室(ETL)组成技术联盟,共同签订了合作研究开发超大规模集成电路的协议,并组成超大规模集成电路联合协会,计划投入3.06亿美元进行研发。

经过将近四年的合作开发和艰苦奋斗,合作小组攻克了超大规模集成电路的难题,到80年代初,日本在存储器设备大规模生产、电子组装技术、印刷电路技术、微电子产品显示和复印技术等均跃居世界第一。1983年,日本在存储器产品的世界市场占有率与美国并驾齐驱;而到了1986年,日本存储器产品的世界市场占有率大幅度跃升,是美国的2倍;到1989年,世界半导体产业前三位公司分别为NEC、东芝和日立,均来自日本。超大规模集成电路联合协会科研成果显著,合作期间共申请了1000多项专利,其中600多项获得了专利权。这些技术为日本在90年代跃升为DRAM标杆奠定了重要的基础。

由政府主导、非公有制企业参与的合作技术跨越机制,选准合作领域后,可以集合力量促进相关产业竞争力的快速提高,还可以带动产业链上下游产业的同步创新。在以国内大循环为主体、国内国际双循环相互促进的新发展格局下,我国应加快完善产学研合作长效机制。政府应加快顶层设计,制定科学合理的政策,营造有利于科技创新的环境,积极构建有利于科技创新的公共服务体系,整合资源和推动科技成果的应用;非公有制企业应充分发挥科技创新的主体作用,加大对应用技术的开发,持续推进工艺创新,将科技成果转化为实实在在的生产力,积极为经济社会高质量发展赋能;高校、科研机构充分发挥基础研究的优势,提供最新科研技术和科技成果。各个角色各司其职,通过合作打破技术垄断,在利益共享、优势互补的基础上实现技术跨越。应进一步完善合作协同创新机制、利益分配机制和激励机制,推动合作技术跨越组织向长期型、可持续的方向发展。

四、并购技术跨越机制

(一)并购技术跨越的内涵

所谓并购技术跨越是指企业根据发展战略和远景目标,通过收购债权、直接出资、控股或其他手段,购买其他企业的股票或资产,从而取得对其他企业无形资产的控制权,并将其与自身要素整合,以提高企业的科技创新能力,实现技术跨越。[①] 一般是大企业并购具备先进技术、有发展前景的中小企业,从而实现双方的优势互补,扩大企业的自主创新能力并保持可持续的增长力。并购后共享范围不仅包括后勤、销售和业务等基本活动,也包括人力资源管理、技术开发、技术采购等支持活动,不仅包括参与并购双方的客户、债权人、股东、供应商等外部关系,还包括品牌、企业文化等软资产。并购实施后,会产生新价值放大的协同效应和影响力增强的扩大效应,可以从内而外通过重组企业能力来创造价值增量。企业技术并购跨越可以扩大规模经济,促进经营成本最小化;可以扩大市场份额,增强企业综合能力,为企业实现某种形式的垄断积蓄力量;有助于企业实现多元化经营,摆脱对现有业务的严重依赖,"将鸡蛋放入多个篮子",有效降低经营风险和资本成本。

(二)并购技术跨越的路径分析

并购技术跨越是通过并购其他非公有制企业的资源、技能、数据、知识等技术要素,使两者的技术要素相互整合,将外部技术知识转化为内部知识,从而实现技术水平的跨越式发展。其路径可以分为以下三种。

一是获取技术要素。即企业依据发展战略,并购目标企业后,获取其核心的技术能力要素,使其内化为自身的本领,从而突破新领域壁垒,实现研究领域的多元化。北京第一机床厂(以下简称"北一")已成立70余年,是中国目前最大的数控机床制造商。瓦德里希科堡公司(以下简称科堡)创建于1919年,至今已有一百多年的历史,拥有"世界机床行业皇冠上的明珠"这一闻名于世的美誉。北一并购科堡的过程经历了一系列波折,2005年,北一终于以小博大,以全资成功收购了科堡公司,直接获取了科堡的品牌、研发团队、专利技术和渠道资

[①] 陈德智、肖宁川:《并购——技术跨越模式研究》,载《科技管理研究》,2003年第2期。

源,增强了核心竞争力。[1]

二是重组技术要素。即企业将原有技术能力与被并购方的技术能力相互重组、优化整合,从而实现内部知识和外部知识相互融合。技术知识具有一定的边界性、路径依赖性。所以企业在进行技术并购时要考虑企业之间的技术知识关联度,关联度越高,则技术能力越能实现强强联合,才能形成更大的人才蓄水池,实现人尽其能,从而实现并购后的技术跨越。美国的思科公司(CISCO)只用了十年左右的时间就从一个默默无闻的小企业迅速成长为全球互联网网络设备霸主,其发展秘诀就是大量购买小规模的成长型公司。思科公司并购了百余家各类技术创新型企业,并通过重组技术要素,为它快速进入新业务领域提供了有效途径。

三是互补技术要素。即企业根据自身知识的积累,取长补短,利用、消化、吸收,挖掘被并购方的技术要素,从而强化、完善自己的技术能力,推动技术跨越。例如要生产冰箱,掌握先进制冷技术的企业和掌握特殊微电子控制技术的企业具有强烈的互补性,如果两家企业并购,那么并购后的企业无论从技术能力还是功能外观来看都可以取得重大突破,从而在市场竞争中脱颖而出。[2]

(三)并购技术跨越的案例——吉利并购沃尔沃

1999 年,美国福特汽车公司以 64.5 亿美元的收购价,成功将沃尔沃轿车公司(以下简称"沃尔沃")收之麾下。被收购后,沃尔沃市场份额下降,连年亏损。特别是金融危机爆发后,更是亏损不断。2010 年,中国浙江吉利控股集团有限公司(以下简称"吉利")与美国福特汽车公司正式签署收购沃尔沃司的协议,吉利用 18 亿美元收购价获得沃尔沃轿车公司 100% 的股权及相关资产。[3] 吉利收购沃尔沃,打破了中国收购海外整车资产的最高金额纪录,成为中国汽车产业技术获取型海外并购最具有标志性的事件。

就技术本身而言,吉利与沃尔沃具有强烈的互补性。虽然吉利在技术研发

---

[1] 王寅:《中国技术获取型海外并购整合研究——基于资源相似性与互补性的视角》,浙江大学博士学位论文,2013 年。

[2] 陈德智、肖宁川:《并购——技术跨越模式研究》,载《科技管理研究》,2003 年第 2 期。

[3] 王寅:《中国技术获取型海外并购整合研究——基于资源相似性与互补性的视角》,浙江大学博士学位论文,2013 年。

上具有一定的基础,建立了汽车研究院和国家级技术中心,但在环保、安全、节能等技术标准上与欧美还有很大的差距。而沃尔沃拥有强大的人才优势和技术优势,特别是其汽车安全中心独具特色,可以为吉利提供强大的技术后盾。从研发资金投入力度来看,吉利集团发展较快,有较大的利润空间和融资能力,能保障创新研发资金投入水平。而沃尔沃由于长期以来成本控制不够合理,导致研发成本过高,利润率下降,与吉利并购跨越为沃尔沃提供强大的资金支撑。就市场互补性而言,吉利的本土市场有着广阔的空间,特别是对中高端轿车有着强大的需求,可以弥补沃尔沃本土市场规模小的不足。吉利在并购沃尔沃后可以迅速打开国内高端汽车市场,战略市场份额。吉利在并购沃尔沃后,保持了双方的目标独立性、研发独立性、文化融合性,充分发挥原品牌的核心价值。沃尔沃在中国的销量增长迅猛,2019年达到了161436辆,销量是2010年的5.3倍,市场占有率大增。

当前,世界处于企业并购的浪潮中,吉利并购沃尔沃为国内企业并购海外企业树立了良好的标杆。我国非公有制企业应抓住机遇,锐意进取,通过海外并购快速获取技术资源,提高核心竞争力,扩大企业规模,不断扩大中国企业的国际影响力。

(四)并购技术跨越的启示

一是并购前要做好充分了解。企业并购过程复杂,需要有专业的并购团队根据并购企业的资产、企业文化、运营环境进行深入的调查了解,通过分析并购企业与被并购企业的匹配度来降低并购后的整合风险。

二是想方设法留住被并购企业的优秀人才团队。企业之间的竞争归根到底是人才的竞争。被并购企业的各类优秀人才直接影响着企业的发展。留住了人才即拥有了获取核心技术的能力。并购企业可以利用"股票期权"和奖金分红等方式留住人才,实现人尽其才、才尽其用。

三是要重视文化整合。企业文化对企业员工的行为模式有着潜移默化的向导作用。企业在并购过程中,要本着双方尊重的前提下,在项目实践中实现文化的相互磨合,确定文化整合的方案。并购后的企业文化整合要注重通过沟通达成一致的认识,通过提炼企业的核心价值观制定共同遵守的规章制度。只有企业员工都认可并遵循,才能形成有机统一的系统,才能促进企业凝聚力的形成。①

第二节 非公有制企业科技创新能力的人才机制

一、人才资本对非公有制企业科技创新的重要意义

(一)人才资本是非公有制企业应对内外压力的重要保障

随着我国步入新常态,高质量发展成为必然趋势。国内外经济形势深刻决定了我国经济转型升级的方向,也影响了我国非公有制企业发展的路径。无论是从推动战略性新兴产业发展、加快先进制造业腾飞等宏观层面看,还是从非公有制企业的微观视角看,大力实施创新驱动战略、推动社会全方位创新是大势所趋。国家转型升级、高质量发展的要求催生了非公有制企业对管理体制机制的创新需求,同时非公有制企业创新是国家推进高质量发展的必然结果。人才是管理活动的核心要素。企业的产品创新、过程创新、服务创新、理念创新等一系列创新都需要人才发挥主观能动性才可以带动。人才机制创新是解放生产力的有效方法,也是助推企业科技创新能力的有效途径。企业作为市场主体面临内外环境的双重压力,只有建立规范的人才机制和有效的管理体系,才能更好地提高企业凝聚力和竞争力,实现企业可持续发展。

(二)人才资本是非公有制企业科技创新的核心要素

长期以来,我国非公有制企业大部分走的是科技含量较低的粗放型发展模式,集中在劳动密集型产业,管理方式粗放,缺乏科学系统的人才资本管理体制。随着经济的发展和市场竞争的加剧,非公有制企业家们逐渐认识到人才的重要性,通过创新人才机制释放企业巨大的潜力。但因为管理制度的不完善,人才机制创新缺乏清晰的目标和明确的边界,使创新实践不尽如人意。

从早期较为简单的人事管理,发展到人力资源管理,再到现在重视的人才资本管理,企业的人才管理模式一步步深化。在人事管理模式中,企业将员工看作是成本之一,研究如何使员工的工作效率最大化是其主要目标。到了人力资源管理模式,则更强调对人力资源有效的开发、运用和管理,围绕组织的既定目标

---

① 熊建明、汤文仙:《企业并购与技术跨越》,载《中国软科学》,2008年第5期。

对人才资源进行有效配置，提高个人满意度。而现代企业更强调以人为本，专业化的人才资本是推动经济增长的内生动力。传统人力资源管理的弊端不利于人才的及时转化，不能真实及时地反应人才价值的情况，限制了人才主观能动性的发挥。步入知识经济时代，具有知识密集性、无限开发性的人才资本在经济社会中越来越具有核心地位。因此，如何将传统的人才资源转变为更具有创新活力的人才资本是非公有制企业亟须思考的现实问题。

在企业价值的创造过程中，人才资本的地位越来越重要，人才是企业相互争夺的核心要素，拥有人才便拥有了更丰富的创造力和更大的利润空间。非公有制企业提升科技创新能力需要强大的人才资本提供的智力支持做后盾。非公有制企业在发展初期，通常将资源更多地投入生产环节和销售环节，以更快地打开市场。但当企业步入平稳发展期后，要使企业继续保持快速成长，就要更加重视人才的作用，否则，企业将停步于粗放式管理和发展阶段，难以实现创新能力的跨越式发展。

在非公有制企业创新体系中，人才策略创新是不可或缺的重要部分。长期以来，因为非公有制企业对人才培养重视不够，也没有建立科学的人才资本管理体系，导致人才流失严重，影响了企业竞争力的提升。吸收、引进和培养一批具有创新思维的人才是非公有制企业实现可持续发展的关键。因此，非公有制企业要将人才机制创新当作一项重要内容来抓，建立和完善适合本企业的人才管理方法，实现人尽其才、才尽其用。

二、非公有制企业人才策略创新机制

人才是企业实现可持续发展的核心要素，是支撑企业开拓创新的主体。改革开放四十多年来，我国非公有制企业取得了长足的发展，在国民经济体系中的地位越来越重要。但我国很多非公有制企业人力资源管理观念落后，企业人才素质参差不齐，难以在激烈的市场竞争中赢得一席之地。企业应制定完善的人才管理机制，善于发现人才、识别人才、留住人才，从而推动企业提高科技创新能力和核心竞争力。

(一)创新非公有制企业人才培养机制

步入知识经济、信息经济时代，非公有制企业的竞争主要是人才的竞争。谁重视人才资源，谁就能在激烈的市场竞争中占领先机。我国非公有制企业普遍存在人才素质参差不齐、人才流失严重的问题。因此，建立人才培养创新机制是当务之急。人才培养并不是指员工进入企业后短时间的培训和简单业务能力学习,而是要建立终身学习机制。企业还应该因材施教,实行差异化的人才培训方案。

(1)建立人才终身学习制度。随着科技的快速发展,各种新理论层出不穷,各种新技术更新迭代,企业要在这种激烈的竞争态势中保持优势,就要建立员工终身学习制度,保证人才知识结构的及时更新。现实情况是,现在很多非公有制企业眼光不够长远,对人才的终身学习制度不了解、不重视,宁愿花重金去寻觅新的人才,也不愿意投入资金对原有员工进行培训。无论是从企业的长远规划还是从员工对企业的归属感、忠诚度来看,企业内部实行终身学习制度是最有效率也是最有价值的。终身学习制度是个缓慢发展、逐渐完善的过程,要建立终身学习体系的有效运行机制,完善终身学习体系的应用形式。终身学习制度要有需求为导向,不断激发员工的学习动机,提高员工的学习能力和创造能力。

(2)建立人才差异化的培育制度。合适的人才管理工作能够优化人力资源配置,能安排合适的人在合适的岗位上,保障企业发展连续的人才供应。哪怕是在相同的工作领域,人才具有共性也会具有个性。企业采取差异化的人才培养制度可以更加优化人才配置效率,实现人才个性化成长。非公有制企业应根据每个员工的实际情况优化培养流程,建立人才个性化培养方案和个性化评估方案,将终身学习机制与人才评价机制结合,从而不断激励员工主动学习,适应竞争环境,迎接新挑战。[①]

(3)创新培训开发机制。积极借鉴发达国家职业教育的经验,深化非公有制企业培训创新,积极改进培训方法,建立多渠道员工培训机制。企业家是企业发展的领头羊,要重视企业家培训,打造一批职业化、现代化、国际化的优秀企业家队伍和职业经理人队伍,全面提高非公有制企业家的素质和经营管理水平。通过非公有制企业培训机构,分步骤、有重点的组织企业家参加国内外培训,去优秀的大企业考察锻炼,培养一批精通经济、法律和管理的复合型管理人才。对各类教育培训资源进行优化整合,鼓励非公有制企业培训机构联合办学,提高整体办学质量和效率。积极发挥中国民营企业联合会的桥梁作用,实现培训信息、教材、师资等各类培训资源的共享。非公有制企业培训要灵活多样、不拘一格,旨在通过培训,解决企业在发展过程中遇到的难题,帮助非公有制企业建立学习

[①] 贾杭胜:《民营中小企业创新发展机制研究》,合肥工业大学博士学位论文,2016年。

型组织。

(二) 创新非公有制企业人才评价机制

人才评价的主要目的是及时发现、准备识别、精准选择所需要的人才,更有效率促进人才资源的充分利用,激励人的全面发展。非公有制企业要充分挖掘人才潜能,推动科技创新能力的提高,就必须建立科学的人才评价体系,用多元化的人才评价机制吸引各种人才来企业工作。人才评价机制的构建要根据企业的经营目标和发展策略来决定,再依据企业关键竞争优势测定人才评价指标。科学合理的人才评价模型能够提高企业核心能力,有效推动组织变革,能有效激励、培养为企业科技创新做出贡献的员工。

整体来说,要制定科学合理的评价体系首先要明确企业发展的长远目标和战略体系,在根据企业文化、价值观、实际经营情况等,分析企业对人才需求的整体状况,制定科学合理的评价指标。再根据各类数据划分评价等级,建立初步的人才评价模型。一个科学合理的人才评价模型应包括多层次、多方面的特征,既包括员工技能、文化水平等显性素质,也包括性格、能力等隐性素质,要根据不同的工作岗位匹配不同素质的员工,并根据宏观环境、政策环境的动态性不断调整人才能力要素。人才评价模型还要有一定的战略性,所有评价的指标和评价的目的都是围绕企业的发展战略而定,从而保证组织目标的完成。

(三) 创新非公有制企业人才激励制度

有效的激励是强化人的需要动机的重要手段。科学的人才激励机制可以让人才资本对收益预期有清晰的认识,对效用预期有明确的方向,从而有效调动人的工作积极性、主动性,激发人才创新活力。创新人才激励制度就是要规定创新成果产权和收益权的归属,激发人力资本创新的积极性,使其更有创新动力、进取意识和竞争压力,从而有效激励人力资本再生产,提高创新绩效。

人才激励制度要满足多层次人才的激励需要,不仅包括工资、股权、奖金等物质激烈,还包括社会地位、情感认可、赋予决策权、弹性休假等精神激励;既包括长期激励,也包括短期激励。人才激励制度因人而异、因时而异、因事而异,很难做到适应于所有企业和人群的标准化定制。基础性员工偏向于追求物质激励;高层次人才则更偏向于满足自我实现需要、符合社会认同的精神激励;科技创新能力强的成长性企业骨干员工则更偏重企业的所有权分配;平稳型企业的员工可能更偏重收益的覆盖面和公平性。不管何种激励,注重公平是人才激励制度的根本性原则。只有公平有效的激励才能督促后进,促进整个企业人才队伍的健康壮大,否则会带来负面效应,正面激励效果会大打折扣。可以根据工作强度、工作环境、工作能力等对岗位进行评估,对工资水平实行动态调研,以确定最具有竞争力的工资水平,从实际工作性质出发,实行"一岗多薪考核制",对员工实行灵活的物质激励,增加企业的凝聚力。企业要加强情感激励,从员工的思想入手,树立员工奋斗目标,从精神上激励员工在遇到科研困难时去努力克服,在遇到工作难题时互相分享,在企业内部营造"和谐"的工作氛围和"友好"的工作环境,增强员工的归属感、依附感、荣誉感。

(四)创新人才容错保护机制

在"两个大局"交织、"两个百年"交汇的新发展阶段,人才的竞争更加白热化,建立鼓励创新、宽容失败、允许试错、责任豁免的"容错"机制,有利于保护和调动科研人员的创新创业积极性,有利于鼓励员工大胆改革、锐意进取,探索出更多改进产品性能的经验做法,用创新提升企业活力,用"容错"营造良好的社会创新生态。

任何一场变革性的创新产品都是经过无数次试验试错得来,对待创新人才,应多鼓励,允许他们失败,让他们放下包袱,轻装上阵。实践证明,创新人才容错机制,可以有效克服员工"怕出错"的心理障碍,可以使员工去除"干得越多、错得越多"的负面思维,有利于激发员工干事创业的热情。创新人才容错机制,要根据工作性质和工作特点,结合工作实际,认真界定容错范围,将员工因先行先试的失误,同明令禁止后依旧重犯的错误区分开来;将探索性试验与明知故犯违背原则的行为区别开来;将因不可抗力因素导致的偏差与明知政策不可行而强为之的行为区别开来。对经程序认定予以容错纠错的员工,应明确在年度考核、评选评优、提拔任用等方面免于责任追究。

华为是极具容错氛围的企业典范。任正非认为,在华为,把创新做出来的人叫天才;这样的人很少。努力做创新没做出来的,叫人才,这是他们公司需要的。正是因为企业领导者有这样容错的先进认知,华为才在创新成果上成效卓著,做到产品和技术能力在行业遥遥领先。非公有制企业只有具备容人的雅量,爱才的气度,才能让各类人才近者悦而尽才、远者望风而慕。

(五)创新人才退出机制

当前,在非公有制企业面临激烈的国内外竞争环境下,企业为了提高竞争力,有时候要进行战略转型和战略重组,由此也必然导致人员的调整。企业人才退出机制并不等同于解雇员工,而是有更广泛的内涵,是企业为了更高效率实现员工和岗位的匹配度、更好实现个人能力与工作绩效的契合度,以评价考核指标为根据,对未达到考核要求的员工采取降职、离岗培训、内部调岗、解雇等措施。由于我国人才市场长期存在两极分化的状态,呈现不平衡的特点。人才市场上,普通劳动数量偏多,供大于求,而高精尖人才严重短缺。我国非公有制企业的人才退出机制就表现为对普通员工解雇习以为常,而对高科技核心人才又卡又堵,限制高科技人才合理流动。

良好的人才退出机制对企业提高竞争力有着很大的作用。一是通过定期的绩效考核,对员工的工作情况作出系统评价,再根据评价结果对员工作出人事调整,这样可以持续使员工保持在与岗位和其能力匹配的状态,提高工作效率。二是科学的人才退出机制可以让"能者上、庸者下",使能力高、水平强的员工有施展才华的舞台,使能力不强的员工退出职位,为优秀人才开辟更为宽广合适的职业通道,真正留住优秀人才、激发人才积极性。三是可以营造公平有序、紧张有为的竞争氛围,使员工处于一种在线状态,保持流动的节奏,因为员工要对自己的工作绩效负责,否则面临降职降薪甚至解雇的风险,所以员工会兢兢业业为了业绩而努力,时刻保持工作斗志。四是创新人才退出机制,可以优化企业员工队伍,提高员工整体素质,保持企业吐故纳新,更好地配合企业战略的顺利执行,提高企业的科技创新能力。

犹如一枚硬币的两面,人才退出机制也有利有弊。人才退出机制给员工压力,造成就业环境不稳定,可能会降低员工的忠诚度,出现频繁跳槽的现象。因此,企业管理层要从薪酬、工作环境、提升员工能力和绩效评估等方面综合施策提高员工的忠诚度。要建立核心技术控制机制、建立企业完善的信息管理机制,建立人才衔接机制等,最小限度降低人才退出带来的损失。

人才退出机制并非一蹴而就的过程,而是需要循序渐进,使各个环节建立有效连接和实现良好匹配。一是要建立完善适合本企业发展的人才退出政策,制定人才退出的依据和标准,并向员工做宣传,为以后在执行环节疏通渠道,从而避免在对员工降职降薪甚至解雇时出现阻力和劳资纠纷。二是建立公平公正、定期定时的绩效考核,企业要根据绩效考核对员工做出合适恰当的反馈,从而形成一定的缓冲效应,不影响员工的忠诚度。对于有发展潜力的员工,可以调整到更合适他发展的工作岗位;对于具备学习能力但缺少专业技术导致绩效不佳的员工,可以安排他们参加离岗培训或在职培训;对于工作不努力,绩效低下,与企业需求不匹配的员工可以直接退出。三是要规范解雇程序。解雇对于企业和员工来说都是比较敏感的事情,员工可能面临失业的风险,而企业可能要受到员工指责或者要重新花钱招人。要重视解雇程序的管理,这关系到企业的形象。不能对解雇员工实行冷处理或故意将解雇环节做得隐蔽,更不能无故扣罚被解雇员工的工资奖金。

三、国外科技人才机制的经验和借鉴

国外发达国家非常重视科技人才培养,将人才当作是本国最重要的资源。优秀的科技人才队伍是衡量一个国家科技创新能力和综合国力最重要的指标。各国不惜重金抢夺人才,制定各种政策吸引人才、广纳人才、培养人才。从国外先进国家的发展历程来看,加强对人才竞争战略、人才培养制度、人才引进政策、人才法律法规等治理措施,是建设一流科技人才队伍的重要途径。我国应积极借鉴先进国家对科技人才培养的成功经验,结合我国实际,出台更合理、更科学、更有力的措施,指导我国人才队伍建设。

(一)人才竞争战略

美国因时而制,在不同的历史发展时期采用不同的人才竞争战略。在早期移民阶段,美国注重集聚所有人的才能,提出"所有的人都是才"这一概念;到了西进运动时期,为大力发展高新技术,改变西部经济结构,美国加大了对西部财政补贴和资金投入力度,实施各种优惠政策吸引人才,利用补贴、产权等优惠制度激励人才发挥自己的才能;到了"二战"时期,出于战争和扩张需要,美国此时的人才战略主要是集中科技人才、集聚各类资源进行科技攻关,例如"曼哈顿计划"当时调集了十多万人参与项目,将最出色的核科学家集聚一堂共同研发,于1945年7月16日成功完成了世界上第一次核爆炸,整个工程取得圆满成功;进入20世纪90年代至21世纪初,美国人才战略聚焦企业力量重点研发汽车和电子等技术密集型产业;进入全球化时代,美国更加重视科学、工程、数学(STEM)等学科的发展,近几年连续发布《美国国家创新战略》,提出要挺进先进制造、精密医疗、大脑计划、先进汽车等九大领域。

加拿大联邦政府和地方政府重视人才培养,出台了很多措施培养人才、吸引人才。2002年,加拿大联邦政府出台了"加拿大创新战略",以加拿大技术伙伴TPC项目、技术转化计划TTP、加拿大千年奖学金、医疗和社会服务转账计划等项目为载体,促进科技成果转化,提高国民科研素质。这些项目是加拿大部署人

才战略的行动纲领,推动了加拿大科技创新的跨越式发展。[①]

日本生育率低,人口老龄化严重,他们向来注重对国际优秀人才的引进。1983年日本中曾根内阁提出了"接受留学生10万人计划",到2003年已完成预期的目标。为进一步推进全球化战略,扩大与世界各国在人员、物资、财经、信息等方面的交流,2008年,日本当时的首相福田康夫提出,到2020年日本努力接收30万外国留学生到日本留学深造。随后日本配套实施了"G30项目",日本政府将持续10年对选定的37所院校每年拨款1亿~4亿日元,协助其丰富自己的英语教学体系,以此吸引优秀的留学生。此外,日本通过与国际优秀科学家合作来吸引人才、提高科技创新能力。2007年,日本颁布创新25战略(Innovation 25),旨在改善本国社会制度和人才制度等,促进科技创新。

德国的人才战略一直紧跟国际形势,也与本国人口变迁情况密切相关。从1945年战争结束到1990年,因为战争、避难、工作和教育等因素,德国迎来了外来移民潮,这期间共有1500万外国人来到战后西德。2006年,德国联邦实施了一项综合性国家科技发展战略——"高技术战略"(High-Tech Strategy,HTS),旨在通过创新来增强德国的竞争力。高技术战略自实施以来,经历了4次变革,2017年研发强度达到了3.02%,比2006年提高了0.56个百分点,超过了美国和欧盟成员国平均水平。2018年德国在全球创新指数(GII)排名榜中排名第9,比2010年上升了7位。[②] 同时,德国改革了旧移民政策,拓宽引进海外人才的途径,通过增设技术移民类别、鼓励投资移民、承认双重国籍等多种方式吸引人才,以提升德国的科技研发能力,保持德国在全球竞争中的领先地位。

(二)人才培养制度

美国是高科技人才孵化和培养的重要策源地。还在殖民时期,美国就非常重视对职业人才的教育,几乎每个州都有由国会拨款、拨地兴建的农工学院,为第二次工业革命浪潮提供了大量的人才。到了20世纪50年代末期,美国注重发展教育,相继出台了一系列法律和报告,为蓄积高素质人才做准备。美国教育经费投入巨大,到1999年,美国的教育投入达到了6350亿美元,各州大约有40%的经费支出用于教育事业。美国注重培养青年创新型人才,大学和私人研

---

① 吴言荪、王鹏飞:《加拿大创新战略研究》,载《重庆大学学报(社科版)》,2007年第1期。

② 陈佳、孔令瑶:《德国高技术战略的制定实施过程及启示》,载《全球科技经济瞭望》,2019年第34卷第3期。

究机构设立基金资助有创新意识的青年人才,引导最优秀的人才投身于研究科学和工程领域。2001年全美具有博士学位的科学工作者及工程师分别达到了54万、11万,这些数字均名列世界前列。美国注重创新教育模式,注重保护学生个性、激发学生创新意识,美国高校在基于自主选课和综合教学管理制度上,设立荣誉培养计划,激发参与科研的积极性。美国大学的研究生教育成为很多留学生趋之若鹜的理想教育模式。2018—2019学年美国接受国际学生108万人,很多留学生最后定居美国,成为美国科学研究的中坚力量。美国不惜重金加大对科技人才资助,实行永久化研发税收抵免政策,缩短专利审批周期,注重增加基础研究的吸引力。

加拿大也非常注重提高劳动力的综合素质。作为联邦制国家,加拿大将办学自主权下放到各省级政府和职业院校,使各省的职业教育既具有多元性,也具有独特性。1980年,加拿大的《国民培训法》(National Training ACT)就明确提出联邦政府要实施各种措施加强对失业人员的技能培训,拓宽其就业途径。2008年,加拿大推出了《学习型加拿大:2020》计划,将终身学习列入支柱体系。为更好地提高国家科技创新水平,实现教育多样化发展,加拿大政府推出了《国际教育新战略(2019—2024)》,计划在五年内拨款1.479亿美元促进加拿大国际教育发展,鼓励本国学生走出去,也鼓励外国学生走进来,促进全球融合发展。

日本很重视职业训练和职业技能的开发,建立了比较完善的技术人才公共培养体系。为了提高公共职业训练的效率,日本政府在20世纪70年代就制定了针对职业训练的"职业训练基本计划"。2006年,日本修订了《中小企业劳动力确保法》,明确规定了有关职业能力开发的各项制度体系,确保有足量的技术人才满足产业发展需要。为应对少子化、老龄化人口问题和知识经济时代国民学历低下的问题,日本政府陆续实施了三期科技人才培养政策。第一期于1996—2000年实施,战略目标是建立以科技创造力为基础的日本,并围绕这一目标制定了促进科技发展全面系统的政策,推动了日本科技实力整体上升。第二期于2001—2005年实施,战略目标是科技创新立国,提出了向科技大力倾斜的政策,制定了国家、社会对应的科技目标,促进了国际产业经营水平的提高。第三期于2006—2010年实施,战略主题是建立创新者日本。这一战略强调了科技人才的极端重要性,将优秀人才的培育与吸收使用作为科技系统改革的首要目标。[①]

[①] 董娟:《日本科技人才培养政策与企业实践》,载《中国人力资源开发》,2008年第9期。

德国历来非常重视教育事业的发展。德国的基础教育到"二战"结束初期才得以恢复和重建。1949年,联邦政府颁布《基本法》,这是德国教育事业最基本的法律依据。《基本法》规定了文化和教育事务的主权在州,国家通过州对教育事务进行监督。德国是最早实行义务教育的国家,中小学教育秉承了12年义务教育的宗旨,但在学校类别设置和学段划分方面每个地方各有特色。德国在职业教育上形成了独具特色的体系,推行的双元制教育体系为德国培养科技创新人才奠定了重要的基础。德国重视终身教育。早在1970年,德国教育审议委员会制定了"教育制度结构计划",对终身教育的意义和规划作出了明确规定,指出终身学习是社会、科技、经济发展的一项关键。为推广终身教育,德国推出了带薪教育休假制度、对参加继续教育的人予以经济资助等措施。[①] 德国的"学徒制"是其工匠精神的重要基础。德国职业教育由学校与企业共同参与,学生在读期间三分之一的时间学习,三分之二的时间到企业工厂实习,并通过"学徒制"的方式把制造业的秘诀传承下来。德国注重优化人才发展的软环境。为促进人才创新成果产业化,德国为中小企业建立信息情报中心,为其提供专项经费支持和周到咨询服务。

(三) 人才引进政策

美国奉行灵活多样、实用为先的移民政策。政府紧紧围绕国家利益对待移民政策。美国吸纳移民时对高净值人士实行投资移民政策,对专业技术人才实行技术移民政策。投资移民的申请条件较为宽松,其税率也比较低,具备完善的法律体系。美国为了保持在全球市场上的技术竞争优势,针对STEM学科制定了一系列政策,吸引了大量技术移民。美国重视教育,每年在高等教育方面投入巨额资金,是世界上外国留学生最多的国家。对于留学生政策,美国制定了一系列政策,例如提供丰厚的奖学金、颁布留学生工作签证、提供良好的科研环境等。从1946年开始美国制定了《富布莱特计划》,针对赴美留学生提供丰厚的奖学金用于科研。对应届外国留学生还可以获得为期一年的滞留工作签证。自20世纪60年代,美国政府就制定了《共同教育和文化交流》以及《国际教育法》等,实行与国外交换留学生计划。这些留学生成为美国的科技后备队伍,为美国科技水平的提升作出了重大的贡献。美国的移民政策充分体现了开放多元的价值理念。首先,美国通过不断完善移民法律,划定了移民优先登记,满足美国科技

---

① 周小粒、王涛:《美、德终身教育现状比较研究》,载《武汉大学学报(人文科学版)》,2006年第4期。

需要和市场需求。其次,美国执行严格的职业移民审批制度,筛选"学历高"和"技能强"的人才,以形成对美国人才的互补效应。再次,以世界一流大学为载体形成磁铁效应,吸引世界顶尖学生。

加拿大是个低出生率的国家,依赖于逐年增长的移民人数支撑其人口的增长。1960年,加拿大首次推出满分为100分的积分制移民政策,成为世界上第一个使用积分制移民的国家。积分制主要是根据申请人的教育背景、工作技能、语言水平综合评价,同时看重申请人的经济贡献度。后来,澳大利亚、丹麦、日本和英国等国家也纷纷效仿加拿大实行积分制移民。加拿大技术移民以社会民意为基础,以人文环境为依托,只要符合积分制移民标准就可以申请。2015年,加拿大实行"稀缺人才引进计划",限额招收200名专业的医护人员、各类专业技工等技术类移民。针对优秀的留学生和经验丰富的国外劳工还设置了经验类别移民。加拿大制定了明确的引才政策,重点接收高技能科研人员、实力雄厚的投资人士、优秀的外国留学生,还专门制定了海外科研人才税收减免政策,以吸引优秀人才。此外,为防止人才流失,加拿大政府设立了"总理科研杰出奖",吸引优秀的科学家回加拿大服务。

德国没有设置专门的管理机构对外国人事务进行管理,实行比较灵活而分散的管理机制,并充分吸纳社会组织的作用。德国联邦政府为了提高本国科研实力,吸引世界优秀科学家来德国工作,设置了不同种类的国际人才引进奖,其中2008年启动的洪堡教席奖计划最负盛名,对从事实验科学的获奖者和从事理论科学的获奖者分别设置了高达500万欧元和350万欧元的奖励。科研工作者可以自由使用这项奖金用于购买实验装备、组建研究团队。获奖者如果在德国高校服务时效达到五年者,对其继续申请其他经费不做限制。对申请者只看成果,不问国籍。2017年6月,我国的柴继杰教授成功获得德国洪堡教席奖,成为我国第一位获得该奖的学者。此外,德国还设立了"国际质量网"、"赢取大脑"工程、"国际研究基金奖"等项目,用于资助国内外高级人才在德从事研究工作。为了挖掘优秀人才,提高国际科研竞争实力,德国修改和完善了《移民法》,放宽了对拥有特殊职业经验的高技能外国专家的落户要求。《移民法》的修订为德国有针对性地引入高级技术管理人才开通了绿色通道。

日本非常重视人才引进政策。通过各种途径、优惠措施吸引优秀人才。20世纪80年代以来,日本就通过创新官产学联合体制机制,增强人才引进的吸引力。1981年,日本科技厅创新研究体制,颁布了"实施创造性科学技术推进制度——以流动研究体制推进革新性技术种子的探索性研究的方案",旨在建立流动研究体制,实行产、学、官三方研究人员的合理流动。流动研究体制将原本条块分割的纵向管理格局打破重组,有利于日本招聘海内外优秀人才,有助于将日本的大学和研究生院打造成全球性人才聚集高地。在引进人才资助方面,1988年,日本就设立了"外国人特别研究员制度",旨在资助获得博士学位5年以内、35岁以下的外国学者来日本从事1~2年博士后研究工作的项目。日本还注重改善科研条件、优化创业环境,在20世纪60年代日本就修建了声名远播的筑波科学城,开创了科学工业园区建设的新模式,有力地吸引了海外人才。日本通过修改相关法律法规,注重疏通政策,畅通海外人才引进渠道。2007年,安倍晋三还提出了"亚洲门户构想",旨在吸引亚洲高级人才在日本就业的留学生政策。为降低留学生的成本,减少人才流失,日本将留学与就业相结合,为毕业留学生增加优质就业岗位。此外,日本还设立名目繁多的奖学金制度和学费减免制度,吸引海内外优质留学生来日本求学,给优秀人才充分发挥能力的机会。[①]

第三节　非公有制企业技术创新风险管理机制

一、相关概念界定

非公有制企业技术创新风险,就是指非公有制企业在技术创新过程中,由于外部环境的动态复杂性,创新项目本身的难以逾越性以及创新主体综合能力的有限性,多重困难叠加导致企业技术创新活动中止、失败或达不到预期目标的可能性。

技术创新风险具有不可避免性、双向互转性、可防可控性三个特征。不可避免性是指技术创新不是一帆风顺的,有创新就会有失败的风险。双向互转性是指技术创新风险具有高投入高收益的投机特征,因此既可能产生可观的收益,也可能遭受较大的损失。可防可控性是指采取合理的手段可以防范和控制技术创新的风险。

非公有制企业技术创新风险管理,是指非公有制企业对宏微观环境、内外

---

① 董博:《中国人才发展治理及其体系构建研究》,吉林大学博士学位论文,2019年。

部条件进行综合系统地分析后,通过强化信息获取能力、健全组织体系、完善风险监控机制,以风险回避、风险分摊、风险转移、风险控制等手段来降低企业技术创新风险,提高企业技术创新活动的成功率,以及减少企业技术创新的风险损失。[1]

二、非公有制企业技术创新风险的形成因素

(一)企业主体因素

企业是技术创新的主体。企业规模大小对防范技术风险有一定的影响。一般来说,企业规模越大、资金实力越雄厚,当企业遇到风险时能有庞大的科研队伍、雄厚的资金应对,相应企业的抗风险能力也就越强。反之,如果企业规模很小、实力薄弱,那么企业在激烈的市场竞争环境中抗风险能力也会变弱。

企业的组织机构对技术创新的风险也有一定的影响。如果企业的组织结构科学合理,就能够更加合理利用、科学组合各类创新资源,从而更加高效集中资源进行技术创新。反之,如果企业的组织结构不合理,可能引发企业内部关系难以协调从而导致内耗增加,从而增加技术创新的风险。

另外,企业技术创新风险与企业经营者的能力有着很大的关系。如果企业经营者锐意进取,重视创新并有很强的领导能力,能敏锐把握战略时机,正确选择战略类型,则可以降低企业技术创新的风险。

技术创新活动离不开融洽的合作伙伴关系、和谐的客户关系。如果与合作伙伴协调性差,互相缺乏忠诚度,则容易给技术创新埋下风险的种子。同样,在处理客户关系过程中,企业应注重将互动贯穿至战略构想、产品设计、产品生产、产品交付等全过程、全链条中,只有这样才能保证生产的产品符合客户预期和市场预期,才能有效降低技术创新的风险。

(二)科技创新项目客体因素

项目作为科技创新载体,也对科技风险有一定的影响。由于技术创新项目开发难度大,需要团队协作。项目负责人具有一定的权威性,在整个项目中处于信息处理中枢地位。如果项目负责人缺乏一定的经验,创新思维不强,专业技能不高,就会带来更大的技术创新风险。对研发人员的待遇同样重要。如果企业重视提高研发人员的地位,给予研发人员丰厚的待遇,注重在企业营造尊重知

---

[1] 谢科范:《企业技术创新的风险管理》,载《科技进步与对策》,1999年第16卷第4期。

识、渴求知识的良好氛围，则可以激发研发人员的工作热情和创新动力，从而有效降低技术开发的风险。

从项目本身的因素来分析，如果项目难度系数过大，企业需要投入巨大的人力、物力、财力来攻克难关，发生风险的概率也会加大。尤其对抗风险能力弱的中小企业来说，尤为如此。在项目计划实施后，还要加强对项目进度的有效控制，否则容易加快创新成本的消耗速度，贻误创新的良好时机，使潜在的技术优势无法得到有效发挥，从而增加技术创新风险。同时，还要注重完善后续服务，形成完整的创新链条。项目交付给用户后，并不是项目的终结，还需要对后续进行跟踪服务，以解决用户使用过程中发现的新问题、新疑点。倘若不完善后续跟踪服务，项目一交付便处于万事大吉的状态，当用户使用过程中出现新的问题，会使项目处于被动状态，影响整体战略的推进，成为潜在的风险。

（三）技术创新要素因素

技术因素是企业科技创新过程的重要风险因素之一。技术创新环环相扣，如果技术成熟度不够，可能导致整个创新体系发生"连锁效应"，增加整体技术创新的风险。企业丰厚的技术积累可以使企业产品生命周期衔接紧密，大大提高技术创新能力。如果企业缺乏技术积累，每次进行新产品研发、新技术改进都需要从零开始，就会提高企业创新成本，增加企业创新风险的概率。

信息是一种重要的生产要素，对于高新技术企业来说，尤为如此。对技术信息具有详细而充分的了解，是进行技术创新的重要前提。要大力搜罗各类信息，详细了解国内外同行业发展大势，知晓国内外技术发展趋势，从而尽可能规避各类风险，减少各类不确定性因素。要对市场需求信息有充分的了解。设计、生产的新产品应和消费者的需求高度契合，这是技术创新成败的关键。如果事先做好充分的市场研判，生产的新产品符合消费者的需求，则市场占有率将会大大提高，企业创新就会取得成功，反之，如果新产品不符合消费者需求，市场卖不动，则会大大增加技术创新的风险。

雄厚的资金实力是企业提升科技创新能力的重要保障。企业拥有雄厚的资金实力，就能加大对技术创新的投入，保障项目计划的按时执行，保障原材料、设备的充足供应，有效扩大生产规模，减少单位成本，等等。反之，如果企业资金实力不足，就无法保障足额的科技创新资金投入，则科技创新风险也会大大增加。

从融资角度来说，由于财政支持有限，银行贷款是非公有制企业技术创新的经费来源之一。因为技术创新风险较大，银行从自身经济效益和放贷安全性考虑,往往更青睐实力雄厚的国有大型企业。非公有制企业依然面临融资难、融资贵的问题,其获取资金成本更高。

(四)外部环境因素

为了提高国家治理体系和治理现代化水平,国家通常采用财政政策、货币政策、产业政策等宏观调控手段,对一些符合国家发展战略规划的重点技术创新项目进行扶持,对一些高污染、高能耗或者不合时宜再发展的项目进行限制。在这种战略背景下,如果某些非公有制企业中有这些限制发展项目,则会加大风险系数。反之,如果企业正在研发的项目符合当前国内发展形势,属于国家大力扶持的项目,则成功的概率就会加大。

知识产权保护政策对激励企业科技创新有至关重要的作用。近些年来,我国知识产权事业不断发展。世界知识产权组织发布的2020年全球创新指数报告显示,在全球参与排名的131个经济体中,中国位列14,是唯一一个进入前30位的中等收入经济体。[①] 企业技术从研发到市场应用通常需要几年时间,需要投入巨大的人力、物力、财力,整个技术创新的过程充满不确定性。只有执行严格的知识产权保护政策,才能激发企业的创新动力和创新活力,才能真正激励企业投入高价值的技术创新和高质量的自主知识产权创造。[②] 如果知识产权保护不力,就会导致假冒伪劣产品层出不穷,加大企业技术创新的风险。因此,我国要继续加大保护知识产权力度,让企业科技创新者拥有更加公开透明、公平公正的商业环境和市场秩序,更强地激发企业发挥核心竞争力,更好地激励新技术、新发明、新成果的蓬勃发展。企业文化对科学技术的风险也有一定的关联性。积极进取、勇于创新、尊重知识、器重人才的文化氛围可以对企业科技创新起到良好的激励作用,而消极散漫、不思进取的文化氛围则会阻碍企业的科技创新,会加大技术创新的风险。

三、非公有制企业技术创新风险控制的必要性

通过对非公有制企业技术创新过程中的各类风险因素的分析,我们可以知道由于各种复杂性交织在一起,企业技术创新风险难以避免。安全是人基本的

[①] 谷业凯:《保护知识产权就是保护创新》,载《人民日报》,2020年12月18日第5版。

[②] 林丽鹂:《加强知识产权保护 激发全社会创新活力》,载《人民日报》,2020年12月5日第2版。

一种心理需求。追求安全是保障社会稳定前进的重要动力。一部人类发展史，就是一部人类与各类风险相抗争的历史。谋求社会安全、公民财产安全，是现代政府奋斗的重要目标之一。无论是宏观角度上的国家，还是微观视角的企业，都有对安全的基本需要。党的十九届五中全会通过的《中共中央关于制定国民经济和社会发展第十四个五年规划和二〇三五年远景目标的建议》对建设更高水平的平安中国作出重要部署，这是以习近平同志为核心的党中央从构建新发展格局、统筹国内国际两个大局、办好发展安全两件大事出发作出的重大决策，为建设更高水平的平安中国提供了根本遵循。非公有制企业在进行技术创新的过程中，进行风险控制同样也是基于安全的需要、发展的需要、实践的需要。

对高利润和高回报的追求是企业从事技术创新的根本动力。企业技术创新具有投机性的特点，由于风险的原因可能会失败，但是如果能改变某些可以控制的因素，也可能转败为胜。因技术创新风险导致重大损失的企业不胜枚举。正因为如此，企业越来越关注风险代价问题，并积极探索如何采取有效手段降低风险。在激烈的市场竞争中，企业都要遵循优胜劣汰的竞争法则。有效控制风险关系到企业生死存亡。因此，企业在技术创新过程中，为了获得生存和发展机会，就要有效增强抗风险的能力，有效规避风险。

四、非公有制企业技术创新风险应对策略

非公有制企业的创新过程是在创新主体意识的控制下进行的有预期目标性、有详细计划性、有明确组织性的理性过程。企业在进行技术创新的过程中，随着掌握的信息越来越丰富，很多隐性因素可能转变为显性因素，很多预期因素可能转变为临在因素，因而信息的不确定性会递减，从而使风险更加可控。总之，技术创新不是盲目被动的，而是可以主动掌控的，非公有制企业的技术创新风险也是可防可控的。

（一）风险回避

所谓风险回避，就是非公有制企业在技术创新的过程中，遇到风险较高的领域、难以攻克的项目、复杂困难的方案，为了降低企业风险而采取的回避方案。风险回避策略可以有效规避风险，使企业免受更高的损失，但也可能失去收益。企业经营者如果因为惧怕承担任何风险，对创新方案都盲目回避，那可能会影响企业核心竞争力的提高、影响创新精神的迸发。因此，企业应合理进行风险回避，例如对无法控制、无法承受的重大风险进行回避，对可防可控、在合理承受范围的风险采取迂回的策略,等等。

(二)风险转移

风险转移是指非公有制企业为减少风险损失,通过订立合同、商定契约或使用金融工具等手段,将部分风险或全部风险转移给他人承担。风险转移主要有两种方式,一种是通过技术转让、委托开发等方式,将企业技术创新活动部分或全部转移给其他主体。另一种方式是通过吸收风险投资或购买保险等方式,实现风险损失承担主体的转移。一旦技术创新失败,风投公司或保险公司将承担风险损失,当然,如果技术创新成功,他们也将享受相应的风险权益。

(三)风险分散

风险分散,是指企业通过多元化经营方式将风险分解在不同的经营方式、经营项目中。主要途径有:一是利用企业之间在市场占有和技术领域的相关性重新组合多种创新策略,例如将高风险项目搭配低风险项目重新组合,从而降低风险。二是实行多项目投资,即通常所说的不将鸡蛋放入同一个篮子。

(四)风险控制

风险控制是企业为了降低风险损失,采用各种技术手段,在事前、事中、事后对可能出现的风险点进行控制,将风险因素消失在萌芽状态。事前风险控制,就是在创新计划实施前,要对内外环境因素进行全面分析、综合研判,对各类风险因素有充分的预见和认识,确保技术方案可以顺利实行。事中风险控制,就是对正在进行的技术创新项目出现的风险因素进行精准控制,通过详细检查决策过程及变化条件,对风险因素进行评估,对决策行为进行调整。事后风险控制,是指技术创新项目完成后,检查是否达到预期目标,如有差距和谬误,要积极找出原因并进行总结,在以后的创新项目中加以规避。

五、非公有制企业技术创新风险管理机制构建

在非公有制企业技术创新过程中,各种风险层出不穷、难以避免,企业应采取主动策略,从预防的角度出发,运用系统的思维运筹,用长远的眼光规划,构建一套完善的企业技术创新风险管理机制,从根本上应对各种风险。

(一)建立强化风险意识的科学决策机制

企业管理者具有强烈的技术创新风险管理意识是构建非公有制企业技术创新风险管理机制的重要前提。美国著名管理学家彼德·德鲁克说过"成功的创新者是稳健的,他们不是专注于风险,而是专注于机会"。① 要建立企业家的契约制度,造就新型的企业家视野。企业家和高层领导要结合国内外形势,对企业技术创新的环境进行系统分析,对企业目前所处的竞争地位进行详细考量,对企业自身的优劣势进行综合权衡,为企业量身定制发展战略,实行技术创新战略管理,降低企业技术创新风险。决策层要树立正确的风险意识,充分认识到在技术研发过程中,风险和机会是共生共存的,因此,企业在进行技术创新过程中,既要敢于冒险,又不能不顾客观环境盲目冒险,既要有冒险的勇气和战略的眼光,又要有防范风险的意识和处理风险的技巧。

建立强化风险意识的科学决策机制,完善各负其责、相互支持、相互制衡的法人治理结构。在企业技术创新过程中,强调集体领导,规范决策程序,充分发挥整个领导层在战略管理、风险偏好决定、激励约束和内部控制等方面的决策作用,保证风险战略的顺利实施。

(二) 建立风险预警机制

技术创新预警机制以技术创新风险预警管理系统为载体,通过建立风险指标体系子系统,对技术创新项目的内外环境进行分析,对风险因素进行实时监控,检测项目的运行状态,对技术创新风险进行充分而系统的评估,在此基础上根据风险的性质和轻重程度输出对应的风险等级信号,并及时采取应对措施,以保障项目恢复正常运行,从而避免风险扩散。根据定义我们知道整个风险预警机制有如下几个环节。一是评价风险因素,即通过采集有可能发生或者已经发生的风险因素,由经验丰富的风险预警专家或财务、营销等专家运用指标评价系统对风险大小进行一一评价;二是告知预警信号等级,即根据评价结果,以可视化、形象化、直观化的方式将风险等级展示给决策者,使决策者充分了解企业科技创新项目的不同级别和不同特征的风险情况;三是制定预控对策,即根据企业以前所研发的科技创新项目经历,总结成败教训和经验不足,不断完善决策方案和决策框架,一旦出现类似风险,企业可以快捷迅速采用预先整理的对策及时应对风险。这三个环节流程清晰,环环相扣,实现对各类风险的有效监测、科学预防和及时警报功能。

(三) 建立以市场需求为导向的技术创新机制

满足市场需求是非公有制企业进行技术创新的原动力,因此非公有制的技

---

① 陈伟:《创新管理》,北京:科学出版社,1996年,第134~137页。

术创新活动要以市场需求为导向,始终关注市场需求的变化情况、始终紧随客户的实际需求。在企业进行技术创新活动的前期,应做好充分的市场调研,熟悉该行业整体的发展前景,对目标市场和细分市场有清晰的定位,确保非公有制企业的科技创新可以紧贴市场需求。建立营销信息系统,积极推进技术创新成果在市场中应用、落实。针对消费者需求的变迁趋势,建立消费潜力趋势的超前预警机制和快速响应机制,以提升产品质量为抓手,加大对研发新产品的宣传力度,积极打造品牌形象,培育新的消费热点,深入挖掘客户消费潜力。加大对人力、物力、财力的投资力度,完善整合技术链、供应链、消费链,大力缩短技术创新的市场周期,抓住稍纵即逝的市场机会,争取比竞争对手提前进入目标市场,成为同行业的"领头羊"。以技术创新的优势提升企业的综合竞争力,不但要抢占市场先机,还可通过构筑规模经济、利用差异化战略、建立销售渠道等手段,构建市场进入壁垒,加大对同行竞争者的进入阻力,扩大自身的发展优势。

(四)完善组织机构运作机制

完善的组织结构在风险管理机制中起到骨干支撑作用。首先,要制定完善的规章制度,从决策层、负责层、执行层构建风险管理组织结构,明确各个层面风险管理的职责、范围、对象,保证各项风险对策执行到位。规范风险管理流程,建立独立的风险管理部门,总负责人可从决策层中选拔,确保风险管理机制和企业管理制度有机融合,增强可操作性。在风险管理部门中创建风险办公室,作为风险管理部门的日常办事机构,具体工作执行人员可以从负责层中选拔,增强可执行性。

整个组织结构应做到稳定性和柔韧性刚柔并济、整体性与协调性相得益彰。组织结构的稳定性越高,则抗风险能力越强,组织结构的柔韧性越强则灵活性越强,适应风险能力也就越强。稳定性和柔韧性可以实现取长补短,提高企业抗击风险的整体实力。组织结构还应注意整体性和协调性。风险辨识和处理是个复杂工程,牵一发而动全身,要着眼整体,发挥群体的力量。同时还要注重各部门的相互配合、相互协调,从而确保及时辨识风险、迅速处理风险。

(五)建立产学研协作机制

面对激烈的市场竞争,企业单打独斗进行技术创新,需要投入巨大的人力、物力、财力,加大了技术创新风险。而企业加强与高校、科研机构横向联合方式进行的技术创新合作,可以有效弥补企业在技术创新中力量薄弱的缺点,减少风险的发生。产学研合作方式灵活多样,可以依据创新主体之间的实际需求和投入成本综合考虑,一是以高校、科研机构为主,由企业投入资金兴办中试车间或者工厂,企业可以充分利用高校、科研机构的科技文献、仪器设备、优质人才等丰富资源,解决自身科技资源不足的瓶颈;二是以企业为主,使科研单位入驻企业成为企业技术研发机构,将技术优势转化为规模经济优势,为企业节省大笔测试费用,为其顺利开发新产品创造有利条件;三是由企业、科研单位强强联合,组建科技企业集团,高校、科研机构科研利用学科和专业优势,为企业提供专业的共性技术服务,企业可为高校提供资金、厂房、中试设备或实习基地,双方实现研究开发、技术咨询、技术服务的有机结合。不管是哪种方式合作,都应建章立制,对合作组织的性质予以明晰,对合作单位的主体地位予以明确,对权利职责予以明示。在利益分配方面,可实行按劳分配和按股分红相结合,保证利益分配机制合理性和公平性。还应做到决策民主化,对经营决策和分配方案实行民主管理,一切活动运行有章可循,从而保证合作的长效性和稳定性。

(六)建立技术创新信息化管理机制

进入知识化、信息化时代,非公有制企业的技术创新与信息技术有着千丝万缕的联系。应加强企业信息化建设,时刻关注政府政策的变化、国内外产业环境的变化等,有效规避外部环境风险。加强企业的信息化建设一方面可以改进企业知识积累的方式和能力提升的路径,使企业及时掌握市场信息和顾客需求,从而有效推动产品创新;另一方面,可以促进企业从多渠道获取更多的知识共享和交流机会,可以促进企业进一步了解国内外技术发展整体趋势,减少技术创新中的不确定性,大大降低技术创新的风险;此外,由于企业信息化建设增加了企业获取信息的精准性、及时性、全面性,可以促进企业由粗放式管理迈入精细化管理,使决策更加开放、透明,使企业经营者能够更加科学合理地把握经营方向,制定发展战略。

非公有制企业应立足长远,做好企业信息化建设的整体规划,采取强而有效的措施,将信息化建设落实到企业各个层面的行动上,实现从顶层设计到基层落地的层层传递,保证协同性与整体性的统一。应积极把握人工智能、大数据、物联网等新兴技术带来的机遇,推进企业信息化建设,构筑企业核心竞争力。在企业信息化局建设过程中,应在严格遵循国际标准和国家标准的前提下,根据企业发展的需要制定出符合企业特点的技术标准,同时,应处理好加快信息化发展和保障信息化安全的关系,做到日常管理规范化、技术手段先进化、应急机制常规化有机结合,从而有效防范风险。

（七）完善技术创新资金管理机制

财政支持和金融供给可以为非公有制企业科技创新提供强大的外部动力，可以有效促进科技成果转化，降低企业技术开发的风险。近些年来，国家对非公有制经济的财政金融支持力度不断加大，但是受传统体制、陈旧观念和自身素质等因素影响，财政资金往往更偏好国家科研院所及大中型国有企业，财政支出中用于非公有制企业发展的比例仍然较少。国家陆续出台多项政策扶持非公有制企业进行科技创新，例如财政拨款无偿资助、企业贷款贴息、设立科技型中小企业技术创新基金、中小企业发展专项资金等，但非公有制企业面临申报成本高、获批项目难等问题。在金融服务方面，非公有制企业科技创新融资难，融资渠道狭窄，银行、证券、保险三类金融机构对非公有制企业关注较少、支持力度不够。

对政府来说，一是应继续加大对非公有制企业科技创新的支持力度，通过设立财政专项创新引导基金、推动财政性科技创新活动担保贷款、成立创业风险投资基金等方式，为企业科技创新注入源源动力。二是应积极搭台构建科技创新孵化基地，为非公有制企业传授孵化管理经验、提供专业技术人才和免费的办公场地，降低非公有制企业创新创业风险。三是可通过制定特定产品采购政策、建立专业化的企业服务机构、建立科技创新成果转化中心等方式来支持非公有制企业科技创新活动。四是应积极拓宽非公有制企业的融资渠道，构建完善的非公有制企业信用评估体系和信用担保体系、风险投资体系。① 应积极鼓励发展风险投资。风险投资是指风险投资公司向有良好市场前景的创业企业提供资金支持、专业的经营管理和咨询服务，并取得该公司股份的一种融资方式。风险投资公司在被投资企业发展成熟后，通过股权转让获取中长期资本增值收益，是一种追求长期利润的高风险高报酬事业。应积极组建风险投资公司，大力发展对中小企业的风险投资，分摊被投资企业的创新风险，有效解决技术创新的融资问题创造条件。

对企业来说，企业应重视财务管理，将潜在的财务风险消除在萌芽状态。建立技术创新资本链风险动态预警机制，聘请专业的会计人员对其进行精准计量、评估、判断，对资金的来龙去脉有清晰的掌握，及时发现可能存在的风险点。企业还应积极主动拓宽筹资渠道，除了自筹资金，还可根据自身实力选择成本较低的资金来源，例如积极申报各级技术创新资金、吸引国内外风险资金投入、向银

---

① 田闯：《民营企业科技创新的机制研究》，载《黄河科技大学学报》，2017年第19卷第1期。

行、信用担保机构贷款等,以解决科技创新所需的资金问题。

对金融机构来说,要加强国有商业银行对非公有制企业的金融服务,扩大商业银行对中小企业贷款的利率浮动区间,对给中小企业贷款较多的商业银行实行冲销坏账和补贴资本金等措施,以提高其对中小企业贷款的积极性。

六、案例分析:华为的风险管理

华为技术有限公司成立于1988年,是一家从事通信网络技术与产品的研究、开发、生产与销售的民营高科技企业。随着公司业务的扩张,华为致力于为电信运营商提供光网络、固定网、移动网和增值业务领域的网络解决方案,是中国电信市场的主要供应商之一,并已成功进入全球电信市场。2019年,华为全年营收8588亿元人民币,同比增长19.1%,净利润627亿元人民币,经营活动现金流914亿元,同比增长22.4%。2020年8月10日,《财富》公布世界500强榜(企业名单),华为排在第49位。2020中国民营企业500强,华为名列第一名。华为取得的巨大成功离不开其全面的风险管理。华为将风险管理当作企业发展的基石,将风险管理机制贯穿于研发、生产、经营的每一个环节,是企业风险管理的典范。

(一)建立完善的风险预警机制

2000年,华为的总销售额达到了220亿元,利润达到29亿元,发展势头迅猛。在大家对前景信心满满的时候,任正非对员工发表了题为《华为的冬天》的讲话,提到"居安思危,不是危言耸听",正是任总具有强烈的风险预警意识,倡导管理创新全力应对危机,华为在2001年的通信行业寒冬期有充足的现金流平稳度过危机。

任何行业在发展壮大的过程中都不是一帆风顺的,都会受到国内外环境、需求波动等因素的影响,都难免遇到各类危机。面对突然性的危机,企业如果没有完善的风险预警机制,则可能蒙受巨大的损失。但是倘若企业能未雨绸缪做好风险预警,就可能会转为危机,实现浴火重生。1997年,亚洲金融危机爆发,很多企业遭遇灭顶之灾,任正非在国际关系的变化中敏锐地捕捉到商机,适时进军俄罗斯市场和拉美市场并取得成功。2001年,华为果断在通信行业的危机中寻找先机,向全球市场发动了进军号令,先后在非洲、东南亚、北美、欧洲等地区开展业务,并在部分地区建立研发中心,为华为日后在海外的发展奠定了基础。在2005年、2008年、2017年、2019年等多个时期,华为又遭遇了大大小小多种危机。但华为及时调整策略,优化业务流程,强化风险与危机预控意识,坚持进行风险预防管理,将风险扼杀在萌芽状态。在任正非的带领下,华为的危机管理体系日渐成熟、危机管理文化日益完善,为华为企业平稳发展奠定了重要的基础。

(二)建立完善的风险管理体系

不同于很多企业采取的应急性风险管理,华为的"风险意识"渗透在企业文化中,贯穿于企业研发到市场的全过程。华为的企业风险管理部在企业中有很高的地位,可以直接对话其他各领域的高管,是CEO、CFO的得力助手。企业风险管理部在构建公司风险管理体系、构建公司财务稳健管理体系、管控各类重大风险等方面起到了重要作用。正因为华为有健全的风险管理体系,对战略风险、运营风险、财务风险和各类外部风险有充足的认识和准备,所以在屡次风险来临时都能稳妥应对、化险为夷。

华为坚持底线思维,为了不使技术、芯片受制于人,早在2004年10月,华为启动"备胎"计划,成立海思半导体有限公司,每年投入近4亿美元研发。近年来,海思的手机处理器"麒麟"、基带芯片"巴龙"、云端芯片"昇腾"和服务器芯片"鲲鹏"等,早已经在安防、手机处理器、人工智能等多个领域占据大量市场份额。[1] 2019年5月,美国商务部宣布将华为加入"实体名单",华为多年来投入巨资研发的备胎一夜转正。华为做到了科技自立,做好了在顶级危机下生存的后备之选,确保了公司大部分产品的战略安全。如果华为没有这种顶级危机意识,只顾眼前利益,被一时一事的成功遮蔽双眼,那么在重大风险来临之时,就无法做到力挽狂澜。华为风险管理体系使华为集团能够在复杂的内外环境中有效辨别风险,在巨大的不确定性市场中有力控制风险,保障企业可持续发展。

第四节 非公有制企业科技创新的跨国战略联盟机制

一、企业跨国战略联盟的界定

战略联盟概念最早由美国DEC公司总裁简·霍普兰德和管理学家罗杰·奈格尔提出,他们认为战略联盟是指由两个或两个以上有着对等经营实力的企

---

[1] 谢科范、刘姿媚:《华为危机管理五论》,载《中国发展观察》,2019年第21期。

业或特定事业和职能部门,为达到共同拥有市场、共同使用资源等战略目标,通过各种协议、契约而结成的优势互补、风险共担、要素水平式多向流动的合作伙伴关系或松散的组织形式。[1]

我们认为非公有制企业跨国战略联盟是指来自不同国家的两个或多个非公有制企业为实现一定的战略目标或在某个关键技术领域、产品开发领域达到新突破,通过订立各种协议、契约联盟等多种方式进行企业间的资源跨国整合,结成资源共享、优势互补、风险共担的组织。非公有制企业跨国战略联盟有多种实现形式,一种是将跨国公司"引进来"中国境内,通过与国内优秀企业相互合作建立战略联盟,还有一种是国内企业"走出去",与国外企业在境外建立战略联盟。

二、非公有制企业跨国战略联盟的特点

(一)合作地位的平等性

不同于依赖股权决定其控制力大小的合作企业和合资企业,非公有制企业战略联盟是一种没有盟主的松散型的网络组织。平等是跨国联盟协作的前提和基础。非公有制企业跨国战略联盟以缔结协议的方式,在相互信任又各自独立的基础上达成合作,实现强强联合、资源共享、优势互补。

(二)合作行为的战略性

企业跨国战略联盟不是一次性、短期性、应急性的交易关系,而是致力于实现共同战略目标的一种稳定性、长期性、持续性的长远谋划,共同致力于提高双方核心竞争力。企业战略联盟立足于战略高度,注重利用外部经济和各方的资源优势降低交易成本、改善经营条件、提升经营环境、构筑发展合力,从而实现联盟的乘数效应。

(三)合作形式的动态性

企业跨国联盟是一个开放性、动态性的系统,联盟企业之间不设立统一的管理体系,一般依靠市场力量来实现对战略过程各链条和各环节的控制,对违约没有硬性的追责。联盟成员的合作一般局限于某项技术、某个环节、某个领域,在这些合作范围外,联盟成员的经营行为是独立、不受约束的。

---

[1] 韩斌:《企业战略联盟自组织演化机制研究》,哈尔滨工程大学博士学位论文,2008年。

(四)合作范围的广泛性

合作范围的广泛性有两种含义,一种是合作领域的广泛结盟,即通过产业链、价值链的广泛联盟,扩大合作的市场领域、产业领域。还有一种是合作地域的广泛结盟,联盟企业来自于不同的国家,具有较高的环境模糊度。随着全球化的发展,各个企业可以在全球范围寻找合适的合作伙伴,以实现优势互补,提高企业在国际市场的核心竞争力。

(五)合作风险的未知性

企业战略联盟通过资源整合、优势互补,可以实现在很短的时间将产品成功打入市场,从而使联盟成员获得较高的收益。但是因为各种不确定性因素的存在,企业战略联盟也会有一定的风险性。企业联盟成员越多,各种机会主义倾向概率就会越大,导致联盟风险也会越大。此外,联盟成员的文化背景差异、沟通障碍、利润分配的矛盾、联盟成员的相互信任度等因素,都可能成为企业联盟的风险点。

三、我国非公有制企业实施跨国战略联盟的必要性

(一)提高企业核心竞争力的有效途径

构建企业核心竞争力需要关键核心技术、科学管理水平、高超营销能力等要素的集合。[1] 新产品开发往往需要依赖多方面的核心技术,单凭某项竞争优势难以保证企业顺利开拓国际市场。企业可以将有限的资源优先利用于构建核心竞争力的环节,将其他不太重要的领域以战略联盟的形式与行业领先企业进行合作,进行业务外包,从而形成能力互补、优势互补。建立跨国战略联盟,深化与跨国公司的合作,将各自的优势相互融合,发挥乘数效应,是提高企业核心竞争力的有效途径。特别是在高科技行业,国际上普遍运用战略联盟机制实现优势互补。例如西门子公司非常注重与全球技术领先企业结成跨国战略联盟,在电子通信领域与瑞典爱立信、日本东芝、美国3Com等进行合作,在半导体领域则与日本富士、法国汤姆逊等合作,在软件领域与Bentley合作,在计算机领域和美国微软合作,这些优秀企业为西门子提供了先进的技术、注入了雄厚的力量,使西门子工业业务领域成为世界领先的创新先驱。

---

[1] 梅花:《企业战略联盟稳定性研究》,西北农林科技大学博士学位论文,2006年。

(二)开拓新市场的必然要求

2008年国际金融危机以来,国际上单边主义、贸易保护主义、逆全球化思潮不断涌现,国际环境的变化使企业在开拓国际市场上也遭遇严峻的挑战。企业单靠一己之力难以在国际市场上站稳脚跟,跟国外企业建立战略联盟是适时之举、适势之策。长期以来,我国企业处于全球产业链的中低端,在世界市场上缺乏品牌效应。企业在开拓国际市场过程中,面临营销网络不完善、营销体系投入成本高等难题。我国企业与东道国企业建立跨国战略联盟可以借助于对方的全球生产营销网络,以联合销售、分销、共创品牌等形式进行合作,快速扩大经营范围,实现互利共赢。

(三)降低交易成本的有力举措

科斯在《企业的性质》一文中指出,企业在市场交易过程中存在交易成本,市场成熟度越高则交易成本越低,而交易成本的降低也会推动市场的成长。随着通信技术的快速发展,不同国家的企业可以实现对信息、技术和营销资源的共享,有效降低了企业在跨国管理过程中的管理成本、签约成本、搜寻成本、监督成本等。国际交往的日益增多和国际物流成本的下降,也推动了企业跨国战略联盟交易成本的下降。企业建立跨国战略联盟,可以减少无序竞争、国际贸易等方面的纠纷,使联盟伙伴在加强合作的过程中更加理顺市场,维护正常的竞争秩序,避免因过度竞争造成资源的消耗和成本的上升。

(四)规避风险的必然选择

当前国际政治波诡云谲、经济形势变化莫测,企业在跨国经营中面临着复杂的环境。企业跟东道国公司建立战略联盟,在面临不可避免的政治和经济风险时,可以分摊风险,减少损失。目前,我国企业在精通国际资本运作和国际市场规则方面的人才储备不足,在跨国经营、开拓新领域的过程中,可能面临技术专利、法律法规、销售渠道等方面的进入壁垒。我国企业通过与联盟成员的合作,可以降低进入新领域的不确定性风险,顺利突破这些障碍和壁垒,缩短新产品投放市场的时间,迅速打开新市场。

(五)实现优势互补、资源共享的必由之路

企业很难同时集聚所有优势资源于一身。资源分配的不均衡性成为企业应对市场竞争、缔结战略联盟的推动力。建立战略联盟后,企业可以实现资源共享,获得以往难以获得的资源;可以实现优势互补,补齐企业发展的短板;可以分摊成本,降低研发投资费用。战略联盟可以发挥杠杆效应,用较少的投资即可撬

动发展所需的人才、技术、信息、资金等各类资源,有效降低成本和提高经济效益。

四、非公有制企业跨国战略联盟治理机制

步入经济新常态,经济形势更加变化莫测,我国企业与跨国企业建立战略联盟,加快实施"走出去"战略,是提升国际竞争力的有力手段。企业构建跨国战略联盟的过程中,如何克服信息不对称、如何进行有效沟通、如何加强监督管理以保持联盟的稳定性、持续性,是亟须重视的问题。

(一)交叉持股制

所谓交叉持股,指的是企业法人相互之间进行投资,互相持有对方的股权,成为对方企业的投资人。交叉持股有以下三种形式:一是中国企业或全资子公司向外国企业或全资子公司投资,持有后者的少数股权;二是外国企业或全资子公司向中国企业或全资子公司投资,持有后者的少数股权;三是上述两项投资行为同时进行,中国企业与外国企业互派人员加入对方董事会。①

与单向持股相比,交叉持股有着不可比拟的优势。一是可以使合作双方构建"你中有我,我中有你"的利益共同体,促进企业供销渠道稳定,减少企业的经营风险,使共商共话更加体现公平和效率;二是交叉持股可以有效避免较大程度的机会主义倾向,减少可能发生的道德风险行为,促进相互的合作向纵深发展,可以提高战略联盟的稳定性;三是交叉持股可以使联盟成员获得对方的决策权、监督权,在相互合作的过程中实现组织间的内部化,从而更加巩固彼此的合作关系;四是战略联盟企业在联合研发、合作制造、联合营销等价值链环节中相互协作、互派董事,有利于促进战略联盟企业之间的信息互通、商贸往来,在相互学习中促进技术进步和管理能力的提升。

(二)产品技术模块化

模块生产(modular production)这一全新概念是由 Starr 于 1965 年在哈佛商业评论上提出,其实质是所设计、开发和生产的零件能产生最大组合或通用性,不仅可以实现大规模的高效率生产和标准化的高质量生产,还能满足用户的个

---

① 柯银斌:《通过战略联盟,建设"一带一路"》,载《中欧商业评论》,2018 年 8 月刊总第 124 期。

性化要求。① 随着产品技术的日益复杂,模块化技术越来越受到高新技术企业的欢迎,尤其在信息技术产业领域,依赖于模块化技术才能实现不同的版本、系统和网络的兼容性。企业跨国战略联盟过程中,可以采取核心技术模块化的方法,将产品的关键部件和关键技术以整体模块的方式呈现,从而减少不必要的技术溢出和知识溢出,防止合作企业掌握产品的核心技术。② 例如波音747飞机的制造需要400余万个零部件,可这些零部件的绝大部分并不是由波音公司内部生产的,而是由65个国家中的1500个大企业和15000个中小企业提供的。波音公司通过将业务廉价转包,由不同国家和地区生产的标准零部件拿回本土组装,仍然牢牢把握关键部件和最终总装的控制权,从而有效保护企业技术和知识产权。

中国的非公有制企业要想在跨国战略联盟中促进技术腾飞,首先,要完成通用模块技术或通用架构技术的创新与积累;其次,在与跨国公司进行合作的过程中积极学习,掌握非专有核心模块技术,并在此基础上进行再创新;然后,学习创新网络,掌握产品的非专有架构技术,并内化成自己的创新能力,提高企业的整体创新效率和创新能力。③

(三)利润同享机制

在企业的跨国战略联盟合作过程中,由于信息的不透明和合作关系的不稳定,联盟的参与者都渴求自身利润得到最大化。建立利润同享机制是规避这种行为的有效途径。通过利润共享机制,战略联盟中的各成员之间共同致力于产品竞争力的提高,从而获得较高的产品价值、较好的品牌声誉、增长较快的总体收益。核心企业保证获得的总体收益在战略联盟企业成员中公平合理的分配,从而有效激励联盟成员的合作积极性,保持战略联盟的稳定。另外,在战略联盟的伙伴企业出现困难或遇到市场冲击时,盟主企业应提供必要的人力、物力、财力支持,从而维护联盟的整体利益,保持联盟持续健康发展。

---

① StarrM K, Modular p roduction-A new concept, Harvard B usiness Review, 1965, vol. 43 (6), pp. 131~142.

② 王洁、马柱:《企业跨国战略联盟:动因、机制及启示》,载《市场研究》,2011年第7期。

③ 顾良丰、许庆瑞:《产品模块化与企业技术及其创新的战略管理》,载《研究与发展管理》,2006年第18卷第2期。

五、构建有利于提升非公有制企业科技创新能力的跨国战略联盟机制

改革开放四十余年以来,我国非公有制经济从无到有,从弱到强。截至2018年年底,我国民营企业数量超过3000万家,个体工商户超过7000万户,注册资本超过200万亿元。2019年我国有进出口实绩的民营企业达到40.6万家。在世界舞台上,国际投资合作越来越活跃,为我国非公有制企业在更大范围参与国际分工打开了大门。我国非公有制企业与跨国企业,各有优势,各有所长,各有所需,完全可以携手共谋发展,实现跨国公司本土化和非公有制企业国际化并肩发展。我国非公有制企业与改革开放相伴而生,成长于市场经济环境下,作为成长于本土的市场主体,在我国经济发展中扮演着越来越重要的角色。而想来中国发展、开辟中国市场的跨国公司也倾向于运用本土化策略,积极加强与本土企业的合作。跨国公司大多具有雄厚的财力、发达的技术、先进的管理经验,而我国非公有制企业经过几十年的艰辛奋斗、摸爬滚打,也积累了一定的经验,特别是熟悉本土市场,具有独特的竞争优势。因此,我国非公有制企业与跨国企业完全可以通过建立跨国战略联盟的方式,实现优势互补,共谋发展。为提高非公有制企业科学技术水平,促进企业技术进出口贸易发展,我国非公有制企业在与跨国企业建立战略联盟过程中,可以从以下体制机制建设上下功夫。

(一)创新管理机制

2019年11月19日,中共中央、国务院颁布了《关于推进贸易高质量发展的指导意见》,明确提出要"建设更高水平开放型经济新体制,完善涉外经贸法律和规则体系,深化外贸领域改革,坚持市场化原则和商业规则,强化科技创新、制度创新、模式和业态创新"。我国非公有制企业首先要实现"思想破冰",摒弃过去的短期发展思维,应从长远考虑,从根本上提高对外经济贸易的科技含量。应借力于国家实施"走出去"战略,实行科技兴贸战略,争取在全球范围内配置资源,培植非公有制企业出口产品的比较优势,在国际分工合作中抢占产业链、价值链、创新链的制高点。要积极对接国家重大战略规划,明确主要目标,锚定主攻方向,强化"科学技术是第一生产力、创新是引领发展第一动力"的观念。要继续加强对非公有制企业知识产权保护和信用体系建设,积极参与相关国际规则构建,拓展国际多双边工业技术的合作方式。完善海外知识产权维权援助机制,为非公有制企业高新技术产业发展创造良好的环境。要继续加大对非公有制外贸企业的政策支持面,全面助力外贸企业开拓国际市场。在当前中美经贸

摩擦升级的大背景下,继续扩大短期出口信用保险规模,提高承保效率,创新承保模式,充分发挥政策性出口信用保险在稳定外贸发展、培育外贸竞争新优势方面的作用,为企业开拓海外市场提供收汇风险保障和融资支持,提升出口企业"走出去"的抗风险能力,减少企业损失。

(二)创新体制机制、进一步优化营商环境

优化营商环境是培育市场主体竞争力、释放市场经济活力的重要举措。近年来,我国不断优化营商环境,不断放宽市场准入门槛,全面推行审批服务"马上办、网上办、就近办、一次办",释放的制度红利给企业带来了获得感、提升了幸福感。2019年10月世界银行发布的《全球营商环境报告2020》中,我国营商环境排名跃居全球第三十一位,比2017年提升了47个名次,改革成效显著。我国应继续深化改革开放,积极营造法治化、国际化、便利化贸易环境。进一步推进外贸体制改革,加快推动世界贸易组织《贸易便利化协定》在国内实施,让非公有制企业充分知晓有关技术进出口贸易的规则,有效避免由于盲目性和信息不对称所造成的技术进出口贸易损失。进一步优化通关、退税、外汇、安全、环保管理方式,以数据元标准为切入点,加快各职能部门的协同创新,推进国际贸易"单一窗口"建设和应用,切实提升贸易便利化水平。深化商事登记制度改革,创新管理服务模式,积极转变政府职能。持续放宽外资市场准入,鼓励我国非公有制企业与外资企业在新兴产业、高新技术、先进制造、节能环保、现代服务业等领域建立战略联盟。

(三)创新优势互补机制

因为各个国家和地区对投资需求的规模有差异,对投资需求的层次有区别,因此,非公有制企业的优势是相对于不同市场和竞争者而言的,具有相对性。首先,非公有制企业应该具有核心资产优势,主要体现在专利拥有量、品牌知名度、技术先进性、信息占有量等无形资产的占有。其次,非公有制企业具有一定的规模经济效应,例如有完善的销售网络、集中的市场购销渠道、集中化的研发中心等。再次,非公有制企业应具有一定的组织管理优势、科学的组织结构和出色的管理水平。我国非公有制企业要强化这些优势积累,形成强大的核心竞争力,提高跨国合作过程中实施"技术外取"的战略能力。

作为技术知识的生产者、研发者,跨国公司是国际经济技术的主导者,也是经济全球化的推动者。我国非公有制企业应重视与跨国公司建立R&D技术合作型联盟,实现与跨国公司的战略资源共享,争取机会获得先进企业的互补性技术。一方面,可以有选择性、有针对性地引进国外大型跨国公司到中国投资,跟他们合作创立技术投资企业,推进 R&D 研发合作;另一方面,我国跨国公司应积极拓展海外市场,充分利用海外企业接近当地技术资源的优势,积极推进 R&D 研发,及时跟踪海外先进技术。

海尔集团为了提高国际竞争力,积极加强与世界著名的跨国公司合作,与他们建立了技术联盟关系,实行 R&D 国际化战略。[①] 早在 1991 年,海尔就与日本的三菱重工在空调领域实行技术合作。1998 年,海尔成立了中央研究院,整合全球技术资源,建立全球技术联盟。目前,海尔在全球 30 多个国家建立本土化的设计中心、制造基地和贸易公司,全球员工总数超过 5 万人,与意大利的海梅公司、美国的 ESS 公司、荷兰的飞利浦公司等国际知名大企业建立技术联盟,在冰箱、洗衣机、数字彩电等领域实行技术合作和共同开发。2016 年,海尔联合中国机械工程学会、中国信通院、中国电子技术标准化院、清华大学、中国电信等共同倡议,发起成立了全球家电业首个智能制造创新战略联盟,汇聚各类优秀力量和资源,构建全球一流资源共创共赢生态圈。海尔通过 R&D 国际化战略,大大提升了企业核心竞争力和品牌知名度,产品远销世界各地。

(四)创新市场机制

当前,在全球经济增长放缓、需求萎缩、贸易摩擦加剧的形势下,世界经济面临"长期停滞"的风险。根据 WTO 统计,2019 年包括关税、数量限制、进口税和出口关税在内的新措施达到了 2012 年以来的最高水平,比前一年度增加 27%,全球贸易壁垒处于历史高位。在严峻的局势下,我国非公有制企业只有创新市场机制、转变发展思路,才能培育外贸新动能,深耕国际市场。一是要创新非公有制企业开拓国际市场的方式。引导和鼓励企业用好用足自贸协定等相关机制安排,积极融入国家战略,积极开拓"一带一路"沿线市场。充分运用现代信息技术的优势,以"云展览""云直播""云签约"等为手段,积极开拓云端办展新格局,提高展示成效、提升宣传效果、拓展销售渠道。二是大力培育贸易新业态新模式。进一步推动扩大跨境电商综合试验区、市场采购贸易试点范围。积极发展"跨境电商+外贸综合服务"平台,加快数据互换体系建设,完善跨境服务平台功能,搭建外贸企业海外互联网销售渠道。从质量、服务、技术、品牌等重要环节入手,积极转变外贸发展方式,打造国际贸易新优势、新亮点。三是大力发展新

---

① 孙健:《海尔的企业战略》,北京:企业管理出版社,2002 年。

兴服务贸易。鼓励非公有制企业发展技术含量高的知识产权、研发设计、金融保险等知识密集型服务贸易。积极推动生产性服务业通过服务外包等方式融入全球价值链。

六、案例分析

(一)三一重工携帕尔菲格推进国际化

三一重工创建于1994年,目前是全球装备制造业领先企业之一。公司主要业务包括混凝土机械、挖掘机械、起重机械等。位于奥地利的帕尔菲格成立于1932年,是世界领先的液压起重、装载、搬运设备制造商,是液压折臂起重机技术的领导者,其核心产品折叠式随车起重机在全球市场占有率超过30%。

2012年2月28日,三一重工下属全资子公司三一汽车起重机械有限公司与帕尔菲格集团(Palfinger AG)子公司帕尔菲格亚太(Palfinger Asia Pacific Pte. Ltd)签订合资协议,分别在中国成立"三一帕尔菲格特种车辆装备有限公司"(以下简称"三一帕尔菲格")、在匈牙利成立"帕尔菲格三一汽车起重机国际销售公司"(以下简称"帕尔菲格三一")。双方共同出资,各持有50%的股份。总部设在长沙的三一帕尔菲格,注册资本达3亿元人民币,面向中国和全球市场,研发、生产和销售随车起重机等特种车辆装备;总部设在奥地利萨尔茨堡的帕尔菲格三一,主要面向欧洲、独联体国家及美洲分销三一轮式起重机。这两家企业的经营状况良好,共同致力于双方的战略目标不断努力。

2013年,三一重工与帕尔菲格以互相认购股票、增资等方式更深地拓展了双方战略合作伙伴关系。近年来,三一重工不断提高自主创新能力,开拓国际市场取得了重大进展。2019年三一帕尔菲格市场占有率达到了18.5%,稳居行业第二。三一重工与帕尔菲格建立战略联盟有利于实现优势互补、共同发展,有利于进一步整合销售渠道,提高双方的国际品牌知名度,进一步推动企业的国际化发展步伐。①

(二)上海家化借船出海开拓全球高端市场

上海家化前身是成立于1898年的香港广生行,至今已经有一百多年的历史。上海家化于2001年在上交所上市,旗下汇聚了六神、美加净、佰草集、高夫、清妃等多个知名品牌,这些品牌分别占据了各自细分市场的领导地位,使得上海

---

① 勇波:《三一重工借船出海 携手帕尔菲格推进国际化》,载《企业家日报》,2013年10月17日。

家化成为发展迅猛的本土日化企业。但是，与兰蔻、欧莱雅、雅诗兰黛等国际大牌相比，上海家化研发水平相对较低，品牌运作能力还不足，缺乏国际竞争力。国人更青睐欧美和日韩品牌的化妆品，上海家化处于中低端的地位，在国际市场推广上更是举步维艰。面对形势压力，上海家化迫切需要借助于合作伙伴的知名度和市场资源为自身正名、将品牌打响。

LVMH集团下法国丝芙兰（Sephora）公司，是国际美妆品质的风向标，在全球21个国家拥有1665家店铺，是全球范围内唯一一家连锁门店遍及欧洲、北美洲、亚洲及中东市场的化妆品零售商。2006年，上海家化联合丝芙兰公司，合资设立"丝芙兰（上海）化妆品销售有限公司"。2007年，双方达成一致协议，丝芙兰在佰草集选中了18个单品在法国进行全线销售。凭借丝芙兰遍布全球的销售渠道和良好的品牌效应，上海家化的佰草集系列产品借助汉方中草药养生美容的定位，运用差异化的品牌战略成功进入西方发达国家主流市场。丝芙兰良好的品牌形象为家化带来效果显著的广告效应，自此，上海家化成功跻身国际化妆品中高端行列，在国内外市场上赢得了良好的声誉、地位和认知度。

三一重工和上海家化在开拓国际市场的进程中，都是采用了借船出海的战略，通过与国际知名企业建立战略联盟产生强大的广告效用，使本土企业提升了在各自目标市场上的知名度。通过跨国战略联盟，本土企业可以快速获得市场渠道和新技术，为进入新领域、占领新市场打下了良好的基础；通过学习国外知名企业先进的管理模式和高效的组织结构，提升本土企业的管理水平和科技创新能力，为加快国际化进程提供坚实保证。

第六章 提升非公有制企业科技创新能力的路径

第一节 非公有制企业培育科技创新能力的技术变迁路径

创新是企业进步的灵魂,是经济发展的动力。非公有制企业作为活跃的经济主体,在我国经济社会发展中起着不可或缺的重要作用。随着资源环境约束逐步收紧以及国内外市场竞争的日益加剧,我国依赖廉价劳动力和资源性要素投入的粗放型企业发展模式已经走到尽头。此外,加之国际形势存在诸多不确定性,产业链回撤、贸易壁垒、"卡脖子"问题等日益严峻,企业面临的生存与发展压力空前增大,提升科技创新能力势在必行。非公有制企业只有不断提高科技创新能力和水平,由单纯的技术模仿、技术引进走向自主创新的道路[①],才能在国际国内市场上获得更为持久的核心竞争力。

一般来说,发展中国家的后发企业,其创新能力的建立与发展,大多经历从模仿创新到合作创新,最终再到自主创新的发展历程。从发展逻辑上看,大多数非公有制企业在刚涉入某领域时,资金、技术和人才都较为缺乏,若想靠自主创新占领市场比较困难,而模仿创新是较为经济也最容易实现的创新模式,因此最常被初创企业所采用。随着企业自身实力的提升和规模的扩大,单纯依靠模仿创新已无法满足市场需求,也无法支撑企业获取更多的市场利润。此时企业自身具有一定的经济实力基础,则会选择与高校、科研院所等研究单位产生合作关系,通过合作创新来提升自身的科技创新能力。随着企业经济实力和科技创新

---

① 于建立:《新时期影响企业创新的科技传播环境及创新路径分析》,载《科技传播》,2014年第6期。

能力的日渐增强,企业已成为该领域的佼佼者,此时企业要想保住现有的行业地位,要想在日益激烈的市场竞争环境中获取更多的利润,或者有进军国际市场计划,就必须走上自主创新的道路。

一、非公有制企业提升科技创新能力的模仿创新技术路径

模仿创新者在率先者的技术之上进行进一步完善和开发,规避了前期技术创新的高风险和高成本,将改造和完善后的技术用于自身产品的生产,使其更具市场竞争力。对于一些刚刚起步、规模较小、力量较为薄弱的非公有制中小企业,进行大规模的自主创新是不现实的,这一战略不仅可以提高企业资源的利用效率,而且可以使企业在产品生产过程中形成技术积累。因此,采用模仿创新模式进行科技创新是非公有制企业较为适合的选择,而且大量事实也证明了模仿创新是中小企业用最小的代价和最高效率赶上先进技术的有效途径,也是中小企业走向自主创新道路的必经阶段。成立于1987年的华为公司是从模仿低端用户交换机(PBX)开始,通过自身的不断积累逐步赶超行业的技术领先者,成为如今的行业巨头;淘宝最初是通过模仿易趣的商业模式,对其进行本土化改进,使其更适应我国的市场环境和消费者偏好,最终创造了家喻户晓的淘宝商业帝国;此外,吉利汽车也是从各方面的零起点开始通过模仿创新,最终成为我国自主汽车行业中的佼佼者。可见,模仿创新在我国的非公有制企业成长的过程中发挥了重要的作用。

非公有制企业通过模仿创新技术路径提升科技创新能力的方式有以下四种。

(一)内部开发型方式

内部开发型模仿创新方式可以有效防止企业技术秘密的泄露。这种模仿创新方式能很好地规避合作单位的某些不良行为。更为重要的是,在该种模仿创新方式中,随着企业在技术开发过程中不断地进行知识和信息的深入交流,其自身的创新能力和创新效率得以提高,企业的技术积累也随之日益增多。当然,这种模仿创新方式对企业自身也有一定要求,因为企业想要完全采取内部开发方式就意味着要投入更多的资金和人力,因此内部开发型模仿创新方式适合本身具备较强财力和足够研发力量的非公有制企业。华为公司在创业初期就曾采用这种方式进行模仿创新。

(二)联合开发型方式

联合开发是指各企业为了促进自身的科技创新能力提升和发展,在对等协

作的基础上,充分利用各自的优势,共同进行技术开发和市场开发活动。该种模仿创新方式通过联合使企业建立紧密联系,从而克服单个企业由于力量薄弱而无法战胜的困难,促进企业实现优势互补,促进资金和研发资源的高效利用,促进创新成果的高效产出。

非公有制中小企业可采取以下途径实施联合开发方式:一是以行业为依托,将行业内相关度较高的非公有制企业,如同一产业链的上中下游非公有制企业联合起来组成联盟,充分利用联盟内非公有制企业的研发资源、人才和资金等优势进行创新项目的开发,联盟内的非公有制企业通过合同形式明确规定好各方的权利和义务;二是以区域为依托,地方科委依据国家产业规划或相关政策做好顶层设计,协调当地的非公有制企业,科研院所通过订立合同协调各方利益,成立技术攻关小组,集合力量有效带动区域科技创新能力的提升。

(三)依托型方式

依托型方式即技术相对薄弱、规模相对狭小的非公有制企业以产业链为依托,通过与经营稳定、市场渠道丰富的大型企业开展技术协作,并成为大企业的零部件供应商,从而使整个产业链上的大中小型企业实现错位有序、协调高效发展。依托型模仿创新方式对中小型的非公有制企业来说,不仅可以将与大企业间的竞争关系转化为合作关系,降低竞争风险,而且可以接触到大企业先进的技术、稳定庞大的市场、一流的经营管理经验、前沿的行业信息,从而有效降低经营风险、压缩研发成本、缩短研发周期、壮大自身力量。

(四)开放型方式

开放型方式指的是非公有制企业由于自身缺乏创新技术、创新人才、资金支持导致模仿创新能力不足,既无法展开内部开发或联合开发,也不适用依托型开发,只能依靠社会力量来促成企业科技创新项目的开发活动。

模仿创新模式下的科技创新成果由多方力量共同开发,因此也由多方开发者共同分享科技创新成果,这就要求采取该模式的非公有制企业具有较强的协调能力和包容性。这种模仿创新方式适合本身科技创新力量较为薄弱、无法独立支撑创新活动的非公有制企业。通过借助社会力量,推动非公有制企业与地方科委、高校、科研院所等之间的合作,形成优势互补,提高创新质量,促进成果共享。

二、非公有制企业提升科技创新能力的合作创新技术路径

非公有制企业通过合作创新技术路径提升科技创新能力的模式有以下五种①。

(一)委托式合作创新模式

委托式合作创新模式,通常是指非公有制企业在进行大型的科技创新活动时,由于无法独立完成整个创新项目或是考虑到利益最大化问题,将整个创新项目划分为多个细分项目,其中包括涉及核心技术的细分项目和非核心技术的细分项目。非公有制企业自己独立承担涉及核心技术的细分项目,将无法完成的或者非核心技术的细分项目通过技术外包或技术招标的方式,委托其他更为适合的企业来从事,由此形成委托—代理关系。在整个科技创新项目中,合作企业之间保持各自独立的关系,非公有制企业(委托方)对项目整体负责并获得项目整体利益,其他企业(代理方)仅对被委托的细分项目负责并获得相应的细分项目收益,最终由委托方将所有细分项目的研究成果进行整合,由此形成整个创新成果。在该合作创新模式中,非公有制企业(委托方)只是利用了一部分外部力量来完成科技创新过程,但合作主体间仍然保持各自独立。

对于非公有制企业来说,委托型合作创新模式具有很多优点,尤其比较适用于大型的、便于拆分的科技创新项目。一方面,将一些非核心技术或者通用技术的开发委托给其他具有单项业务优势的企业,既能缩短创新项目整体的周期,又能降低项目风险;另一方面,由于核心企业(委托方)和其他企业(代理方)各自独立,因此在科技创新过程中不涉及企业文化或企业战略目标可能产生冲突的问题;再次,由于各细分项目处于分割状态,较为独立,因此不涉及信息共享问题,也就不容易造成非公有制企业的核心技术泄露。尽管委托型合作创新模式具有以上众多优点,但也不可避免存在一定的局限性。一方面,非公有制企业将细分项目委托给代理方企业之后,该细分项目的整个创新过程就不再由委托方控制,若委托方的需求发生变化,需要对细分项目的一些细节做出修改,可能会存在较大困难,因此不利于非公有制企业应对快速变化的市场需求和技术变革;另一方面,若非公有制企业较为依赖委托型合作创新模式,可能会增加企业的经营风险,降低企业的学习能力。

---

① 王慧军:《企业间合作创新运行机制研究》,吉林大学博士学位论文,2010年。

(二)联合式合作创新模式

联合式合作创新模式一般是指非公有制企业在面临构造复杂、难度较大的创新项目时,通过与其他有创新实力的企业联合起来共同攻克项目的合作模式。联合式合作创新模式是一个双向选择的合作博弈过程,因为企业在选择其他企业进行合作时,也面临着其他企业对自身的选择。所以,在这种模式下的合作企业地位平等、沟通密切、配合紧密,形成了一种真正意义上的协同合作关系。联合式合作创新模式一般适用于一些重大的科技创新项目,或是较为尖端的科技创新项目。非公有制企业在面临这些需要大量人员、资金和设备投入的科技创新项目时,仅靠自身力量无法独立完成创新活动,因此选择联合式合作创新能为科技创新项目集中更多资源和力量。联合式合作创新模式有众多优势,一方面,在合作创新过程中,企业之间保持密切的联系,相互之间共享信息,各个企业的隐性知识得以在合作企业之间进行流动、转移,从而取得技术创新的规模效应,非公有制企业的科技创新能力也相应得到提升;另一方面,由于企业之间联系紧密,因此对于市场需求和技术发展的变化,企业能够做出迅速的反映,从而能快速对合作创新项目进行相应的调整。但是,联合式合作创新模式也具有自身的局限性,第一,由于该合作创新模式较为强调企业之间的合作意识和沟通效率,因此对合作企业的素质要求较高;第二,联合式合作创新模式要求企业之间保持信息共享,因此可能引发企业核心技术的泄露;第三,由于合作企业之间存在文化差异,因此有可能导致企业在合作过程中产生冲突或投机主义行为。所以,对采用联合式合作创新模式的非公有制企业来说,想要取得合作创新的成功,应该谨慎对待合作伙伴的选择问题。

(三)垂直型合作创新模式

垂直型合作创新模式,通常是指处于同一产业链的上中下游企业或是不同行业的企业之间进行的合作研发活动。垂直型合作创新模式相对来说较为简单、容易开展。一方面,参与合作创新的企业由于处于同一供应链中,其各自生产的产品所面向的市场不同,彼此之间更多的是合作关系而不是竞争关系;另一方面,位于不同行业中的企业,其生产技术、专业知识等具有较强的互补性,非公有制企业可以借助这些企业已有的技术知识积累、资金和科技创新能力,弥补自身的不足,从而使得合作创新更容易产生协同效应。非公有制企业要想成功运用垂直型合作创新模式,需要政府部门、金融机构、科研院所等多方合力。

(四)水平型合作创新模式

水平型合作创新模式,一般是指非公有制企业与同一行业企业之间或者是竞争对手之间开展合作的研发模式。处于同一行业的非公有制企业,虽然其最终产品和服务,以及企业的组织架构等基本相似,但是由于不同企业的管理方式、战略规划和发展水平各不相同,使得各企业的管理方式、生产设备、加工工艺、产品细节以及产品质量要求等方面都会存在差异。企业之间通过取长补短,实现对资源的有效整合,最终提高企业的科技创新能力。此外,还有许多中小型的非公有制企业为了在激烈的市场竞争中存活下来,纷纷摒弃一味地竞争转而选择联合起来共同抵抗外部的风险,并通过合作创新开发出新产品和服务,从而提升非公有制企业的科技创新能力,提高企业的竞争水平。

当然,水平型合作创新模式也存在自身的局限性。由于同行业的企业之间不可避免地会存在一定程度的竞争关系,所以在合作创新过程中,企业决策者作为理性人,往往会使企业从自身利益出发考虑问题。对于自身的知识产权、专利技术、专有资源和个性化的产品特征,都会采取一定的保护措施,因此会造成企业之间的合作与竞争关系难以处理。此外,同行业企业之间的合作创新活动的广度和深度,也会因此受到一定程度的限制。

(五)复合型合作创新模式

所谓复合型合作创新模式,就是综合运用多种合作方式实现共同发展的创新模式。该合作创新模式所形成的复合型合作组织,集中了垂直型合作与水平型合作的诸多优点,各创新主体的资源潜力得到充分发挥,彼此之间优势互补,合力完成创新活动,整体具有较强的科技创新能力。但是该模式也有缺点,如系统复杂加大了管理难度和系统的不稳定性。不过,随着互联网的广泛应用,非公有制企业可以借助网络工具,打破时空和行业限制,将有创新能力和创新意愿参与技术开发的企业联合起来,最大程度地发挥企业和个人的创造性和集体智慧。

综上所述,非公有制企业在进行合作创新时,必须根据企业自身相关情况,选择合适的合作创新模式,由此才可能达到合作创新预期的效果。

三、非公有制企业提升科技创新能力的自主创新技术路径

自主创新(率先创新)一般是指企业通过自身的人力资源和技术资源实现技术突破,促进创新科技成果产业化,并最终获得相应利润的创新行为。自主创新不只包括全封闭式的内部研发创新,也包括在掌握技术主导权的前提下,积极

吸收外部性技术的组合式创新。非公有制企业在某一领域的发展状况和行业地位由其是否掌握该技术领域的核心技术决定，因此，企业如果能够掌握核心技术，就应该充分利用专利制度，取得自身专属的专利权，形成技术壁垒，获得市场优势。

非公有制企业实施自主创新战略的组合模式包括以下四种[①]。

（一）"内部研发"模式

即非公有制企业不借助外部的资源，完全依托自身技术优势、资源优势，依靠自己的努力来攻克核心技术、完成创新任务。这种模式适合科研实力雄厚的非公有制企业，并且创新项目不太复杂，依靠自身力量即可完成。

（二）"内部研发+国内技术合作"模式

即非公有制企业可以将内部研发与国内技术合作相结合，实现科技创新活动的最终目标。其中内部研发发挥主体作用，只是把难度系数高的技术部分可借助产、学、研合作的方式完成。

（三）"内部研发+技术引进+合作消化吸收"模式

非公有制企业依托内部研发和技术引进，通过内部性和外部性相结合，解决创新活动中面临的技术难题。但是在技术引进之后，可能存在企业依靠自身科研资源无法消化吸收的情况，这种情况下需要通过产学研技术合作才能予以解决。

（四）"内部研发+技术引进+企业内部消化吸收"模式

与上一组合创新方式相似，非公有制企业在内部研究开发基础上，需要通过技术引进来解决其创新活动中面临的技术难题，但是在技术引进之后，企业依靠自身科研资源可以消化吸收，从而解决了创新活动中的技术难题，实现科技创新目标。

第二节 非公有制企业培育科技创新能力的知识产权路径

2020年11月30日下午，习近平总书记主持召开了中共中央政治局第二十五次集体学习并发表讲话。总书记在讲话中强调"创新是引领发展的第一动力，

---

① 苏玉珠：《企业自主创新的路径选择》，载《中国市场》，2008年第35期。

保护知识产权就是保护创新",并对加强知识产权保护工作提出六方面具体要求,明确指出各级党委和政府要落实责任、各级领导干部要增强知识产权保护意识。具体要求为:一要加强知识产权保护工作顶层设计,二要提高知识产权保护工作法治化水平,三要强化知识产权全链条保护,四要深化知识产权保护工作体制机制改革,五要统筹推进知识产权领域国际合作和竞争,六要维护知识产权领域国家安全。①

在当前我国经济社会高质量发展的背景下,创新的作用日益重要,知识产权制度的保护作用也日渐突出。非公有制企业是我国经济主体的重要组成部分,也是科技创新的重要贡献者,尤其要重视从知识产权的创造、管理、运用和保护来全面提升企业的科技创新能力。

一、促进知识产权的创造

(一)强化制度设计

一方面,政府应加强顶层设计,综合运用经济制度、行政制度、法律制度,加强对企业知识产权创造行为的保护,严厉打击有关知识产权的侵权和犯罪等恶劣行为,提高企业创新的积极性和动力,使企业可以更放心大胆地投入知识产权的创造活动。另一方面,企业应进一步完善内部知识产权创造的激励机制,如改革收入分配、允许员工以其创新技术入股等,鼓励员工进行知识产权创造活动,促进企业形成知识产权创造的良好氛围,从而提升企业的科技创新能力,创造更多的经济价值。

(二)灵活选择不同的知识产权战略

把知识产权的获得作为创新的落脚点和目标,从知识产权战略的角度入手,为不同的技术创新模式选择不同的知识产权战略,逐步提升非公有制企业的知识产权创造水平,从而促进非公有制企业科技创新能力的提升。对于模仿创新模式的非公有制企业来说,对市场上先进的技术信息和创新成果的快速反应力是其必须具备的能力,因此企业知识产权战略的重点应当是引进当前先进的、有较大价值空间的和较为经济的技术。对于合作创新模式的非公有制企业来说,由于合作创新可以实现资源互补、分散或降低风险、缩短创新周期、降低交易成本,因此企业知识产权战略的重点应该是知识产权创造的经费投入、成果归属、

---

① 习近平:《全面加强知识产权保护工作 激发创新活力推动构建新发展格局》,载《求是》,2021年第3期。

利益分配、违约责任划定以及后续成果的分享等问题。① 对于选择自主创新模式的非公有制企业来说,企业知识产权战略的重点是强化知识产权的开发、利用和保护,要积极通过专利、版权、商业秘密或者商标寻求法律保护,形成技术壁垒,取得市场优势和经验优势。

(三)营造有利于知识产权创造的良好氛围和条件

对于非公有制企业来说,可以采取以下措施为促进知识产权的创造提供更好的氛围和条件。一是要树立危机意识,牢记"卡脖子"的教训,增加创造知识产权的紧迫感。二是注重对企业员工培养与知识产权有关的价值观念、行为规范、工作理念,使"技术就是财富"的理念深入人心。例如通过课程培训、与专利部门的工作轮换等方式,鼓励工程师加强对知识产权事务方面的学习,形成以工程师为基础和主体的知识产权管理队伍。② 三是加大对科技创新的资金、人力投入。企业对科技创新活动的投入直接影响产出效果,非公有制企业应将科技创新的投入作为企业的固定项目支出,在财务制度中设置出创新支出占总营收的最低比例。四是要大力鼓励和支持科技人员的创造活动。科技人员是推动知识产权创造的直接因素,其创新意识、创新能力以及创新积极性直接影响了创新的效果,因此非公有制企业应该为科技人员提供更好的基础设施、创新氛围,鼓励和支持他们的创新活动,以促进更多的知识产权的创造。

二、完善知识产权的管理

(一)建立企业内部新型知识产权管理部门

该部门全面负责企业知识产权的保护和日常管理工作,知识产权经理直接向首席执行官汇报,首席执行官将知识产权发展情况作为战略决策的重要依据。其职责包括:制定知识产权工作规划;组织开展知识产权申请、鉴定、注册和监督管理、科技奖励、许可贸易等;处理知识产权纠纷,为专利创造者解除后顾之忧。

(二)重视企业知识产权运营方面规章制度的完善

例如在知识产权的确权方面,知识产权管理机构应建立和完善知识产权的

---

① 张滢:《中小企业在技术创新活动中知识产权创造与保护问题的研究》,载《广东科技》,2015年第24卷20期。
② 吕军、庄小丽、李门楼、李杰:《民营企业科技竞争力理论与实践》,武汉:中国地质大学出版社,2007年。

确权制度,以保证企业的新技术、新产品、新工艺等科技成果顺利申请知识产权,从而有利于创新成果在有效利用中实现产业化。

(三)定期组织和开展知识产权的培训和活动

身处科技日新月异的时代,非公有制企业要时刻保持对行业新趋势的敏锐,这就要求非公有制企业的高级管理者和员工都要有强烈的知识产权保护意识。因此,企业的知识产权管理机构应该定期组织和开展知识产权的培训和活动,比如:有关知识产权的最新政策法规的介绍,企业自身的知识产权制度和政策,行业在科技成果上的新发现以及与企业息息相关的重大知识产权事件或案例的讲解[1]。

三、加强知识产权的运用

对知识产权的有效运用是企业实施知识产权战略的最终目的,其本质是通过利用专利、商标等无形资产来获取经济价值。知识产权运用对企业来说极为重要,因为它贯穿了企业的研究开发、生产制造、市场营销和技术创新的全过程。知识产权是企业重要的无形资产和战略资源,企业只有从战略高度上重视知识产权的运用,并将知识产权运用融入企业的日常经营管理中,使科技创新成果能转化为具有经济价值的产品和服务,才能充分发挥科技创新成果对企业发展的重要作用。

企业知识产权的运用是通过将企业的有形资源与专利技术、商业秘密、商标、著作权等知识产权类无形资产相结合,并将其运用到技术市场、产品市场和资本市场,从而实现知识产权的价值增值过程。企业知识产权运用主要包括知识产权的商业化、知识产权的资本化运作两种形式,相应的知识产权应用也分为两类,即在物质生产中的运用与非物质产品中的应用。前者通常指专利技术或专有技术以产品化、商品化形式实现经济价值的过程,后者通常指将知识产权本身作为基本产品进行的知识产权经营。

知识产权的实施方式分为以下四种:

(1)自行实施。企业知识产权的自行实施就是将知识产权与生产经营实践相结合,使知识产权产品化,并通过市场运营的途径实现知识产权商业化的过程。

---

[1] 冯晓青:《知识产权管理:企业管理中不可缺少的重要内容》,载《长沙理工大学学报(社会科学版)》,2005年第1期。

(2)知识产权许可。知识产权许可属于许可证贸易范畴,是知识产权人将其知识产权在一定时间内授权被许可人行使,并由被许可人向其支付许可使用费的法律形式。① 知识产权许可使企业获得经济收益,分担了企业的研究开发投入,使企业能够及时收回研究开发成本,并增加企业利润,这对于降低企业成本来说具有重要意义。除了对企业自身颇有好处之外,知识产权运用对于被许可人而言,还是一项使其获得先进的技术、提升企业产品和服务质量、增加企业竞争力的重要手段。

(3)知识产权转让。知识产权转让通常是指拥有知识产权者将其知识产权以取得转让金或其他等价交换物为条件出让给其他人的一种活动。这对知识产权人和受让人都有重要的意义。就知识产权人来说,其能从转让活动中获得经济利益,不仅可以回收开发该知识产权所花费的投入,还能获得属于自身的劳动报酬。就受让人来说,其可以通过一次性交易获取他人的研究开发成果,而不用承担前期开发知识产权时可能面临的开发失败的风险。受让人通常是经过前期的市场调研和自身需求分析才决定购买知识产权,因此购买的知识产权必然是符合市场需求和受让人自身需求的,受让人将其投入自身的生产经营中自然可以较快地转化为经济价值。

(4)知识产权资本运营。顾名思义,知识产权资本运营是将知识产权进行资本化运作。它包括知识产权融资质押、知识产权证券化、知识产权投资入股、知识产权信托等多种形式。②

四、强化知识产权的保护

2019年底,中共中央办公厅、国务院办公厅印发《关于强化知识产权保护的意见》,该文件中指出:"要通过加大侵权假冒行为惩戒力度;严格规范证据标准;强化案件执行措施;完善新业态、新领域保护制度等加强我国的知识产权保护工作。"③我国对知识产权保护问题的重视程度可见一斑。

知识产权保护制度是一种排他性的制度,即未经过发明创造人的允许,任

---

① 冯晓青:《企业知识产权运营及其法律规制研究》,载《南京社会科学》,2013年第6期。
② 华荷锋、杨晨:《知识产权融资服务体系构建研究》,载《科技进步与对策》,2011年第28卷第8期。
③ 中共中央办公厅、国务院办公厅:《关于强化知识产权保护的意见》,2019年12月。

何人均无权利使用该项知识产权,这是对原始创造者的一种保护制度。通过运用法律制度,将发明创造的知识产权使用权予以垄断,防止创造成果被其他人侵占,这是对创造者劳动的尊重和保护,也使得发明创造者能够借助知识产权获取经济利益,这些巨大的经济利益能够对科研工作者积极创新形成强有力的激励作用和驱动作用,从而提升了社会整体的创新水平。创新主体在投入创新成本并获取高额回报后,才会更有动力投入更多的资源到企业科技创新中,从而促进创新生态良性发展。因此,只有大力实行知识产权保护制度,才能维护这种技术创新的良性循环机制,从而使创新成果呈滚雪球般迅速增长。

非公有制企业可以通过以下五个路径来强化对知识产权的保护。

(1)强化知识产权战略意识。结合企业总体战略目标,针对知识产权战略开展专门研究,形成企业核心技术和核心产品名录,并对产品研发、技术改造、产品生产、产品销售的全周期的知识产权进行保护。将知识产权的导向作用、激励作用贯穿于科技立项、科技成果评价、科技奖励、推广应用等科技管理的每个环节中。

(2)加强知识产权信息管理。充分利用专利文献,减少无效创新和重复创新,避免不必要的浪费。综合利用知识产权信息资源,避免发生侵权、重复发明。完善企业知识产权信息管理,及时有效跟踪与本企业相关的技术,借助技术引进和二次开发来实施技术学习、技术改进,提高企业科技创新能力。

(3)建立健全企业内部的知识产权保护管理制度。建立知识产权预警机制,做好针对知识产权的风险防范措施,制定有效的风险应急预案,针对突发事件能够及时有序应对,做到主动防御风险、及时化解风险。

(4)重视非公有制企业知识产权协会和专利协会的作用。充分发挥行业协会的功能,引导企业及时收集先进的专利申请信息,在知识产权服务、维权渠道、纠纷处理机制等方面加强对非公有制企业的维权援助。

(5)政府要强化落实知识产权保护法律法规的可操作性和执行效果。近年来,我国加大了对知识产权的保护力度,相关法律法规日益完善。不过,由于部分非公有制企业规模小、资金短缺,导致其维权行为依然有难度。下一步政府要强化落实这些法律法规的可操作性,并进一步强化严厉执法,加强各部门、各地区的联合执法和监督工作,以保证这些政策能真正落实到企业。

第三节 非公有制企业培育科技创新能力的融资路径

非公有制企业的快速发展离不开科技创新能力的提升,而想要快速提升科技创新能力就离不开金融资金的支持。只有扩大金融资金的来源渠道,才能为企业科技创新注入"源头活水"。然而大多数非公有制企业在融资方面仍然面临着融资渠道窄、融资结构单一、融资成本高等众多现实问题,如何通过改进和完善企业的融资路径提高企业的融资水平,从而提高非公有制企业的科技创新能力仍然是一个关键问题。

一、非公有制企业的融资现状

在我国经济高速发展的过程中,非公有制企业起到了不可替代的作用,但是随着市场竞争的日益激烈,非公有制企业面临的发展挑战日益严峻,其中融资难是广大非公有制企业最为困扰的一个问题。非公有制企业由于规模小、信用低等原因,融资渠道狭窄,常见的通常是内部融资、银行贷款、民间借贷等,获得贷款的方式也一般是通过土地和房屋抵押贷款,抵押或质押股东私有财产,抵押设备、存货或者通过其他企业担保等。因此,企业融资普遍呈现渠道较窄、融资结构较为单一的问题。非公有制企业融资难的原因复杂多样。

(一)经营风险高

大多数非公有制企业都为中小企业,由于规模较小、信用度不高、固定资产较少、科技含量低、核心竞争力不强,导致其抵御和防范风险能力较差、经营风险较高。在非公有制企业通过外源融资渠道进行融资时,这些不利条件成为阻碍其获得贷款的障碍,使其难以获得外源融资。

(二)内部管理机制和财务制度不完善

大部分非公有制企业由家族企业发展而来,各部门规章制度不完善,内部存在各种利益集团,改革意识较为薄弱,很容易产生排外现象,导致外部有才干的人无法在企业生存。此外,企业的财务制度不健全,没有长期的财务计划,可能出现薪酬与能力不挂钩、赏罚不分明等问题,这些都为企业的发展埋下了隐患,也难以使企业获得投资者的信任,导致企业很难获得融资。

二、非公有制企业的融资新路径探索

在非公有制企业采取传统融资方式较难获得融资的情况下,探索融资新路径对非公有制企业来说至关重要。我国众多学者在这一领域做了深入的研究。

(一)集群融资

集群融资一般是指中小企业为了降低融资成本、促进信息更加有效沟通,以订立协议的方式建立联盟,通过互帮互助使资金来源更加便捷的一种融资方式。集群融资主要包括中小企业集合债券、集群担保融资、团体贷款和通过股权联结建立内部资本市场等方式。[1] 集群融资具有一些独特的优势。一是能够提升中小企业整体的信用度。集群内企业采用相互担保、集合担保等形式,若集群内某个企业出现违约欺诈等行为,很快就会被其他企业所知晓,最终会被集群所抛弃。因此,这促使企业需要不断强化信用建设工作,提升自身的服务和产品质量,从而间接地提升企业的信用度。二是有效降低中小企业的融资成本。金融机构在为企业办理贷款时,都必须经历前期调查、中期审查、后期监督等一系列程序,从而产生较多管理费用。而处于集群内的企业则可以借助集体优势,使金融机构仅仅通过行业协会以及政府产业规划等就可以获取相关信息,从而降低了管理费用,企业的融资成本也间接减少。三是有效降低金融机构的融资风险。集群内的中小企业相互之间联系频繁,资源依赖性强,提高了企业的失信成本,进而能够倒逼企业积极构建和维持稳定的生产经营关系,不断提升自身的信用,从而能够有效降低企业发生坏账的概率,便于控制金融机构的融资风险。四是促进所在区域的经济发展。集群内企业可以充分发挥"抱团优势",通过加强经营管理和诚信经营,提升产业集群的整体竞争力,并促进地方经济的增长。若产业集群发展日益强盛,则还会引起当地政府的重视,获得相应的政策倾斜,最终形成良性循环,既促进自身的长足发展,也带动所在区域的经济发展。[2]

例如,美国的硅谷、英国的剑桥、日本的筑波、北京的中关村等科技园区充分利用园区效应开展集群融资,吸引到了更多的投资机构入驻开展业务,获得了更多有针对性的政策支持,帮助企业减轻了融资压力,缓解了企业的融资困难。还

---

[1] 刘云昭、杨金柱、柳中波:《中小企业集合票据的制度创新与突破:寿光案例》,载《金融发展研究》,2010年第1期。

[2] 孙军娜、雷宏振:《中小企业产业集群融资模式探讨》,载《产业创新研究》,2020年第3期。

有济南的联户联保贷款模式的成功应用,也值得非公有制企业借鉴。中国兴业银行济南分行创新融资服务,在大型物流市场中建立联户小组。联户小组是由同一个专业市场中不存在产权和亲属关系的3户(含)以上个体工商户、私营企业或有限责任公司自愿组成,小组内成员结成了利益共享、风险共担的共同体,互为贷款提供连带责任保证担保。① 联户联保贷款以缔结共同利益为基点,既可以有效解决非公有制企业的资金来源问题,又能有效防范金融风险,为当地非公有制企业拓宽了融资渠道。

(二)知识产权质押融资

知识产权质押融资是指企业或个人将合法拥有的专利权、商标权、著作权中的财产权经过评估之后作为质押物,向银行申请融资的一种新型融资方式。② 学者们根据地域特色总结了我国目前存在的五种知识产权质押融资模式,分别是北京中关村模式、上海浦东模式、武汉模式、江苏模式以及中山模式。③

(1)北京中关村模式。中关村模式是"银行+企业专利权/商标专用权质押"的直接质押融资模式,这是一种相对市场化的模式,以知识产权运营与投贷联动相结合,政府部门并不直接参与和干涉银行的信贷发放,而是鼓励并扶持相关的中介机构积极参与。在该模式中,银行借助相关的融资产品以贷先行、投贷联动,各参与机构也各司其职,风险得到有效分摊。政府部门通过背后扶持,形成多方合力为企业增信的局面,从而推动银行业金融机构增加信贷投入,形成多渠道、多形式的风险分担和补偿体系。

(2)浦东模式。浦东模式是以专利权反担保、政府基金担保以及银行参与的间接质押融资模式。在该融资模式下,主要的参与主体为政府部门,浦东生产力促进中心作为担保机构、浦东知识产权中心作为质押登记机构、科技发展基金负责提供资金支持,共同发挥重要作用。这种模式中,政府部门承担了大部分风险,在现行"放、管、服"背景下,不利于充分发挥市场经济的调节作用,因此难以长期、可持续发展。

(3)武汉模式。武汉模式是以专利权作为反担保,加上科技担保公司和银

---

① 张国亭:《当前我国中小企业融资难问题探讨》,载《科技和产业》,2008年第11期。
② 曹辰:《知识产权质押融资打通创新渠道》,载《安徽科技》,2011年第1期。
③ 林欣、谢静雨:《科技型中小企业知识产权质押融资模式的比较与评价》,载《金融市场研究》,2020年第10期。

行的参与形成的一种混合融资模式,其综合了北京中关村模式和浦东模式的特点。与其他融资模式相比,武汉模式中的各机构协调发力、各司其职,整体分布较为均衡。财政局和知识产权局等政府部门协同助力知识产权质押融资,中介机构也较为完善,各参与主体由于分工明确,可以保证各司其职,灵活机动运营。但是在该种模式下,由于参与的部门较多,也会出现协调难度大,缺乏强有力的复合功能机构等问题,并因此造成企业融资成本高、融资效率低。

(4)江苏模式。江苏模式是在充分考虑本省优势的基础上,借助江苏省技术产权交易所平台的服务功能为企业的知识产权质押融资提供便利,同时还运用政府推荐制度,采用专家论证会来代替评估公司评估知识产权的价值。在这一融资模式中,江苏省结合互联网技术创建了对应的 APP 来为企业打造精准服务,APP 可以出具评价分析报告并直接提交到银行,充分发挥了平台的线上功能。这一模式将大部分风险转移至银行与政府部门,对企业来说,极大地简化了其贷款流程,融资申请可以压缩在三个工作日内,大大提高了贷款效率。

(5)中山模式。中山模式作为一种四方协作模式,参与主体有政府部门、银行、保险公司和评估公司,各自按照比例来分摊风险。如发生不良贷款,政府部门、银行、保险公司、评估公司分别按 54%、26%、16%、4% 的比例承担损失。政府部门作为风险补偿资金池,承担了大部分的风险,并承担企业一半的评估费用和保险费用,其资金由地方财政和中央财政予以支持。在这种模式下,政府作为主要部门承担大部分的资金支持和风险补偿,银行风险大大降低,因此可以极大地促进业务发展。正是由于政府承担了大部分的资金和风险压力,造成市场化参与度低,长远来看难以为继。

(三)众筹融资

众筹融资是指通过互联网方式发布筹款项目并募集资金的一种融资模式。相对于传统的融资方式,众筹融资更为开放,门槛也更低,众筹模式大致分为四种:第一,债权众筹,以承诺偿还本金和利息为回报方式,利用社交工具发行债券的模式,如 P2P 的平台。第二,股权众筹,以股权和股权收益为回报的众筹,适用于初创小型公司。第三,预购类众筹,以投资者可以获得未来某项产品或服务作为回报的众筹。第四,捐赠式众筹,投资者进行无偿捐赠的一种公益性的众筹形式。

众筹融资作为一种新兴的融资方式有以下优点:第一,该融资方式可以突破线下融资的局限性,拓宽中小企业的融资渠道;第二,众筹融资合理地避开了多项税费,降低了企业的融资成本;第三,众筹融资对参与主体没有限制,极大地刺激了社会资本,从而加快资本流转,提高企业融资的效率;第四,对于投融资双方来说,通过第三方平台能够提高资金的安全性、一定程度解决双方的信息不对称问题,投资者还可以通过平台为企业献言建策。[1]

（四）信托租赁融资

信托融资是指通过专业理财机构作为信用中介,利用信托方式对资金供需双方进行资金的余缺调剂。信托融资有以下几个特征:第一,信托融资筹资速度快、周期短。与银行复杂的融资流程相比,信托融资极大地简化了审批程序,大大压缩了融资周期。第二,信托融资费用透明、成本适中。信托业在实施信托计划的过程中,其融资成本是公开透明的,而且成本介于银行与民间借贷的成本之间。对企业来说,融资成本较为适中,而且还可以直接预估融资费用。第三,信托公司覆盖范围广。信托公司能为不同行业的多家公司同时提供贷款,通过集合融资可以极大地节约所有参与公司的融资成本。信托公司的信托融资方式灵活,可以满足各类企业的不同需求。第四,可引入地方政府和银行等机构参与。信托融资可以通过引入地方政府、银行机构和其他投资者的参与,从而为投资者提供不同的认购层级,使投资者可以自由选择合适的认购层级,并承担对应的风险与收益。[2]

目前信托融资的模式有财产权信托融资模式和股权受益权融资模式。财产权信托融资模式即公司通过信托公司签署财产权信托合同,形成优先受益权和劣后受益权,并委托信托投资公司代为转让其持有的优先受益权,从而获取所需资金。股权受益权融资模式是指企业以持有的参股或控股公司的股权受益为信托要素,委托信托公司发起信托计划,获得所需资金,从而实现其融资目的。[3]信托融资方式不仅可以在一定程度上规避企业与投资者之间的信息不对称问题,而且能为企业带来较为稳定的中长期贷款,对中小企业是一种较为经济适用的融资方式。

（五）利用区块链等金融技术融资

区块链技术是一种新兴的网络技术,其具备去中心化、不可篡改和智能合约

---

[1] 李巧莎、吴宇:《科技型中小企业创新发展的融资实现路径——以河北省为例》,载《税务与经济》,2018年第1期。

[2] 茜茜:《中小企业信托融资研究》,载《现代商业》,2016年第23期。

[3] 付桂存:《中小企业集合信托融资现状分析》,载《合作经济与科技》,2019年第22期。

的特点,将其用于企业融资活动可以有效改善企业的融资难问题。对于一些规模小、信用低的企业来说,其既不能向金融机构提供有效地担保和抵押资产,又存在一定的道德风险问题,因此金融机构为其提供贷款的意愿和积极性自然较低。而区块链技术可以利用智能合约,通过识别与判断获得相应的信息数据,当设定的程度条件被满足时,智能合约提款功能就会被激活与执行,便可以完成交易。此外,区块链等金融科技技术对市场交易信息、市场风险能够进行动态的监控,可以充分利用政府提供的政策支持,加快科技成果向生产力转变,提高企业经济效益和盈利能力的同时,能更好地应对市场环境恶化可能带来的不确定性风险,不断提高企业自身的抗风险能力。[1] 因此,对于融资难的企业来说,这是一种比较新型和有前景的融资渠道。

三、非公有制企业提高科技创新能力的融资路径

（一）规范企业内部管理,注重内部融资

科技创新是一项具有较大不确定性的活动,它需要企业提供稳定连续的资金、人力、制度等要素支持。非公有制企业只有从全面加强企业内部管理入手,规范企业的规章制度安排,不断提高产品的科技含量和附加值、降低企业成本,才能获得更多利润、积累更多内部资金,不断提升自身的科技创新能力。

一是要健全企业法人治理结构,提高企业管理者素质。我国大部分非公有制企业由家族企业发展而来,规模普遍偏小,还没有建立完善的现代企业制度,管理者大多是非专业的管理人员,因此缺乏长期规划的意识和制定长期战略的眼光。这使得企业目标定位和远景规划不清晰,阻碍了企业的长期发展,限制了企业的融资和获利能力。企业家的经营决策水平在很大程度上决定了投资者对企业的信任程度。因此,要提高企业的融资能力,就要培养有开拓创新精神、有锐意进取眼光的企业家,大力提高企业的经营管理水平。企业也可以选择聘请职业经理人参与管理,为企业制定清晰的远期和近期战略目标,把科技创新放在重要的战略地位,提高科技创新投入水平,逐步提升非公有制企业的产业层次和产品质量,从而提高企业的盈利能力和内部资金积累。

二是要注重企业诚信建设,加强内部信用管理。首先,企业应树立诚信意识,以诚信为本,严格规范自己的行为,在市场交易中重信用、讲信用、守信用,

---

[1] 潘锡泉:《科技型小微企业成长的"困"与"解":金融科技视角》,载《当代经济管理》,2019年第41卷第9期。

从而不断提高企业的信用等级和信贷能力。其次,企业要建立健全内部信用风险管理制度。① 通过加强信用风险管理,系统掌握和全面监督客户资信、付款方式、信用限额、款项回收等环节,以保障资金的安全。企业的管理者应经常系统性思考风险管理的基本战略,对案例进行多层面的回顾、复盘。通过回顾历史,总结出积极有效的执行策略,避免重复发生错误,在执行层面确定可实施的战术方法和措施,这样才能经常保持清醒的自我认知和冷静的管理头脑。

三是建立健全企业财务会计管理制度。当前,我国非公有制企业还大量存在财务制度不健全,财务报告和经营信息不全面、不准确的现象,这都增加了银行和其他金融机构对企业财务状况和风险状况评估的难度,不利于企业融资的顺利推进。因此,企业应当规范内部的财务管理,全面、真实记录企业生产经营资金的运行状态,为企业树立良好的形象,提高投资者对企业的信任度。比如在会计处理上,可以将研发支出资本化处理,可以提供盈利预测的相关信息,为投资者评价企业创新活动成功的可能性提供重要参考,以及对自创无形资产的投资回报做出评估,提高企业账面价值与内在价值的一致性。

(二) 拓宽企业融资渠道

一是重视集群融资。对于那些有集群优势的非公有制企业来说,集群融资是非常适合的融资方式。由于产业园区相较于传统办公区有着低成本、高效率等众多优点,各地区都兴建了众多汇聚非公有制企业的产业园区。这些已经具备集群优势的企业可以借助园区优势,走集群融资渠道进行融资。当然,当地政府和银行等金融机构也需制定配套的优惠政策,才能从真正意义上缓解非公有制企业融资难的问题。

二是扩大知识产权质押融资。对于非公有制企业中的科技型企业来说,因为科技型企业有着丰富的科研资源和强大的科研力量,创新是其最大的优势,因此知识产权质押融资是其较优选择。随着我国经济发展模式由"资源要素型"向"创新驱动型"转换,专利、商标等知识产权的价值越发凸显。截至 2020 年底,我国拥有有效发明专利的企业共 24.6 万家,比 2019 年增加了 3.3 万家,其

---

① 陈烨、杨秀奎:《恩施州非公有制经济融资问题探析》,载《中国集体经济》,2008 年第 13 期。

中高新技术企业发明专利拥有量占比近六成。① 发明专利有效量达到 221.3 万件,专利、商标质押融资项目达 12039 项,同比增加 43.8%,质押融资总额达 2180 亿元,同比增长 43.9%。越来越多的非公有制企业通过知识产权质押获得融资支持,知识产权运用效益大幅提升。

当然我们也要看到由于知识产权评估较为困难,保值和变现风险高,知识产权质押融资成本高,以及很多企业对知识产权质押融资的认识不足或管理经验不足等原因,导致知识产权质押融资还没有发挥出强大的融资效应,还未成为更多企业的融资渠道选择。对此,有以下几个方面的建议:首先,非公有制企业要加强与高校、科研院所的科研团队合作,培育更高质量的知识产权。高质量的知识产权是企业采用知识产权融资的首要条件和关键因素,企业应该不断提高自身的科研水平和研发质量,最终才能形成属于自己的核心技术竞争力。其次,要建立健全企业的知识产权管理体系,发挥知识产权制度对企业创新的引导作用,完善关于知识产权质押融资方面的规章制度,提高创新成果利用效率。最后,各地方政府应设立专门的知识产权质押办理机构,完善知识产权质押贷款运行机制,简化便利流程,提高办理效率,加快企业融资速度。②

三是积极拓展新兴融资渠道。对于初创的非公有制企业来说,比较适合选择互联网众筹融资渠道。众筹融资作为一种新型的融资模式,能够有效地解决投资者与融资者之间的信息不对称问题。初创企业的困难是缺乏资金,投资人的困难是好项目难寻。而众筹融资的出现缓解了这个两难的局面,投资者不再需要花费很多时间金钱寻找项目,创业企业也可以让自己的好创意有机会被更多人看到,赢得更多机会。初创的非公有制企业通过向公众展示他们的创意和想法,来吸引对此感兴趣的投资人的资金支持,使自己的计划能够顺利执行。同样,创业企业在将自己创意推广的同时也是在测试大众的喜好,看产品是否被大众所接受,即使没有投资也能及时转变创新方向,不会把过多时间浪费在不被认可的项目上。

区块链金融科技融资也是较为新兴的渠道,目前来说应用还不成熟。作为一种未来的应用趋势,非公有制企业可以适当关注。

---

① 谷业凯:《2020 年我国发明专利授权 53 万件》,载《人民日报》,2021 年 1 月 25 日第 2 版。
② 刘莹莹:《高新区创新科技企业知识产权质押融资问题及对策探讨》,载《中国中小企业》,2020 年第 10 期。

(三) 抢抓政策机遇，扩大资金来源

一是抢抓国家政策的机遇。2020年，政府出台了一系列融资方面的措施缓解非公有制企业经营压力。2020年5月中国银保监会等发布的《关于进一步规范信贷融资收费，降低企业融资综合成本的通知》中表明：要通过信贷环节取消部分收费项目和不合理条件；助贷环节合理控制融资综合成本；增信环节通过多种方式为企业减负；考核环节考虑企业融资成本因素；完善融资收费管理，加强内控与审计监督；发挥跨部门监督合力和正向激励等措施，进一步规范信贷融资各环节收费与管理，维护企业知情权、自主选择权和公平交易权，降低企业融资综合成本，更好的服务实体经济高质量发展。[1] 2020年5月，财政部印发了《政府性融资担保、再担保机构绩效评价指引》，通过建立评价指标体系，对政府性融资担保、再担保机构在政策效益、经营能力、风险控制和体系建设等方面进行综合评价，积极引导政府性融资担保、再担保机构积极服务小微企业、支持创业创新。[2] 这些政策可以有效提振企业发展的信心。非公有制企业应积极响应国家政策，主动咨询当地负责机构，充分利用好国家政策促进自身发展。

此外，宽松的货币政策也使得社会资本的流动性大大增强，企业能否将这些资本引入企业发展中来，为自身发展注入更多资金，促进核心竞争力进一步提升是每一个非公有制企业都应该深思的问题。

二是抢抓转型发展的机遇。步入高质量发展新时代，其间"云办公"与"云服务"的需求激增，视频会议、远程招聘等成为企业运营的常用方式，这使得一批数字化企业脱颖而出，获得了丰厚的利润。我国也将迎来企业办公数字化和社会治理智慧化等一系列重大转型发展机遇，而资本也必然会汇集于最具潜力的领域。非公有制企业能否抓住转型发展机遇，壮大企业规模，吸引更多资本流入，关键还要取决于其是否具有优越的科技创新能力。科技创新含量越高的企业，越容易转型生产和灵活经营。因此，面对快速变化的市场环境，非公有制企业必须着力研发自身独有的核心技术，不断增强企业产品的市场竞争力，吸引各路投资者的积极加入。只有这样，非公有制企业才能在时代的浪潮中抓住机遇，谋得更长久的发展。[3]

---

[1] 中国银保监会等：《关于进一步规范信贷融资收费，降低企业融资综合成本的通知》，2020年5月。

[2] 财政部金融司：《政府性融资担保、再担保机构绩效评价指引》，2020年5月。

[3] 张艾莉、毕思琦：《中小民营企业融资路径探索》，载《人民论坛》，2020年第27期。

第四节　非公有制企业培育科技创新能力的人力资源路径

提升非公有制企业的科技创新能力是推动我国经济社会高质量发展的重要支撑,也是促进我国科技体制改革的关键环节。非公有制企业的科技创新能力培育是一个缓慢而复杂的过程,它涉及了企业的总体战略规划、企业管理者对创新的重视程度、企业的资金力量、创新的基础设施支持、员工的创新动力和能力、企业的创新氛围等各个方面。[①] 而人力资源是企业提升科技创新能力最重要的资源。因此加强对人力资源的管理,尤其是如何为企业吸引、储备和培育更多的人才,激发企业员工创新的热情和动力,提升员工的创新能力,成为非公有制企业在现实中亟须解决的问题。

一、重视人才引进,为提升非公有制企业科技创新能力提供有效保障

(一)完善现有的人才引进流程

人才是非公有制企业科技创新的核心要素和原动力,因此人才引进对企业来说是一项极其重要的工作,绝不可马虎大意。人才引进是一个较为系统性和综合性的工程,非公有制企业在引进人才之前,首先要完善好自己的人力资源管理体系,严格依照企业经营过程的实际需求确定招聘计划,将非公有制企业有限的资源集中到与本企业需求最为匹配的优秀人才身上,对其进行综合评价,确定其适合的职位。在具体的操作中,企业的高管应当首先根据企业的发展战略和规划进行企业岗位需求的预判,人事部门再结合各部门的实际情况进行统筹安排。在招聘面试环节,面试官则应当根据不同岗位采用"综合全面+特殊考核"的标准进行打分。比如,在面试应聘管理岗位的人才时,除了学历、专业背景、个人道德品质之外,还要重视面试者的团队精神、心理素质、领导能力以及开拓精神;在面试科研人员时还应当注重面试者的创新理念、创新精神与企业的创新团队是否相符;还有在技术性和熟练度要求较强的岗位选拔中,要更加关注面试者的实际操作能力,在面试形式上可以有所创新,可以采用现场操作的方式选拔人才。面试官在整个面试过程中应当坚持公平透明的原则,为每一位面试者进行

---

① 周耀华:《促进企业技术创新的人力资源开发策略》,载《中外企业家》,2011年第5期。

公正的打分评价,严厉打击徇私舞弊现象,为企业的人才入口把好关。同时,企业应坚持平等对待的原则,严格按照企业已有的规章制度对新员工和老员工进行统一管理,不搞特殊化对待。①

(二)尝试新的人才引进模式

如果基本的市场招聘方式仍然无法满足企业的人才需求,则非公有制企业可以大胆选择"人才定制"的人才引进模式。简单来说,就是企业在明确自身所需的专业性人才岗位需求之后,选择与之对口的学校,与学校联合培养专业型人才,这样既可以保证优质人才源源不断地供应,也可以为学校人才解决就业问题。比如,科技型非公有制企业需要大量的科研人才,可以选择有对口专业的高校组成校企联盟,联合培育科研型人才。企业可以为高校提供实习机会,资助高校举办科技创新大赛等,同高校一起将学生培养为理论与实践并重的高素质人才。另外,企业的科研团队还可以与高校的科研人员合作研发项目,高校可以聘任企业有经验的高级管理人员作为特聘教授为学生讲授实战经验,高校科研人员也可以在企业挂职,为企业提供专门的技术指导。另外,对于制造型的非公有制企业来说,熟练的技术人才是其最需要的,因此制造型非公有制企业可以选择有对口专业的职业院校结成校企联盟,企业为学校投建实习基地,为学生提供稳定可靠的就业渠道。近年来,我国大力提倡发展职业教育,财政部扩大拨款比例,教育部为其提供教育资源,但是职业教育的发展效果却不尽如人意,究其原因还是就业问题没有落实,家长和学生看不到就业前景,自然不愿让孩子进入职业学校。因此,制造型的非公有制企业在顺应国家职业教育发展的战略下,与职业学校组成校企联盟,为学生提供稳定的就业,既是为我国职业教育发展提供转机,也是为自身发展注入新鲜的创新血液。

二、加强人才激励,为提升非公有制企业科技创新能力提供持续动力

有效的人才激励机制能为员工提供发展的目标和动力,激发企业员工创新的热情,增强员工的创新意识。

(一)完善利益激励机制

1. 建立以绩效考核为中心的薪酬福利管理体系

绩效考核和薪酬福利管理是企业人力资源管理中的重要组成部分。绩效考

---

① 莫水香:《创新人力资源管理模式 促进企业经济快速发展》,载《人才资源开发》,2020年第18期。

核是企业为了实现生产经营,通过科学合理的方式对员工的工作成果、工作能力以及工作态度等进行多方面的综合考核,是一种激励员工实现自身价值以及完成工作的过程。薪酬福利是企业对员工的工作付出给予的相应报酬。根据薪酬福利的不同表现形式,又可分为物质方面和精神方面。物质方面表现为公司为员工支付的各种形式的报酬,精神方面表现为员工因为努力工作而获得的成就感、荣誉感等。

  能力和动力是影响员工创新效果的核心要素。以绩效考核为中心的薪酬福利管理体系强调薪酬激励要以绩效为基础,也即以员工对公司的实际贡献为标准发放薪酬。这种薪酬管理方式可以通过绩效反馈,帮助员工全面认识自己的能力和行为,引导员工专注于创新能力的提高,促进员工行为的改善,最终提升员工的创新水平。[①] 该薪酬管理体系还具有较强的激励作用,能充分体现公平、提升员工满意度,能从整体上激发企业员工的创新热情,给予员工极大地创新动力。除了薪酬,该管理体系还需采用灵活、弹性的员工福利制度,加强员工的福利保障,使员工能依据自身实际需要选择合适的福利选项。企业也可以在节假日多举办团体活动,增强企业内部互动与交流,打破部门间隐性壁垒,使业务交流更畅通。

  2. 对核心员工启用股权激励

  股权激励是企业设置在一段时期内科学合理的行权条件,使激励对象达到设定条件之后即可获得预期的股东权益,获得股东权益的员工可以以股东身份参与企业经营,由此将员工利益与企业利益捆绑为一体,使得拥有股东权益的员工与企业共担风险、共享收益。股权激励作为有效的经济手段,不仅能使员工分享企业发展的价值,还可以激发员工的创新意愿,最大限度地发挥其努力程度,从而提升创新水平。在股权激励的机制下,被激励的员工和企业成为利益共同体,出于对自身利益的考虑,员工在工作中会更加努力、认真,这对员工的机会主义行为有很好的约束作用,核心员工流失率也会降低,对企业的长远发展有着十分积极的促进作用。我国许多非公有制企业都采取了这种激励方式,如华为技术有限公司从创业期就选择了股票激励的方式;阿里巴巴集团在 2019 年第一季度的员工股权激励额高达 164 亿元;还有其他企业如格力电器、腾讯、小米等也在通过股权激励来实现企业长远发展的目标。

---

① 杨洁:《促进企业创新的支持性人力资源管理实践体系构建》,载《现代管理科学》,2013 年第 11 期。

（二）强化精神激励机制

当物质激励在到达一定程度后，其所能发挥的作用会越来越小。因此，强化员工的精神激励机制，激发关键人才的成就感、认同感，满足人才的真正需求，才能进一步激发员工的主观能动性，为非公有制企业创造更多的创新成果。一是要实现激励理念的创新。非公有制企业要树立以人为本的发展理念，注重对员工的需求分析，以员工的真实需求为激励机制设计的出发点，保证人才对激励机制的认可与接受。二是要丰富激励形式。非公有制企业在设计激励机制时，要充分尊重员工个性，学习和借鉴优秀企业效果良好的激励手段，对员工采取有针对性的激励方式，让人才感受到企业对自身的认可与尊重，感受到自我价值，从而才能更好地激发他们的创造积极性。（3）要营造和谐的工作氛围，激发员工的归属感、责任感和参与感。创新思想往往出现在氛围轻松的组织中。人才在工作中拥有更多的自主权和参与权，会让他们有被尊重、被理解、被关注的强烈认同感，从而会不断强化他们对企业的归属感和责任心，调动自我实现和创新的积极性。

三、加快人才成长，为提升非公有制企业科技创新能力提供高效支撑

在引入优秀人才和激发人才创新动力后，还要制定良好的人才发展机制，给予人才更大的发展空间，帮助人才成长，让人才愿意与企业共发展、齐进步，才能真正做到让人才为我所用，为非公有制企业的科技创新能力提升做到高效的支撑。

（一）完善人才评价体系

企业要结合发展战略、岗位工作特点以及人员特点，构建起包括岗位评价、任职资格评价、业绩评价三方面的人才评价指标体系，为每一位员工提供科学合理的评价，使企业和员工自身都更加了解人才的优点和不足。企业可以依据评价结果为员工匹配更适合的工作岗位，员工也因为更了解自身的长处和不足，能够更有针对性地提升自己。

（二）建立合理公平的晋升通道

合理公平的晋升能提高员工的工作积极性，也能促进企业更长远的发展。企业管理者应参考企业的发展战略和发展需要，以人才评价结果为根本依据，制定合理完善的员工晋升通道，使企业建立起完整的梯级人才结构，也为员工的晋升途径提供明确的目标方向。

(三)建立完整的培训体系

应根据不同的岗位选择不同的培训方式、设置不同的培训内容。对于高级管理人员可以把企业战略规划、企业运营方式、优秀企业经营案例等作为培训内容,在培训方式上可以选择企业交流会、实地考察等方式。对于科研人员可以把最新的研究方法、最新的科研成果、行业的研究趋势、真实项目参与等作为培训内容,培训方式可以选择讲座、产学研融合项目等。对于技术人才可以把技术培训、方法交流等作为培训内容,培训方式可以选择企业交流、现场教学等方式。

(四)促进人才交流

企业应尝试开展产业链条上下游企业的协作与交流,定期举办创新活动,鼓励人才积极与其他企业的员工沟通交流,互相学习,取长补短,借鉴经验,从而不断丰富人才的视域,提升企业人才的综合素养,使员工在企业当中得到充分成长,为企业创新提供更有效的人才支撑。

总之,企业只有打造和落实好"引进来、留下来、发展好"三位一体的人才机制,才能真正吸引到优秀人才,为企业的科技创新提供源源不断的动力。

第五节 非公有制企业培育科技创新能力的企业文化路径

企业文化代表着企业的软实力,在企业发展壮大的过程中起着凝心聚魂的作用。先进的企业文化如同一股无形的力量将员工拧作一股绳,激励他们不畏艰难、勇攀科技创新的高峰;企业文化也像一只无形的手时刻在指引和规范大家的意识和行为,确保企业员工按照企业战略导向前进、沿着正确道路前行;企业文化还可以在企业发展的过程中为员工提供源源不断的精神食粮,鼓励、激发员工的工作热情和自身潜能,让每位员工都能充分发挥自己的才能;企业文化也代表着一个公司的形象和气质,优秀的企业文化不仅可以增强内部员工的荣誉感,还可以吸引更多优秀的人才,使员工发自内心地认同企业精神,这是企业十分宝贵的无形资产。

非公有制企业是我国科技创新的生力军,大力提升非公有制企业的科技创新能力和水平成为我国现阶段加快创新的重要抓手。而企业文化是企业培育科技创新能力的内在动力。塑造先进的企业文化,使其成为非公有制企业提升科技创新能力的有力支撑,是非公有制企业迫切需要解决的问题。

一、营造企业创新文化氛围,将创新理念深入人心

非公有制企业应将科技创新融入企业的发展目标、发展战略,加强各部门的日常宣传和教育,将科技创新的理念深入人心,开展各类丰富的创新活动,鼓励全员参与,鼓励创新行为和创新精神,在全企业上下形成科技创新的新风尚,逐步树立"尊重创新、保护创新、敢于创新、鼓励创新"的企业形象,将创新文化注入企业精神的灵魂。

科研人员是非公有制企业科技创新的主体。企业在培养人才的过程中,要尤其注重提高科研人员的地位,适时给予他们关心和鼓励,尊重个体差异和富有创造力的想法,让科研人才感受到组织的包容与支持,努力为他们营造良好的企业文化氛围。此外,科技创新本身就是一个风险极高、不确定性极强的活动,企业在鼓励创新的同时也要允许失败,为科研人才免除后顾之忧,使他们能够勇于创新,不断促进非公有制企业科技创新能力的提升。

二、建立以人为本的企业文化

企业文化以人为载体,人是文化的创造者,也是文化和精神的传承者。企业员工创造了企业独有的文化,并在企业文化的构建和发展中起到了关键的作用,因此人力资源是企业文化建设的前提和基石。想要加强企业文化建设,就应该从完善和加强人力资源的管理入手,实行战略化的人力资源建设,通过制订和实施人才培养计划、强化选人用人制度建设、重视新一代人才的培养使用、加强监督管理等途径,让企业重用人才的氛围更加浓厚。将人力资源的管理工作与企业文化的建设紧密结合在一起,以先进的人力资源管理理念落实企业文化建设。

(一)对人才实施激励机制

企业要充分意识到人才对科技创新的重要性,以人才的需求为基础设计激励机制,保证人才对激励机制的认可和接受。此外,要注重人才激励方式的多样化,采用不同形式的激励手段,充分尊重人才的自我意愿。只有努力让人才感受到在企业能够实现自我价值,感受到企业对自身的认可与尊重,才能真正激发人才创新积极性和工作热情。

(二)注重人才培养

为提升非公有制企业科技创新的速度与质量,企业应不断强化人才培养,将人才引进、人才培养和人才发展摆在同等重要的地位,保证优秀人才进得来、留得下、发展好。

（三）要积极为人才营造创新学习的环境

在科技日益更新的时代,科技创新工作的从事人员只有不断地学习和吸收新的知识,才有可能创造出先进的科研成果。因此,企业应积极为科研人员提供创新学习的环境,改革陈旧的人才培养思想和方式,有针对性地提升企业内部科研人才的创新素质。如为企业的科技工作者邀请行业的知名学者、前沿专家进行授课培训,为人才提供与国内外知名企业联合培养的机会等,只有这样才能有效提升科研人员的创新水平。同时,企业还要加大对创新组织环境优化、员工工作环境和条件改善、搭建展现科研人员才能平台等的投入,以促使企业的科技创新能力得到不断的提升。①

三、大力培育企业家精神

企业文化是旗手文化,企业家精神对企业文化建设发挥着重要作用。近年来,我国高度重视对企业家精神的培育。2017年9月,中共中央国务院发布了《关于营造企业家健康成长环境弘扬优秀企业家精神更好发挥企业家作用的意见》,文件中提到:"要鼓励企业家保持艰苦奋斗、奋发图强、居安思危、不忘初心、谦虚谨慎的精神风貌""弘扬企业家匠人精神、创新发展、专注品质、追求卓越"。习近平总书记于2020年7月份举办的企业家座谈会上,首先充分肯定了企业家群体所展现出的精神风貌,随后又提出了对企业家的五点希望,即"增强爱国情怀""勇于创新""诚信守法""承担社会责任""拓展国际视野"。企业家是经济活动的重要主体,也是科技创新的驱动者。作为企业的领导者和内部员工的学习标杆,非公有制企业家在创新发展道路上发挥着重要的领头羊作用,其自身具有的魄力、睿智等企业家精神在企业创新发展道路中可以起到带动和支撑作用。因此,非公有制企业家一定要充分认识到自身对企业科技创新的作用和影响,向优秀的企业家看齐,以一流的标准严格要求自己,才能带领员工创造出更多的科技创新成果,不断提升企业的科技创新能力和水平。

非公有制企业家要做企业科技创新中优秀的领航者。非公有制企业家掌握着企业发展的指挥棒,要想提高企业整体的科技创新能力,非公有制企业家需要从自身做起,不断提升自己的创新意识和创新精神。在制定企业发展战略的过

---

① 林牧、韩跃翔、曹晓丽、张媛媛:《创新生态系统下企业创新型科技人才培养问题及对策研究》,载《现代商业》,2020年第3期。

程中,非公有制企业家要始终牢记科技创新的重要战略地位,把提升科技创新水平作为企业的战略导向,制定科学的战略规划,激发组织内部的创新动力和创新热情,带领企业一步一步实现创新目标,增强创新能力。非公有制企业家要做企业科技创新中重要的驱动者。非公有制企业家要充分利用自身的敏锐洞察力和所掌握的前沿信息,在企业的整个科技创新过程中,起到倡导、激励、协调和组织实施的重要驱动作用。[①]

四、建立个性化、差别化的企业文化

适合企业自身发展特色的企业文化才有持久的生命力。很多企业在实施企业文化战略中忽略了特色,企业文化大同小异,没有起到标识企业特色的作用。企业文化是企业差别化战略的一部分,具有独特性和不可模仿性的特点。例如,海底捞的服务文化、李宁的"一切皆有可能"都体现了企业的特色和文化底蕴。非公有制企业在对自身充分了解的基础上,要积极学习其他企业的优秀文化,做到扬长避短。非公有制企业在进行文化塑造时要根据行业特征、产品特色、资源特点,尽可能挖掘自己独有的特色文化,形成企业发展的持久动力。要通过优秀的企业文化塑造企业良好的形象,以优秀的企业文化形成积极的企业价值观,从而更好地铸造企业之魂、凝聚员工之心,激励每个员工为提高企业科技创新能力而奋斗。

---

① 刘现伟:《培育企业家精神 激发创新创业活力》,载《宏观经济管理》,2017 年第 3 期。

参考文献

[1] 王克忠:《非公有制经济论》,上海:上海人民出版社,2003年。

[2] 马克思:《资本论(第1卷)》,北京:人民出版社,2004年。

[3] 中共中央文献研究室编:《十三大以来重要文献选编(中)》,北京:中央文献出版社,2011年。

[4] 张厚义、明立志:《中国私营经济发展报告(1978—1998)》,北京:社会科学文献出版社,1999年。

[5] 中共中央文献研究室编:《十三大以来重要文献选编(中)》,北京:人民出版社,1991年。

[6] 中共中央文献编辑委员会:《江泽民文选(第1卷)》,北京:人民出版社,2006年。

[7] 中共中央文献研究室编:《十四大以来重要文献选编(上)》,北京:人民出版社,1996年。

[8] 《中共中央关于坚持和完善中国特色社会主义制度 推进国家治理体系和治理能力现代化若干重大问题的决定》,北京:人民出版社,2019年。

[9] 经济合作与发展组织:《弗拉斯卡蒂手册》,张玉勤译,北京:科学技术文献出版社,2010年。

[10] 彼得·德鲁克:《管理:任务、责任、实践》,中文版,北京:中国社会科学出版社,1987年。

[11] 约瑟夫·熊彼特:《经济发展理论》,中文版,北京:商务印书馆,1991年。

[12] 朱小理、谢爱林、杨荣华:《民营企业科技创新机制研究》,江西:江西高校出版社,2010年。

[13] 傅家骥:《技术创新学》,北京:清华大学出版社,1998年。

[14] 吕军、庄小丽、李门楼、李杰:《民营企业科技竞争力理论与实践》,武汉:中

国地质大学出版社,2007年。

[15] 刘迎秋、赵三英、余慧倩:《论进一步促进我国非公有制经济健康发展》,载《中国社会科学院研究生院学报》,2010年第3期。

[16] 杨洪、张鹏:《国民经济的新基点——非公有制经济》,载《商业研究》,2006年第2期。

[17] 黄文夫:《走向21世纪的中国民营经济》,载《管理世界》,1999年第6期。

[18] 晓亮:《非公有制经济与中国特色社会主义》,载《理论学刊》,2007年第7期。

[19] 李远方:《新个体经济打开消费就业新空间》,载《中国商报》,2020年7月17日第1版。

[20] 赵丽:《我国非公有制经济发展问题研究》,东北师范大学博士学位论文,2017年。

[21] 白永秀、王泽润:《非公有制经济思想演进的基本轨迹、历史逻辑和理论逻辑》,载《经济学家》,2018年第11期。

[22] 惠建利:《社会主义市场经济条件下私有财产权保护问题研究》,陕西师范大学博士论文,2010年。

[23] 刘玉江、能建国:《改革开放三十五年来非公有制经济发展的回顾与启示》,载《中央社会主义学院学报》,2013年第2期。

[24] 董大伟:《改革开放以来党的非公有制经济政策演进研究(1978—2016)》,中共中央党校博士学位论文,2017年。

[25] 周戎、雷江梅:《从抗击疫情看中国"集中力量办大事"的制度优势》,载《湖北社会科学》,2020年第10期。

[26] 习近平:《毫不动摇坚持我国基本经济制度 推动各种所有制经济健康发展》,载《人民日报》,2016年3月9日第2版。

[27] 申长雨:《全面加强知识产权保护 推动构建新发展格局》,载《学习时报》,2021年1月15日。

[28] 李文:《中美贸易摩擦尖锐化的深层客观原因》,载《人民论坛·学术前沿》,2018年8月下。

[29] 韩累:《民营经济创新转型与企业产权保护研究》,载《第十二届"中部崛起法治论坛"论文汇编集》,2019年。

[30] 师永青:《浅析民营经济创新转型与企业产权保护》,载《第十二届"中部崛

起法治论坛"论文汇编》,2019年。

[31] 杨频萍:《求精不求多,才有创新力》,载《新华日报》,2020年10月16日第7版。

[32] 李静海:《抓住机遇推进基础研究高质量发展》,载《中国科学院院刊》,2019年第34卷第5期。

[33] 姜群:《支持基础研究的财政政策:实证分析与政策优化》,江西财经大学博士论文,2019年。

[34] 钟源、梁倩:《国家重点实验室或现航母级科技平台》,载《经济参考报》,2019年1月29日。

[35] 汪国银、杨亚达:《论国有企业创新型组织模式的选择与构建》,载《财政研究》,2010年第6期。

[36] 李柏洲、李晓娣、李海超:《中国中小型科技企业成长状况与对策研究》,载《科技管理研究》,2006年第12期。

[37] 周伯生、樊东平:《零时间:21世纪企业的概念构架》,载《中国机械工程》,2000年第11卷第1期。

[38] 黄坡、陈柳钦:《产业集群对企业技术创新的作用机制》,载《上海企业》,2006年第2期。

[39] 鲁传一、李子奈:《企业家精神与经济增长理论》,载《清华大学学报(哲学社会科学版)》,2000年第3期。

[40] 李新春、王珺、丘海雄、张书军:《企业家精神、企业家能力与企业成长——"企业家理论与企业成长国际研讨会"综述》,载《经济研究》,2002年第1期。

[41] 聂常虹、李慧聪:《企业家精神驱动实体经济发展的作用机制研究》,载《全球化》,2016年第6期。

[42] 胡家勇:《改革开放40年收入分配理论的创新和发展》,载《中国经济史研究》,2018年第6期。

[43] 陆明、蒋海萍:《企业家人力资本的供给环境研究》,载《特区经济》,2007年第11期。

[44] 李政葳、孔繁鑫:《我国数字经济规模占GDP比重超过36%——多位院士、专家聚焦互联网基础资源畅谈数字经济发展》,载《光明日报》,2020年11月17日。

[45] 林毅夫、张鹏飞:《后发优势、技术引进和落后国家的经济增长》,载《经济学季刊》,2005年第10期。

[46] 姚志坚:《技术跨越的理论与实证研究》,浙江大学博士学位论文,2002年。

[47] 陈德智:《技术跨越的两个基本模式》,载《上海管理科学》,2005年第3期。

[48] 高文永、李铁岗:《二次创新国际化研究——基于技术引进型企业技术跨越范式》,载《山东社会科学》,2010年第6期。

[49] 陈肇博、李凤桃:《亲历中国引进第三代核电技术始末》,载《中国经济周刊》,2014年4月7日。

[50] 张晶:《技术跨越的理论分析与模式探讨——兼论中国技术跨越实践》,复旦大学博士学位论文,2004年。

[51] 陈德智、肖宁川:《并购——技术跨越模式研究》,载《科技管理研究》,2003年第2期。

[52] 王寅:《中国技术获取型海外并购整合研究——基于资源相似性与互补性的视角》,浙江大学博士学位论文,2013年。

[53] 熊建明、汤文仙:《企业并购与技术跨越》,载《中国软科学》,2008年第5期。

[54] 贾杭胜:《民营中小企业创新发展机制研究》,合肥工业大学博士学位论文,2016年。

[55] 吴言荪、王鹏飞:《加拿大创新战略研究》,载《重庆大学学报(社科版)》,2007年第1期。

[56] 陈佳、孔令瑶:《德国高技术战略的制定实施过程及启示》,载《全球科技经济瞭望》,2019年第34卷第3期。

[57] 董娟:《日本科技人才培养政策与企业实践》,载《中国人力资源开发》,2008年第9期。

[58] 周小粒、王涛:《美、德终身教育现状比较研究》,载《武汉大学学报(人文科学版)》,2006年第4期。

[59] 董博:《中国人才发展治理及其体系构建研究》,吉林大学博士学位论文,2019年。

[60] 谢科范:《企业技术创新的风险管理》,载《科技进步与对策》,1999年第16卷第4期。

[61] 谷业凯:《保护知识产权就是保护创新》,载《人民日报》,2020年12月18

日第5版。

[62] 林丽鹂:《加强知识产权保护　激发全社会创新活力》,载《人民日报》,2020年12月5日第2版。

[63] 陈伟:《创新管理》,北京:科学出版社,1996年。

[64] 田闯:《民营企业科技创新的机制研究》,载《黄河科技大学学报》,2017年第19卷第1期。

[65] 谢科范、刘姿媚:《华为危机管理五论》,载《中国发展观察》,2019年第21期。

[66] 韩斌:《企业战略联盟自组织演化机制研究》,哈尔滨工程大学博士学位论文,2008年。

[67] 梅花:《企业战略联盟稳定性研究》,西北农林科技大学博士学位论文,2006年。

[68] 柯银斌:《通过战略联盟,建设"一带一路"》,载《中欧商业评论》,2018年8月刊总第124期。

[69] 王洁、马柱:《企业跨国战略联盟:动因、机制及启示》,载《市场研究》,2011年第7期。

[70] 顾良丰、许庆瑞:《产品模块化与企业技术及其创新的战略管理》,载《研究与发展管理》,2006年第18卷第2期。

[71] 孙健:《海尔的企业战略》,北京:企业管理出版社,2002年。

[72] 勇波:《三一重工借船出海　携手帕尔菲格推进国际化》,载《企业家日报》,2013年10月17日。

[73] 于建立:《新时期影响企业创新的科技传播环境及创新路径分析》,载《科技传播》,2014年第6期。

[74] 王慧军:《企业间合作创新运行机制研究》,吉林大学博士学位论文,2010年。

[75] 苏玉珠:《企业自主创新的路径选择》,载《中国市场》,2008年第35期。

[76] 习近平:《全面加强知识产权保护工作　激发创新活力推动构建新发展格局》,载《求是》,2021年第3期。

[77] 张滢:《中小企业在技术创新活动中知识产权创造与保护问题的研究》,载《广东科技》,2015年第24卷20期。

[78] 冯晓青:《知识产权管理:企业管理中不可缺少的重要内容》,载《长沙理工

大学学报(社会科学版)》,2005 年第 1 期。

[79] 冯晓青:《企业知识产权运营及其法律规制研究》,载《南京社会科学》,2013 年第 6 期。

[80] 华荷锋、杨晨:《知识产权融资服务体系构建研究》,载《科技进步与对策》,2011 年第 28 卷第 8 期。

[81] 中共中央办公厅、国务院办公厅:《关于强化知识产权保护的意见》,2019 年 12 月。

[82] 刘云昭、杨金柱、柳中波:《中小企业集合票据的制度创新与突破:寿光案例》,载《金融发展研究》,2010 年第 1 期。

[83] 孙军娜、雷宏振:《中小企业产业集群融资模式探讨》,载《产业创新研究》,2020 年第 3 期。

[84] 张国亭:《当前我国中小企业融资难问题探讨》,载《科技和产业》,2008 年第 11 期。

[85] 曹辰:《知识产权质押融资打通创新渠道》,载《安徽科技》,2011 年第 1 期。

[86] 林欣、谢静雨:《科技型中小企业知识产权质押融资模式的比较与评价》,载《金融市场研究》,2020 年第 10 期。

[87] 李巧莎、吴宇:《科技型中小企业创新发展的融资实现路径——以河北省为例》,载《税务与经济》,2018 年第 1 期。

[88] 茜茜:《中小企业信托融资研究》,载《现代商业》,2016 年第 23 期。

[89] 付桂存:《中小企业集合信托融资现状分析》,载《合作经济与科技》,2019 年第 22 期。

[90] 潘锡泉:《科技型小微企业成长的"困"与"解":金融科技视角》,载《当代经济管理》,2019 年第 41 卷第 9 期。

[91] 陈烨、杨秀奎:《恩施州非公有制经济融资问题探析》,载《中国集体经济》,2008 年第 13 期。

[92] 谷业凯:《2020 年我国发明专利授权 53 万件》,载《人民日报》,2021 年 1 月 25 日第 2 版。

[93] 刘莹莹:《高新区创新科技企业知识产权质押融资问题及对策探讨》,载《中国中小企业》,2020 年第 10 期。

[94] 国家融资担保基金:《关于充分发挥政府性融资担保作用支持疫情防控和相关企业发展的通知》,2020 年 2 月。

[95] 中国银保监会等:《关于进一步规范信贷融资收费,降低企业融资综合成本的通知》,2020 年 5 月。

[96] 财政部金融司:《政府性融资担保、再担保机构绩效评价指引》,2020 年 5 月。

[97] 张艾莉、毕思琦:《中小民营企业融资路径探索》,载《人民论坛》,2020 年第 27 期。

[98] 周耀华:《促进企业技术创新的人力资源开发策略》,载《中外企业家》,2011 年第 5 期。

[99] 莫水香:《创新人力资源管理模式 促进企业经济快速发展》,载《人才资源开发》,2020 年第 18 期。

[100] 杨洁:《促进企业创新的支持性人力资源管理实践体系构建》,载《现代管理科学》,2013 年第 11 期。

[101] 林牧、韩跃翔、曹晓丽、张媛媛:《创新生态系统下企业创新型科技人才培养问题及对策研究》,载《现代商业》,2020 年第 3 期。

[102] 刘现伟:《培育企业家精神 激发创新创业活力》,载《宏观经济管理》,2017 年第 3 期。

[103] C. Freeman, Technology policy and economic performance: Lessons from Japan, London: Printer Publishers, 1987, pp.12~18.

[104] Cantillon, R., Essay on the nature of Trade in General, NPDBooks, 1755.

[105] Marshall, A., "Principles of Economics" London, MacMillan Press, 1890.

[106] StarrM K, Modular p roduction-A new concept, Harvard B usiness Review, 1965, vol.43(6), pp. 131~142.